创新型职业教育精品教材

教育改革新形态新理念教材

U05755383

商务礼仪
实用教程
——从校园走向职场

主 编 李红艳 马玥姣 王菲菲

辽宁教育出版社

·沈阳·

ⓒ 李红艳　马玥姣　王菲菲　2024

图书在版编目（CIP）数据

商务礼仪实用教程：从校园走向职场 / 李红艳，马
玥姣，王菲菲主编. — 沈阳：辽宁教育出版社，2024.4
（2024.10重印）
ISBN 978-7-5549-4144-7

Ⅰ.①商… Ⅱ.①李… ②马… ③王… Ⅲ.①商务—
礼仪—教材 Ⅳ.①F718

中国国家版本馆CIP数据核字（2024）第069934号

商务礼仪实用教程——从校园走向职场
SHANGWU LIYI SHIYONG JIAOCHENG CONG XIAOYUAN ZOUXIANG ZHICHANG

出 品 人：张　领
出版发行：辽宁教育出版社（地址：沈阳市和平区十一纬路25号　邮编：110003）
　　　　　电话：024-23284410（总编室）　024-23284652（购书）
　　　　　http://www.lep.com.cn
印　　刷：沈阳百江印刷有限公司

责任编辑：于　薇
封面设计：意·装帧设计
责任校对：黄　鲲
幅面尺寸：185mm×260mm
印　　张：20.5
字　　数：420千字
出版时间：2024年4月第1版
印刷时间：2024年10月第2次印刷

书　　号：ISBN 978-7-5549-4144-7
定　　价：98.00元

编 委 会

前　言

在五千年商务历史演变过程中，我国不仅有一套宏大的内在的"礼"的思想，还有一套宏大的外在的"仪"的规范，而且其精髓深入人心，形成伦理道德和行为规范，使大学生"彬彬有礼、和睦谦虚"地实现从校园到职场的华丽转变。

本教材遵循"以职业活动为导向，以职业技能为核心"的指导思想，以工学结合为切入点，根据场景设计、应知应会、活学活用、礼仪文化、实战演练等教学逻辑，通过理论讲解、实际操作、模拟场景训练等教学方法，使学生掌握商务礼仪要领和对应岗位的基本礼仪规范，增强学生"弘扬中华美德，传承儒商之道"的意识，培养学生"懂礼、知礼、行礼"的职业素养。

本教材设计充分考虑校企合作、产教融合特点。根据学情特点，贯彻"必须、够用"原则，通过组建"省级教学名师 + 企业知名专家"编写团队，统筹考虑技能型专业人才培养目标、岗位需求和后续课程的衔接，充分发掘学生的创新创造思维和实践能力，共同开发工作场景和情景手册。知识点和技能点力求简练、易懂，突出基础理论知识的应用和实践技能的培养，使学生能够学以致用。在体例设计上，以"场景设计""相关知识""实战演练"为主线，辅助"温馨贴士""礼仪文化""活学活用"等多个版块，突出了职业教育教、学、做一体化的教学特点。

本教材配套丰富的数字资源，围绕教学目标按照资源颗粒化、课程结构化的建设思路，开发微课、动画、视频、题库、虚拟仿真等一系列线上学习内容，为多元化学习对象提供优质化的学习资源，构建学习者热爱的智慧课堂。

我们在已有教学及社会培训经验的基础上，编写了这本《商务礼仪实用教程》。本教材由职业院校教师和企业专家共同编写，辽宁生态工程职业学院李红艳、马玥姣统稿，由海南汇畅文化传媒有限公司总经理刘畅、杨凌职业技术学院王晓娟副教授担任主审。

具体编写分工如下：李红艳（辽宁生态工程职业学院）负责编写第一辑工作场景一和第二辑情景手册一内容；马玥姣（辽宁生态工程职业学院）负责编写第一

辑工作场景二和第二辑情景手册二、情景手册五、情景手册六、情景手册七、情景手册八内容；王菲菲（辽宁生态工程职业学院）负责编写第一辑工作场景三、工作场景四内容；苏红丽（辽宁金融职业学院）负责编写第二辑情景手册中的情景手册三、情景手册四内容；李金元（辽宁工程职业学院）负责编写工作场景五内容。特别感谢辽宁生态工程职业学院礼仪素养协会同学的倾力合作！

由于时间仓促，编者水平和能力有限，书中存在不足和疏忽之处在所难免，恳请同行专家、学者以及广大读者不吝赐教，批评指正。

目　录

第一辑　工作场景

第二辑　情景手册

第一辑　工作场景

工作场景一　新人"小白"入职场

PART1　爱美之心人皆有——仪容礼仪

场景设计

张琪琪是某高校大四学生。从刚入校园的懵懵懂懂，到现在的成熟稳重，四年来，她感觉自己真的收获了很多。除了专业知识方面，在生活中她也学会了很多"厉害"的技能，比方说化妆。人人都说大学生大一和大四的颜值对比堪比整容，这离不开大家对自己仪容的在意和提升，护肤、化妆、穿搭、发型……十八般"武艺"是样样精通。眼看着大家就要面临就业的考验了，那么在职场中又有哪些仪容礼仪需要我们注意呢？

相关知识

1　头发的修饰

一、仪容礼仪

（一）仪容礼仪的概念

仪容礼仪是指人们在对自己的容貌进行精心的美化、外观修饰或打扮的过程中，被人们普遍认同与遵守，为获得漂亮美丽端庄的仪容所应遵循的一系列方式、程序、行为准则和规范的总和。《礼记·冠义》上说"礼仪之始，在于正容体，齐颜色，顺辞令"，就是说礼从端正容貌和服饰开始。仪容由一个人的面容、发饰以及身体未被服饰遮掩的肌肤所构成。因此，仪容美的基本要素是貌美、发美、肌肤美，主要要求整洁干净。

（二）仪容美的内容

1. 仪容自然美

仪容自然美指仪容的先天条件好，天生丽质。尽管以相貌取人不合情理，但先天美好的仪容相貌，无疑会令人赏心悦目，感觉愉快。

2. 仪容修饰美

仪容修饰美指依照规范与个人条件，对仪容进行必要的修饰扬其长，避其短，设计、塑造出美好的个人形象，在人际交往中尽量令自己显得有备而来，自尊自爱。

3. 仪容内在美

仪容内在美指通过努力学习，不断提高个人的文化、艺术素养和思想、道德水准，培养自己高雅的气质与美好的心灵，使自己秀外慧中、表里如一。

在这三者之间，仪容的内在美是最高境界，仪容的自然美是人们的心愿，而仪容的修饰美则是仪容礼仪关注的重点。

二、发型选择

（一）男士发型

商务场合中，男士不宜烫发、染发（白色染成黑色的除外），头发最长 7 至 10 厘米，最短 3 至 5 厘米，不得为零。统一的标准就是：前不及眉，旁不遮耳，后不及领，整体干净整洁，显得庄重、文雅、有风度、有朝气。

发型的设计可根据个人的脸形、头型、职业、年龄、爱好和气质来决定，常见的商务发型有：板寸发型、毛寸发型、碎发发型、分头发型、背头发型等。

（二）女士发型

女士应根据脸形选择适合自己的发型，并且应与体型、职业、年龄、服装相协调。

1. 发型要和脸形相协调

圆形脸适宜将头顶部分头发梳高，避免遮住额头，两侧头发适当遮住两颊使脸部视觉拉长；长形脸适宜选用"刘海儿"遮住额头，加大两侧头发的厚度，使脸部丰满起来。

2.发型要与体型相协调

脖颈粗短的人，适宜选择高而短的发型；脖颈细长的人，适宜选择齐肩搭肩、舒展或外翘的发型；体型瘦高的人，适宜留长发；体型矮胖者，适宜选择有层次的短发。

3.发型要与年龄相协调

年长者最适宜的发型是大花型短发或盘发，给人以精力充沛、温婉可亲的印象；年轻人适合活泼、粗放、简单、富有青春活力的发型。

4.发型要与服饰相协调

穿礼服和制服时，女性可选择盘发或短发，显得庄重、秀丽、文雅，穿着轻便服装时，可选择适合自己脸形的轻盈发式。

5.发型要与职业相协调

职业女性的发型设计应文雅、庄重，常伏案工作的女性头发不宜长于肩部，不宜遮挡住眼睛，不宜随意披散，不要使用色彩鲜艳的发饰，正式商务场合亦选择盘发或短发。

三、头发护理与保养

（一）认识头发与发质

1.头发

头发是指长在头顶和后脑勺部位的毛发。头发除了使人增加美感之外，主要是保护头脑，夏天可防烈日，冬天可御寒冷。细软蓬松的头发具有弹性，可以抵挡较轻的碰撞，还有利于头部汗液的蒸发。一般人的头发有10万根左右。在所有毛发中，头发的长度最长，尤其是女子留长发者，有的可长到90～100厘米，甚至150厘米。

2.发质的类型

发质的类型由身体产生的皮脂量决定，一般分为中性发质、干性发质、油性发质、混合型发质和受损发质五种类型。

（1）中性发质。中性发质既不油腻也不干燥，软硬适度，丰润柔软顺滑，有自然的光泽。油脂分泌正常，只有少量头皮屑。

（2）干性发质。干性发质油脂少，头发干而枯燥，无光泽；触摸有粗糙感，不润滑，易缠绕、打结；松散，造型后易变形；头皮干燥；容易有头皮屑。干性发质是由皮脂分泌不足或头发角蛋白缺乏水分，经常漂染或用过热的水洗发，天气干燥等原因造成的。

（3）油性发质。油性发质由于皮脂分泌过多，而使头发油腻，触摸有黏腻感，洗发翌日，发根已出现油垢，头皮屑多，头皮瘙痒。

（4）混合性发质。混合性发质头发根部比较油腻，但越往发梢越干燥，甚至开叉，是一种干性发质与油性发质的混合状态。过度进行烫发或染发，又护理不当，会形成发丝干燥但头皮仍油腻的发质。

（5）受损的发质。头发干燥，触摸有粗糙感，缺乏光泽，颜色枯黄。发尾分叉，不易造型。

（二）护理和保养

1. 定期洗发

现代城市的污染和工作压力会对头发的生长造成影响，及时清洁头发上堆积的尘埃、污垢和油脂，加强对头发表层的保护，减少头发间的摩擦损伤，让头发保持柔顺和光泽，从而提升职场人士整体精神面貌。洗发的频率最少要保证两天清洗一次。

2. 正确洗发

洗发时水温控制在40℃左右，不应过高或过低，以免清洗不净或烫伤头皮。洗发时将洗发液倒入手中，搓出泡沫后再涂抹头发，手指肚轻轻按摩发丝，避免用指甲抓挠头皮，不可过分用力擦洗，揉搓2至3分钟后彻底冲洗干净。

3. 正确干发

冲洗干净的头发用棉质毛巾将水分压出、吸干，用木梳梳开打结的头发后，让其自然晾干。如果使用吹风筒，注意温度和距离不可太高太近（至少与头发距离10厘米），并要不断变换吹风位置。

4. 正确梳理头发

首先从发梢部分梳起，逐渐向上，最后再从发根梳至发梢，以免头发打结，拉伤，弄断。梳子最好选用齿端圆滑、粗齿的梳子，避免使用金属发梳。

5. 合理饮食

头发的护理除了外部呵护，还需要内部的营养。可通过摄入新鲜的水果，如橙、柠檬、弥猴桃等来补充维生素A、C、E；鸡蛋、奶类和大豆中富含丰富的维生素B；低脂肪食物，如鱼、鸡等含有大量蛋白质，这些都是头发营养的主要来源。

6. 运动和锻炼

适量的运动和锻炼可以加强血液循环、促进新陈代谢，增加头发的弹性，减少头皮屑的产生。

四、发型与脸形

脸形与发型是否匹配关系到发型是否美。人的脸形大体可分为：椭圆形脸、圆形脸、长方形脸、方形脸、正三角形脸、倒三角形脸和菱形脸。

1. 椭圆形脸

椭圆形脸俗称鸭蛋脸。对于东方人来说，椭圆形是最标准的脸形，适合所有的发型。

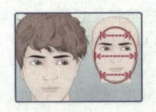

椭圆形脸

脸部线条柔和

额头和下巴同样宽

颧骨稍宽一点点

2. 圆形脸

圆形脸面颊比较丰满，额部和下巴圆润，圆圆的脸给人以温柔可爱的印象，适合较多的发型。圆形脸的人，通常显得比较年轻，有娃娃脸的感觉。缺点是五官不鲜明，面部较平，缺乏立体感，长度和宽度接近，与标准脸形相比，长度不足，宽度有余。

圆形脸的人，由于长度不足，因此，不适合选择过齐过长的齐刘海，这样会压缩面部长度，显得面部更短。圆形脸的造型重点，是增加发型外轮廓的高度，抑制发型两边的宽度，作出整体拉高、拉长的视觉印象，因此，圆形脸的人比较适合选择头顶蓬松，两边适度收紧造型的发式。可以选择短刘海或斜刘海，都有在视觉上拉长脸形的作用。

圆形脸

线条柔和

额头下巴略宽

颧骨比额头和下巴稍宽一点

卷发或者波浪　丸子头加厚厚的斜刘海　夸张的长刘海

3. 长方形脸

长方形脸亦称长脸形，长脸形前额发际线较高，下巴较大且尖，脸庞较长。长脸形的人，脸部线条一般较直，看上去给人比较硬朗的印象，这种脸形对于男性来说是比较理想的脸

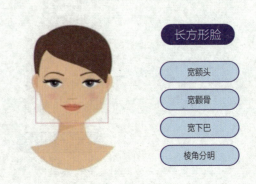

长方形脸

宽额头

宽颧骨

宽下巴

棱角分明

形，可以体现男性的阳刚之气；对于女性来说，会因为过于平板的线条，显得缺乏女人味。这种脸形与标准脸形相比，长度过长，宽度不足。

长脸形的人在选择发型时，应避免把脸部全部露出的发式，可以选择厚重的齐刘海，有修饰脸形、使其变短的作用，尽量使两边的头发蓬松，一般不太适合长直发的发式，那样会凸显本来就过硬、过直的面部线条。长脸形的人比较适合选择带有大波浪和曲线卷度的发式，蓬松的整体轮廓和弯曲的线条，可以冲淡过硬的面部印象，增加女人成熟优雅的感觉。

4. 方形脸

方形脸有较阔的前额与方形的腮部，方形脸缺乏柔和感，面部棱角明显。方形脸整体上，长度不足，额部和下颌部的角较突出。发型的重点在于拉高整体轮廓的高度，修饰面部的棱角，使其变得柔和，整体的线条和轮廓适合偏圆的、偏椭圆的、略高的轮廓，适合曲线形的线条，以圆套方的原则选择发式。内部过方的形状，可以选择带有内轮廓修饰作用的刘海和柔和的脸际线条来修饰。

有光泽的长发
从下巴位置开始分层

前长后短的波波头

有个性的不规则分层造型

轻扫眼睛的刘海

死板的齐刘海

齐长的波波头

5. 正三角形脸

正三角形脸形似梨形，又称梨形脸。头顶及额部较窄，下颚部较宽。这种脸形的缺点是下颌过宽，头顶显得比较窄，比例倒置，修饰的重点是增加上部的宽度，起到收窄和淡化下颌部宽度

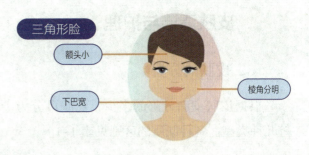

的效果。正三角形脸的额头，通常很窄小，可以选择淡一些的、有层次的、齐眉或略在眉毛以上的刘海，可以选择有修饰脸际下颌部作用的线条，收窄面部，正三角形脸形应避免选择重量落在下颌部最宽阔区域的发型，如长度在下颌部会增宽本已过宽的下颌部，起到相反的效果。

6. 倒三角形脸

上宽下窄，像个心形，又称心形脸，特征与正三角形脸相反。这种脸形的下颌部较尖，应增加这部分的宽度，相对于线条柔和的下巴，上半部会显得较宽，不适合选择顶部过于蓬松宽大的发型。无论长发发型还是短发发型，都以抑制上半部的宽度和增宽、蓬松下巴附近头发作为发式的选择原则。

7. 菱形脸

菱形脸的上额角较窄，颧骨突出，下巴较尖。菱形脸的人会给人以果断、强悍、干练的印象，但同时也会给人以刚愎自用的印象。在所有脸形中，菱形脸是最难做造型的脸形。菱形脸由于颧骨突出，额部尖，比较适合选择带有内弧线条的厚重刘海，它可以起到增宽头顶部、修饰凹陷的太阳穴、冲淡过高的颧骨的作用。

"发型的选择"
演示视频

2 皮肤清洁与护理

一、皮肤的分类

根据皮肤皮脂分泌的多少，皮肤可分为干性、油性、中性、混合型及敏感型等几种类型。各种肤质的区别见表 1-1。

表 1-1　皮肤类型比较

皮肤类型		毛孔	细纹	弹性	肤色	润泽度	痘或斑
中性肌肤		无	无	好	均匀	好	无
干性肌肤		细	有	一般	晦暗	无	有斑
油性肌肤		粗	无	一般	油亮	无	有痘
混合性肌肤	T 字	粗	无	一般	油亮	无	有痘
	两颊	细	有	一般	晦暗	无	有斑
敏感性肌肤		粗	有	无	白而透明	无	有红点

1. 干性

皮肤毛孔不明显，皮脂的分泌量少而均匀，没有油腻的感觉，角质层中含水量少，常在 10% 以下，因此这类皮肤不够柔软光滑，缺乏应有的弹性和光泽；肤色洁白或白中透红，皮肤细嫩，经不起风吹日晒，常因环境变化和情绪波动而发生变化，易起皮屑，冬季易发生皲裂。

2. 油性

油性皮肤毛孔粗大，皮脂分泌较多，皮肤表面有光泽，油腻感颇重。易长粉刺和小疙瘩，但不易起皱纹，又经得起各种刺激，且不易出现衰老现象。肤色常为淡褐色、褐色，甚至红铜色。

3. 中性

这类皮肤皮脂分泌适中，皮肤不粗不细，皮肤纹理好，皮肤润泽有弹性，肤色好，无皮肤疾病，皮肤的抵抗力强，对外界刺激也不太敏感。

4. 混合型

由于皮脂的分泌量不均匀，而存在两种以上的皮肤类型，皮脂分泌旺盛的部位易长粉刺或疙瘩，干燥部位则有紧绷感。

5. 敏感型

过敏性皮肤毛孔粗大，皮脂分泌量偏多。易受外部刺激，面部易发红，有瘙痒感，使用化妆品后，常会引起皮肤过敏、红肿发痒，个别的反应剧烈发生刺痛。

二、皮肤清洁养护

（一）手部

1. 手部清洁

商务人士应保持手部清洁，养成勤洗手的好习惯。对于手部皮肤粗糙者，去除手上死皮，每晚用滋润的润手霜按摩双手，做家务或粗活时戴上手套，经常运动手指保持柔软灵活度。

除此之外，要经常修剪和洗刷指甲。指甲的长度不应超过手指指尖，指甲缝中不能留有污垢。指甲上的彩妆要与环境场合相适宜，拒绝涂引人注目的艳色指甲油、在指甲上画上图案或加上装饰品。

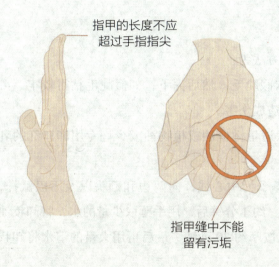

指甲的长度不应
超过手指指尖

指甲上的彩妆要与环境场合相适宜，拒绝
涂引人注目的艳色指甲油、在指甲上画上
图案或加上装饰品

指甲缝中不能
留有污垢

2. 手部肌肤护理

手部肌肤的清洁与保养主要包括：洁肤润肤，为皮肤增白，保持皮肤的细腻。

（1）润肤。

步骤一：用护手霜涂抹双手，白天可选用具有防晒效果、隔离紫外线效果好的护手霜，夜间则改用吸收能力较强的手部润肤霜。步骤二：按摩双手，补充因皮脂腺较少而缺乏的水分和养分。如果双手皮肤比较粗糙、干燥，可用微温的橄榄油或胚芽油涂在双手上，再裹上保鲜膜 10 至 15 分钟后，轻柔按摩至完全吸收。如果双手严重粗干晦暗，可以搽上保养品，裹着保鲜膜入睡，第二天再将双手洗净。

（2）用醋或淘米水等洗手。

可用食用醋水或柠檬水涂抹在手部，去除残留在手部肌肤表面的碱性物质。

临睡前用淘米水浸泡双手 10 分钟左右，再用温水洗净、擦干，涂上护手霜，也可改善手部肌肤。

（3）用牛奶或酸奶护手。

喝完牛奶或酸奶后，将瓶内剩余的奶抹到手上，约 15 分钟后用温水洗净，可增加皮肤嫩滑度。

（4）鸡蛋护手。

鸡蛋一只，去黄取蛋清，加适量的牛奶、蜂蜜调和，均匀敷手，15 分钟左右洗净双手，再抹护手霜。每星期一次，可去皱、美白。

（二）面部

人的容貌主要体现在面部，要想较好地保护面部皮肤，给人以美好的印象，就必须做好面部的清洁保养。

1. 面部清洁步骤

（1）卸妆。

卸妆的目的是净肤护肤，正确的方法为：

①卸假睫毛。用眼用卸妆水涂抹假睫毛，然后揭下，如假睫毛粘得较牢，可用酒精棉球擦拭后再揭，不要硬扯，造成伤害。

②去口红。用纸巾擦去口红，涂适量橄榄油或植物油或少许专用卸口红的乳霜，再用纸巾拭去。

③卸妆油。将适量的卸妆油以鼻子为中心线，向两边和额头以及下巴涂抹，用指腹以画圆的动作溶解彩妆及污垢。约 1 分钟后，用手蘸取少量的水，将卸妆油乳化变白后，再用打圈的手法轻轻地按摩约 30 秒钟，最后再用大量的清水将卸妆油打至起泡后冲洗干净。

（2）洁面。

先用温水把洗面奶在手掌心打出泡沫，在泡沫带动下轻轻地在脸上滑动打圈，不要用力在脸上揉搓，以避免拉扯对肌肤造成伤害。同样也可以用洁面泡芙来代替洗面奶。

【温馨贴士 1-1】正确洗脸步骤

①用热的毛巾敷在脸上使毛孔张开。

②把洁面产品搓出泡沫，涂在脸上由内向外打圈，让泡沫充分发挥清洁作用。

③仔细而轻柔地按摩脸部、鼻翼、额头，容易生粉刺的地方更要仔细地重点清洗。

④用清水洗净，注意不要用过热的水洗脸，也不要用磨砂膏洗脸。

（3）爽肤水。

方法一：爽肤水倒于手心一元硬币大小，然后轻轻地拍在脸上，先拍在两颊，再拍到额头和下巴等部位，用双手轻轻地按压。方法二：将爽肤水浸湿在化妆棉上，以鼻子为中轴线，横向涂抹擦拭全脸，擦拭动作可以帮助脱落老化死皮细胞，令肌肤干爽清洁。

（4）面部精华。

面部精华主要是对人体肌肤起到护理作用。精华素分水剂、油剂两种，取适量点于额、双颊、鼻尖与下巴，沿肌肤纹理均匀涂抹面部，反复轻拍至满意。

脸颊部分　　　　　眉眼鼻部分　　　　　额头、嘴周和下巴部分

（5）搽乳液。

将乳液倒入掌心，从脸颊或眼睛四周开始，沿肌肉走向轻轻抹开。干性肤质可以多涂一些，"T"型区要少抹一些，涂得太多或油性肤质者，可用面巾纸轻轻

按压，吸去多余的油脂。

（6）面霜。

取适量面霜置于掌心，左右手合实将面霜均匀分开于两掌心中。先按压两颊颧骨处，再按下巴和额头，使面霜渗透进肌肤里。

（7）涂隔离霜。

涂上一层有防晒效果的隔离霜，既可以隔离彩妆刺激，又可以防御大气中的粉尘、紫外线危害，是皮肤护理必不可少的步骤。注意，涂抹要均匀，方法同乳液。

2. 面部清洁注意事项

（1）水质选择。

水可以分为软水和硬水，清洁皮肤时应选择软水，因为它不含或仅含少量可溶性钙盐、镁盐，性质温和，对皮肤无刺激，如自来水、蒸馏水等。硬水是指含有钙盐、镁盐较多的水，长期使用会使皮肤脱脂、干燥，不适宜长期使用。

（2）水温选择。

合适的水温应控制在34℃至38℃，水温过冷与过热对皮肤都不利。水温过冷（20℃以下）对皮肤有收敛作用，可锻炼肌肤，使人精神振奋，但不易清洁皮肤上的油性污垢。水温过热（38℃以上）对皮肤有镇痛和扩张毛细血管的作用，但经常使用会使皮肤脱脂，血管壁活力减弱，导致皮肤瘀血、毛孔扩张，皮肤容易变得松弛无力、出现皱纹。

（三）眼部

商务人士因为工作原因，经常会出现黑眼圈、鱼尾纹、眼袋、肉芽、浮肿等问题。因为眼睛周围的皮肤比较柔嫩纤薄，皮肤的汗腺和皮脂腺分布较少，特别容易干燥缺水。眼部保养分内在保养、外在保养和特殊护理。

1. 内在保养

睡眠充足，切忌熬夜；平时多喝水，睡前一小时不要喝水；保持乐观情绪，及时治疗疾病；避免阳光直接照射；勿养成眯、眨、挤眼睛的习惯；满足必要的营养。

【温馨贴士 1-2】睡眠与身体健康的关系

大家是否发现，每天早晨醒来，洗脸后肌肤比其他时间显得明净光滑，这是因为休息的过程是肌肤排毒的过程。

中医认为，睡眠时间与人体器官排毒时间有一定的对应。

①晚上9～11点为免疫系统（淋巴）排毒时间，此段时间应安静或听音乐。

②夜间11点至次日凌晨1点，肝排毒，需在熟睡中进行。

③凌晨1～3点，胆排毒，需在熟睡中进行。

④凌晨3～5点，肺排毒。此即为何咳嗽的人在这段时间咳得最剧烈，因为排毒动作已走到肺；不应用止咳药，以免抑制废积物的排除。

⑤凌晨5点至早上7点，大肠排毒，应上厕所排便。

⑥早上7～9点，小肠大量吸收营养的时段，应吃早餐。疗病者最好早吃，在6点半以前，养生者在7点半以前，不吃早餐者应改变习惯，即使拖到九十点钟吃都比不吃好。

⑦半夜至凌晨4点为脊椎造血时段，必须熟睡，不宜熬夜。

五脏六腑的排毒，可以起到美容养颜的作用，面部肌肤经过一夜睡眠也在排毒，所以大家要想有好的容颜，必须注意休息和睡眠。

钟表分布图：

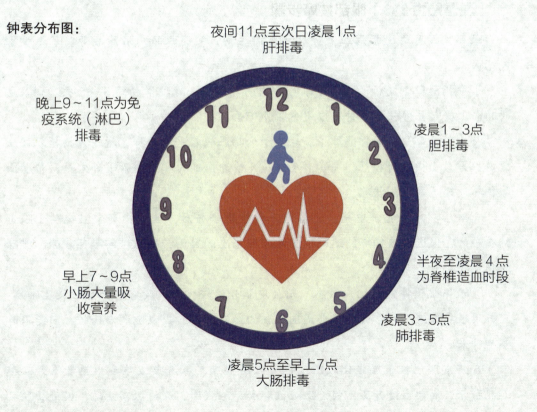

2. 外在保养

（1）卸妆清洁。

在化妆棉上蘸取眼部专用卸妆水或卸妆膏，轻轻卸除。

（2）眼部保养。

①眼霜。秋冬季节或在空调间工作时，可涂抹具有较强的保湿功能的滋润眼霜；夏季或常对着电脑屏幕的工作者，可涂抹具有抗皱及防晒功能的抗老化眼霜；对于黑眼圈、衰老、干性肤质的职业女性，可以使用油性成分较高的滋润眼霜；敏感性肤质的职业女性可以使用抗敏眼霜。

②眼胶。眼胶是一种植物性啫喱状物质，成分温和易吸收且不油腻，适合于黑眼圈、眼袋等。

③精华液。对眼睛进行热敷后，取约绿豆大小精华液涂抹在眼周，并配合按摩和指压，效果更好。

④精油。涂抹少许精油于眼周围，预防眼部浮肿，防止黑眼圈的产生。

⑤眼膜。有助于润泽干燥缺水的眼部肌肤，减少眼尾的干纹，改善眼部肌肤的营养供应及血液循环。

【温馨贴士1-3】眼部按摩步骤

眼部按摩可促进眼周血液循环和肌肉运动，明亮眼睛，清除疲劳。基本步骤包括：

①中指蘸取1滴精油，在下眼睑由内向外方向一致地滑动约3～5次，到眼尾时稍向上提起并停顿1秒钟，以避免眼角下垂。

②上眼窝部分，同样蘸取1滴精油于食指肚轻轻平滑涂抹，再用大拇指以按压穴的位方式由内向外按压，每次停留3～5秒钟，目的在于刺激眼部穴位，帮助血液循环，改善黑眼圈状况。

③然后利用食指、中指、无名指三指指腹合并后，通过指部余温抚贴于眼部约5秒钟，促进血液循环，达到消除眼睛酸痛感的目的，彻底缓解眼部疲劳，排除眼周沉积毒素。

④眼周肌肤特别薄细、敏感，而且皮脂分泌较少，因此容易产生眼袋及细纹，可采用眼霜或者眼膜，促进眼部周围肌肤的血液循环，提供滋润与修护，回复眼眸明亮神采。

⑤若皮肤比较干燥或比较脏，也可以用按摩、蒸汽熏或热毛巾热敷等方法使毛孔张开，面部温度升高，促进血液循环和新陈代谢，促进深层清洁，促进护肤品和水分的吸收，改善皮肤营养和状态。

（3）黑眼圈的护理。

黑眼圈的形成主要与睡眠不足、疲劳过度、肾气亏损、久病体弱、大病初愈等原因有关。出现了黑眼圈后，要及时进行改善：要保持精神愉快，心情舒畅；生活有规律，保障充足的睡眠，促使气血旺盛；加强眼部的按摩，改善局部血液循环状态，减少瘀血滞留；保持眼部皮肤的营养供应，涂含油分、水分充足的眼霜；注意饮食，多吃瘦肉、蛋类、豆制品、花生、黄豆、芝麻、新鲜蔬菜及水果等，以及富含脂肪、蛋白质、氨基酸、维生素 A 及矿物质的食品。

【温馨贴士1-4】解决黑眼圈妙招

私房妙招一：

准备材料：棉花球、冰水、冷的全脂牛奶。

制作方法：

①将冰水及冷的全脂牛奶依 1∶1 比例混合调匀。

②将棉花球浸在混合液中。

③然后将浸满混合液的棉花球敷在眼睛上约 15 分钟即可。

要诀：棉花球可用化妆棉代替。

私房妙招二：

材料：红砂糖、手帕或纱布。

步骤：

①将适量红砂糖放入锅内，以小火加热。

②冒烟时，再将红砂糖包在手帕或纱布里。

③等到眼皮可以适应时，依顺时针方向，慢慢热敷眼睛四周。

私房妙招三：

将用过的茶包直接敷在眼睛周围一会儿，隔天黑眼圈就会慢慢消失。

私房妙招四：

准备两片含有很多汁水的苹果放在紧闭的眼睛上，躺下来休息 15 分钟，多做几次，黑眼圈就消失了。

私房妙招五：

热敷术：黑眼圈成因多数是休息不足，以致血液循环不好，所以最好醒后，立即用跟体温相近温度（37℃到38℃）的热毛巾敷眼，冷却再更换，敷 10 分钟左右，黑眼圈即可减一半。

私房妙招六：

按摩术：起床洗个脸，用双手为双眼作顺时针方向打圈按摩，约 5 分钟，可促进眼下的血液循环，黑眼圈瞬间可以变红眼圈。

私房妙招七：

用新鲜马铃薯去皮切片敷眼约 10 分钟。

私房妙招八：

把化妆棉浸满冰水，敷在眼圈位置 15 分钟，直至化妆棉变暖便可换上新的一对。

（四）其他部位修饰

1. 口腔

牙齿洁白、口腔无味是讲究礼仪的先决条件。上班前不能喝酒，忌吃葱、蒜、韭菜等有刺激性气味的食物。尽量少吸烟，不喝浓茶，减少牙齿表面附着的烟渍或茶渍，避免牙齿又黑又黄。女士要注意唇膏不要沾在牙齿上，唇色不要过艳。在社交场合，应当禁止出现咳嗽、清嗓、打哈欠、喷嚏、吐痰等不雅之声。

2. 颈部

保持颈部皮肤的清洁，加强颈部的运动与营养按摩，可以使颈部皮肤紧绷，光洁动人。颈部的营养按摩一般从 20～25 岁开始为宜，如果年龄增大，皮肤已经开始衰老，待出现皱纹以后再寻找消除妙法，恐怕会事倍功半。

3. 肩臂

职场人士在正式的政务、商务、学术、外交活动中，不宜穿着无袖装将手臂和肩膀裸露在衣服之外。因个人生理原因，手臂汗毛生长过浓、过重或过长，也不宜穿无袖装。若在非正式场合穿着无袖装时，建议采用适当的方法进行脱毛。

4. 腿部

鞋子、袜子要勤洗勤换，脚要每天洗，袜子则应每日一换。脚指甲要勤于修剪，去除死指甲，不应任其藏污纳垢，或是长于脚趾尖。

在正式场合，男士的着装不能暴露腿部，不穿短裤，不挽起长裤的裤管，以免体毛显露。女士可以穿长裤、裙子，但不要穿暴露大部分大腿的超短裙或者短裤。女士若因内分泌失调导致腿部汗毛浓密时，可提前脱去或剃除，或者选择深色丝袜，加以遮掩。

3 职场妆容

一、化妆

化妆是修饰仪容的一种高级方法，是一门艺术。在各种场合适度而得体的化妆可以体现商务女士端庄、美丽、温柔大方的独特气质，同时也是对自己和他人的一种尊重。化妆的主要目的是把自己的外在美和内在的文化修养更好地展示出来。

职业女士应恪守的信条是沉稳、干练、典雅，化妆要讲究简约、清丽素雅、端庄，化妆的效果要与办公室场所、工作环境相匹配，要给人以明朗阳光、端庄大方、理性自信和精神饱满的印象，妆容应注意尽可能平和，切勿浓妆艳抹，过分夸张修饰，引人注目是不可取的，化妆后表现出若有若无的效果，才是化妆的最高境界。

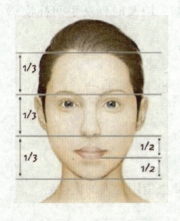

【温馨贴士 1-5】三庭五眼

"三庭五眼"是人的脸长与脸宽的一般标准比例。

①脸部的长度（三庭）。从额头发际线到下颌为脸的长度，将其分为三等分：由发际线到眉毛，眉毛到鼻尖，鼻尖到下颌为三庭。

②脸的宽度（五眼）。理想脸型的宽度为五只眼睛的长度，就是以一只眼睛的长度为标准，从发际线到眼尾（外眼角）为一眼，从外眼角到内眼角为二眼，两个内眼角的距离为三眼，从内眼角到外眼角，又一只眼睛的长度为四眼，从外眼角再到发际线称为五眼。

二、化妆的原则

1. 扬长避短
化妆一方面要突出脸部最美的部分，使其显得更加美丽动人；另一方面要掩盖或修正缺陷或不足。

2. 协调统一
脸部化妆应注意色彩搭配及浓淡程度，妆容与发型、服饰相协调，与身份、场合相宜，力求取得完美的整体效果。

3. 自然真实

化妆要自然协调，无论淡妆、浓妆，切忌厚厚地涂抹一层，所谓"浓妆淡抹总相宜""妆成有却无"等皆指化妆的自然真实。

三、化妆的禁忌

1. 忌离奇出众

有些接待人员在化妆时有意脱离自己的角色定位，而专门追求所谓的荒诞、怪异、神秘的妆容。

2. 忌技法用错

在化妆时，若技法不纯熟，出现了明显的差错，将会暴露自己在美容素质方面的不足，从而贻笑大方。

3. 忌残妆示人

残妆是指人在出汗之后或用餐之后妆容出现了残缺，应及时到洗手间补妆，否则长时间的脸部残妆会给人懒散、邋遢之感。

4. 忌当众化妆

在众目睽睽之下修饰面目是失礼行为，既有碍他人，也不尊重自己。

5. 忌非议他人的妆容

不能随便评论她人妆容的好坏，尤其是公共场合。

6. 忌借用他人的化妆品

出于卫生和礼貌，不论是谁，无论是否急需，都不要去借用他人的化妆品。

四、化妆基本步骤

1. 妆前准备

（1）洁面。选用适合自己肤质的洁面乳将脸洗净。

（2）润肤。根据自己的肤质，选用适合自己的润肤液，例如紧肤水、柔肤水等。

（3）护肤。选用适合自己的面霜，就是以前常说的搽香香。当然，有条件的话可以在涂面霜之前，涂点精华液之类的护肤品。

（4）妆前乳。可以迅速改善肤质的乳液，例如控油乳、净白乳、保湿乳、丝滑乳等，妆前通常选择有细致毛孔作用的妆前乳。

2. 底妆

（1）隔离。根据自己的喜好选择霜或者隔离露，可以隔离彩妆、辐射等。

（2）修颜。可以修饰自己肤色的修颜乳或者粉底，肤色偏黑选用麦色，肤色偏黄选用淡紫色，肤色偏红选用淡绿色。

（3）遮瑕。根据自己脸部的情况使用遮瑕笔、遮瑕膏、遮盖霜等，对自己的脸部进行修饰，主要是盖住黑眼圈、痘痘等脸部瑕疵，要着重画眼妆时，还可以在遮瑕之前涂一点眼部打底霜。

（4）粉饼。千万不要以为粉底和粉饼是同一种东西。粉饼的使用是为了"改变"脸形，而并非是为了修饰肤色。化妆时，至少需要用到两种粉饼，一个深色一个淡色。

3. 眼部修饰

（1）眼影。在上眼睑处，用两种或两种以上的眼影色彩，由内眼角向外眼角横向排列搭配晕染，注意色彩的均匀过渡。完妆后要在眉骨鼻梁上扫上一层白色的散粉，可以达到凸显立体感的效果。

（2）眼线。紧贴着睫毛根部，用眼线笔填涂上眼睑的睫毛空隙，要描画均匀。然后使用眼线液在眼线上叠画一层。检查眼线，用眼线笔补画欠缺的地方，使眼线描画得更加圆润。画下眼线时，只画眼尾和眼角的部分，中间的地方要保留。在眼尾处涂抹略比眼影色深的颜色。

（3）睫毛。按照先睫毛根部、再中部、最后睫毛尖的顺序，先刷睫毛梢，再从睫毛根向上刷。睫毛根处浓，睫毛梢一笔带过。使用睫毛夹将睫毛夹出上翘的效果，然后使用睫毛膏将睫毛拉长。

4. 画眉

（1）确定眉峰、眉头、眉尾的位置。眉头一般与内眼线在同一直线上，如果眉毛长得超过了这条线，请修掉，因为两眼眉头距离过近，会产生眉头紧蹙不够明朗的感觉。眉峰的位置，一般在从鼻翼到眼球外边缘连线延长线上。眉尾位置则在从鼻翼到外眼角连线的延长线上。

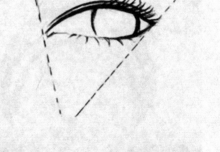

（2）在开始描绘上边缘。由向上生长（前段）、与向下生长（后段）的眉毛交会处开始画，以不超过眉尾、不超过眉毛上缘来描绘。

（3）眉中至眉尾，画出眉毛下边缘。描绘边缘都以不超过眉的轮廓为标准，比外缘内缩1～2毫米才是下笔位置，同样以眉中央为起点，一直画到眉尾为止。

（4）修剪整齐眉尾的下边缘。已经画了浅浅的眉毛轮廓，就可以发现往下长的不齐眉尾，用小剪刀的弯头修剪出弧形。

（5）用眉粉补满上下边缘之间的眉毛。对眉毛比较浓密的人来说，用眉粉是最好的方法，补足中间没上色的地方，要顺向、逆向地刷过，让颜色均匀。

（6）用浅色眉粉描绘上方轮廓。眉头与眉尾以外的地方，在上方轮廓处用浅一色的眉粉轻轻带过，制造上浅下深的立体感。用最浅色的眉粉点刷眉头，使其颜色最淡。

（7）刷染眉膏。前端到眉尾都要上染眉膏，前半段顺着毛流由下往上，后半段顺着毛流由上往下刷，最后全部顺刷一次完成。

5. 刷腮红

腮红的颜色要跟服饰与眼妆的颜色相配，正式场合的腮红要化得非常清淡，手法要轻，过度要自然。腮红一般搽在笑肌至脸颊的中间，不同脸形的人腮红的位置有所不同，比如长脸的人，比较适合横向的扫腮红；圆脸的人比较适合自斜上向斜下方尽量扫得长一些。

6. 涂唇彩

在涂唇膏之前应先润湿嘴唇，在嘴唇中间涂少许，然后抿抿嘴唇，尽量使纯色轻薄自然，不要涂得太厚。

7. 定妆

定妆可以使用蜜粉或者散粉，从眼睛、鼻子、下巴等容易脱妆的部位开始定妆。

五、不同脸形的化妆技巧

1. 椭圆形脸

椭圆形脸是大家公认的理想脸形，化妆时要注意保持其自然的形状，不必通过化妆改变脸形。胭脂要涂在颧骨的最高处，再向上向外揉开。

"化妆的步骤"
演示视频

不同脸型的化妆技巧：

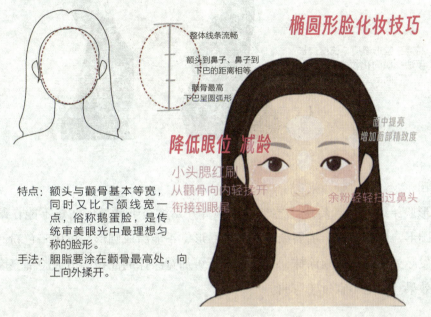

整体线条流畅

额头到鼻子、鼻子到
下巴的距离相等

颧骨最高
下巴呈圆弧形

椭圆形脸化妆技巧

降低眼位 减龄

面中提亮
增加面部精致度

小头腮红刷
从颧骨向内轻揉开
衔接到眼尾

余粉轻轻扫过鼻头

特点：额头与颧骨基本等宽，同时又比下颌线宽一点，俗称鹅蛋脸，是传统审美眼光中最理想匀称的脸形。

手法：胭脂要涂在颧骨最高处，向上向外揉开。

2. 长脸型

在化妆时，要达到增加面部宽度的效果，胭脂离鼻子稍远点，在视觉上拉宽面部，可沿颧骨的最高部位与太阳穴下方所构成的曲线部位，向外向上抹开。眉毛要修成弧形，位置不易太高，尾部切忌高翘，切不可有棱有角。若双颊下陷或额头窄小，应在这两个部位涂以浅色调的粉底，造成光影，使之变得丰满。

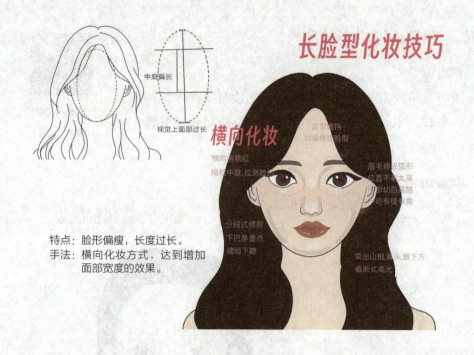

特点：脸形偏瘦，长度过长。
手法：横向化妆方式，达到增加
　　　面部宽度的效果。

3. 圆形脸

　　圆形脸给人可爱、玲珑之感，可从颧骨开始涂至下颊部，注意不能在颧骨部位涂成圆形。唇膏可在上嘴唇涂成浅浅的弓形，不能涂成圆形。可用暗色粉底沿额头靠近发际处向下窄窄地涂抹，至颧骨部下可加宽涂抹的面积，造成脸部亮度逐步降低的效果。眉毛不宜过于弯曲。

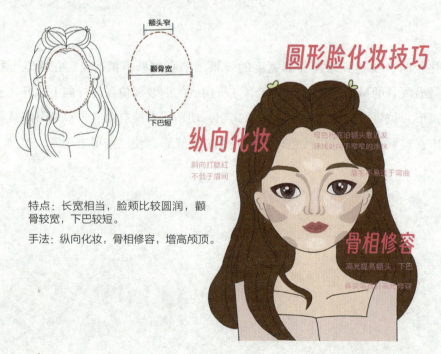

特点：长宽相当，脸颊比较圆润，颧
　　　骨较宽，下巴较短。
手法：纵向化妆，骨相修容，增高颅顶。

4. 方形脸

方形脸的人以双颊突出为特点，所以在化妆时要加以掩饰，增加柔和感，胭脂要涂在与眼部平行的部位，也可涂在颧骨稍下处，往外揉开。粉底可在颧骨最宽处造成阴影，令其方正感减弱。下颌部宜用大面积的暗色调粉底形成效果阴影。眉毛要稍宽一些，眉形可捎带弯曲，不宜有棱角。

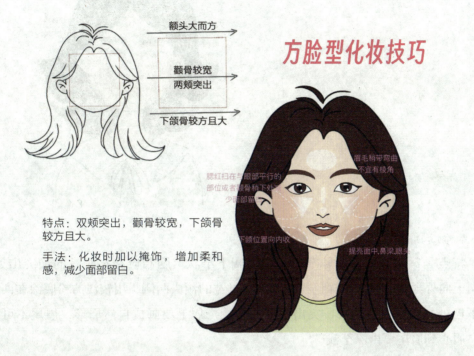

特点：双颊突出，颧骨较宽，下颌骨较方且大。

手法：化妆时加以掩饰，增加柔和感，减少面部留白。

5. 三角形脸

特点是额部较窄而两腮较阔，整个脸型呈上小下宽状，化妆时应将下部宽角"化"去，把脸化成椭圆形，胭脂可由外眼角处开始，向下涂抹，令脸的上部显得宽一些。可用较深色调的粉底在两腮部位涂抹，掩饰。眉毛保持自然状态，不可太平直或太弯曲。

额头窄
太阳穴凹陷
两腮较阔

三角形脸化妆技巧

眉毛保持自然状态，
不可太弯太直

腮红由外眼角
处向下涂抹

提亮涂在
额、鼻梁、下巴处

下颌角要重点修容阴影
从两边嘴角下方延伸到耳朵

6. 倒三角形脸

特点是额部宽大，两腮窄小，呈上阔下窄状。胭脂应涂在颧骨的最突出处，再向上向外揉开。可用较深色粉底调涂在过宽的额头两侧，用较浅的粉底涂在两腮及下巴处，起到掩饰上部、突出下部的作用。眉毛要画成自然眉形，眉尾不可上翘。眉心到眉尾要由深至浅。

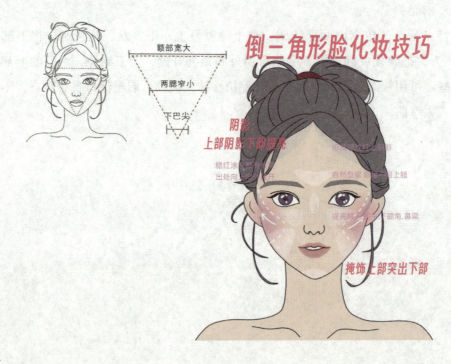

额部宽大

两腮窄小

下巴尖

倒三角形脸化妆技巧

阴影：
上部阴影下部提亮

两侧额较宽处上阴影

腮红涂在颧骨突
出处向下涂抹

自然型眉 眉尾不可上翘

提亮额头 下颌角、鼻梁

掩饰上部突出下部

六、化妆注意事项

1. 注意年龄

根据年龄的不同，选择化妆的方式和浓度程度。一般青年人着淡妆，中老年人选择稍浓的妆。要在自然美的基础上增加修饰美。

2. 注意职业

不同职业者，应选择适合自己职业特点的化妆品和化妆方式。包括三个方面：选用哪类护肤品；选用哪种护肤化妆品来掩盖职业因素造成的皮肤缺陷（防晒霜）；某一职业或行业禁用或不用哪些化妆品（食品行业、制药行业）。

3. 注意场合

不同的场合有不同的化妆要求。一般情况下，化淡妆，给人以整洁、大方、淡雅、舒畅的视觉享受；在工作环境中的妆容要与所处的社交环境相协调，要得体大方。晚会、宴会、外事活动及喜庆节日一般要化稍浓的妆，显示对交往客人的尊重和礼貌。浓妆要讲究化妆的技术，勿将生活中的浓妆和舞台妆混为一谈。

4. 注意性格与性别的差异

男士、女士有不同的化妆品和化妆方式。性格是把握装扮方式的灵魂，化妆是表现性格的最好方式，文静与外露、高雅与华贵、小家碧玉与大家闺秀等性格的表现都与装扮有直接的关系。切合自己的特色是化妆的最佳追求。

七、男士"洁妆"

1. 清洁

成年男子皮脂腺的分泌活动活跃，油脂分泌过多，容易堆积灰尘形成污垢，甚至会出现粉刺而影响面容，因此男士的美容主要是对皮肤进行清洁，去除积累在脸上和身体皮肤上的灰尘和污垢，保持皮肤的健康卫生，可用少量的保湿液使脸部皮肤长时间保持湿润。

2. 剃须和修鼻毛

商务男士应每天修剪胡须，不蓄须。清洁面部皮肤之后，先用专业剃须水软化胡须，然后按照从左至右、从上到下的顺序剃须，动作要慢、轻、柔，先顺毛孔剃刮，再逆毛孔剃刮，最后再顺刮一次。剃刮完毕，用热毛巾把泡沫擦净或用温水洗净后，再检查还有没有胡楂。剃后要涂抹润肤乳，不要让脸太干或油光。外露的鼻毛用专用修剪鼻毛刀勤加修剪。

3. 男士淡妆

一般来讲，和女士相比，男性化妆标准为轻、浅、淡。轻是指无论化什么妆，用哪种化妆品，都不能厚、重、浓；浅是指化妆品的颜色切忌过深过艳；淡是指化妆品的气味要淡，如男性用古龙水，有别于女性用的香水。男士化妆应注意：

（1）双眉修整齐。在男士的整个面部化妆中，可修饰的部位并不多，但眉毛的位置十分重要。男士忌讳画眉、描眉，最好保持自然眉形。在不破坏自然眉形的前提下，可作适当修剪。过宽，沿下部拔去一周；过浓，沿眉毛生长方向均匀剔除一部分；眉间距小或上眼皮上稀疏的毛，可用眉毛夹拔去。若眉毛稀疏残缺或太淡，晚上可补画，但要自然；但白天绝对不能补画，可用眉毛刷刷上深棕色或深灰色眼影。

（2）面色要调整。可以用不同色调的粉底霜来遮掩，最好涂抹油脂粉底霜，无香味或清淡的香味，这样的粉底接近男性的皮肤，又可以避免使用粉质的粉底而出现脂粉气；选择略深于自己肤色的粉底，一般以棕色为宜，这种粉底遮盖性较强，不明显的疤痕、浅色的斑点都可以被遮盖。

（3）选择合适的洗护用品。除剃须用品外，男性用的化妆品有洁面用品、沐浴用品、美发用品、古龙水等。所用护肤品的香型以清香型为主，可伴有草香、海洋香，以增添男性豪爽、英俊、洒脱的魅力。

（4）香水的使用。香水含香量较多，稍微抹一点就会有持久的香气，商务人员应学会在不同的场合使用不同的香水。香水的类型大致可分为四种：浓香型香水，又称香精，这种香精香水含有最高浓度的香精油，最高可达30%，气味浓烈，价格昂贵，适合出席宴会和舞会时使用；清香型香水，这种香水含酒精和水的成分比浓香水高，香精油含量可高至18%，适合一般性的社交场合使用；淡香型香水，这种香水的酒精含量很高，但香精油成分较少，最多只有15%；微香型香水，又称香氛，这种香水香精含量在5%以下，香气持续的时间短，主要用于日后或者健身的时候使用。

香水的使用部位有耳后、后颈部、头发、手肘内侧、腰部、手腕、指尖、膝盖内侧、腿部、脚踝、裙摆等。抹香水要广泛平均地搽在身体上，香水浓度越低涂抹范围越广。可利用指尖蘸上香水，一点一点地搽在身上的6至7个部位。也可利用喷雾器，在穿上衣服之前，选择2至3个部位直接喷在肌肤上，让喷雾器距离身体约2~10厘米，使喷出的香水形成雾状，喷洒的范围较广些。若希望香气不要太浓，把香水抹在体温较低的部位也是方法之一。

活学活用

一、判断题

1. 仪容美主要在于自然天生的美，后天的修饰没有任何作用。（　　）

答案：错误

2. 圆形脸适合齐刘海。（　　）

答案：错误

3. 职场商务人员可以把自己的头发染成各种颜色。（　　）

答案：错误

4. 洗发时要用 40℃ 的温水。（　　）

答案：正确

二、课堂实战

1. 看一看。

内容：发型设计——修饰脸形，扬长避短。

2. 比一比。

第一步：分组。由老师提出分组依据，把全班同学分为人数大致相等的小组。

第二步：讨论。老师拟定人物角色，小组成员进行讨论，根据人物角色为小组成员设计合适的发型。

第三步：展示。开展班内发型展示会，比一比，哪组同学发型设计最符合人物角色。

礼仪文化

君子死而冠不免

《左传·哀公十五年》记载了孔子的学生子路死之前的一件事，常让后人感慨不已。当时卫国太子蒯聩为了建立自己的势力，想寻求他外甥孔悝的协助，但对方不肯。蒯聩竟然直接挟持了他。子路是孔悝的朝臣，孔子的另一名学生子羔也在卫国的朝廷里。眼看内乱要发生，子羔决定逃离卫国。在去陈国的路上他碰到了要返回卫国的子路。子羔警告子路卫国的情况很危险，不能再回去了。可是，子路却认为自己作为孔悝的家臣，此时

不能躲开，执意回到卫国。回到卫国后的子路，在与蒯聩等人的交涉过程中，发生了武力攻击的行为。子路寡不敌众，连系冠的缨都被砍断了。但在此生命攸关的危急时刻，子路却说："君子死，冠不免。"他忍着剧烈的伤痛重新结好冠，方才死去。这就表明像子路这样讲"礼"的士人，他们把衣冠整齐看得比生命还重要。

PART2　今天上班穿什么——仪表礼仪

场景设计

　　张琪琪是某高等职业院校的应届毕业生，在学校举办的校园招聘会上，她凭借自己出色的成绩和能力，获得了一份自己比较满意的工作。可是，在高兴的同时，张琪琪也有一些担忧：马上就要离开校园走向社会，低下头来看一看自己这一身学生气十足的打扮，真的能胜任职场中的种种挑战吗？初入职场的自己，在形象上又需要做出哪些改变呢？

相关知识

1 初识仪表

一、职场着装的特点

　　着装要赢得成功，进而做到品位超群，就必须兼顾个体性、整体性、整洁性、文明性、技巧性五个方面。

1. 个体性

　　在着装时，既要认同共性，又要坚持个体性，要做到"量体裁衣"，使之适应自身，并扬长避短。应创造并保持自己独有的风格。

2. 整体性

　　正确的着装，应当基于整体的考虑和精心的搭配。其一，要恪守服装本身约定俗成的搭配；其二，是要使服装各个部分相互适应，局部服从于整体，力求展现着装的整体之美、全局之美。

3. 协调性

　　首先，着装应当整齐，不允许服装又折又皱，不熨不烫；其次，着装应当完好，不应又残又破，乱打补丁；再次，着装应当干净；最后，着装应当卫生，对于各类服装，都要勤于换洗，不应允许其存在明显的污渍、油迹、汗味与体臭。

4. 文明性

着装的文明性，主要是要求着装文明大方，符合社会的道德传统和常规做法：一是忌穿过露的服装；二是要穿过透的服装；三是忌穿过短的服装；四是要忌穿过紧的服装。

5. 技巧性

不同的服装，有不同的搭配和约定俗成的穿法。着装的技巧性，主要是在着装时要依照其成法而行，要学会穿法，遵守穿法。

二、TPO 原则

1963 年日本男装协会提出了服饰 TPO 原则，即人们在选择服装、考虑其具体款式搭配时，要考虑时间（Time）、地点（Place）、目的（Object）的协调性。

1. 时间

从时间上讲，一年有春、夏、秋、冬四季的交替，一天有 24 小时变化，显而易见，在不同的时间里，着装的类别、式样、造型应因此而有所变化。比如，冬天要穿保暖、御寒的冬装，夏天要穿通气、吸汗、凉爽的夏装。白天穿的衣服需要面对他人，应当合身、严谨；晚上穿的衣服不为外人所见，应当宽大、随意，等等。

2. 地点

从地点上讲，置身在室内或室外，驻足于闹市或乡村，停留在国内或国外，身处于单位或家中，在这些变化不同的地点，着装的款式理当有所不同，切不可"以不变应万变"。例如，穿泳装出现在海滨、浴场，是人们司空见惯的；但若是穿着它去上班、逛街，则非令人哗然不可。在国内，一位少女只要愿意，随时可以穿小背心、超短裙，但若是以这身行头出现在着装保守的阿拉伯国家，就显得有些不尊重当地人了。

3. 目的

从目的上讲，人们的着装往往体现着其一定的意愿，即自己对着装留给他人的印象如何，是有一定预期的。着装应适应自己扮演的社会角色，但不讲其目的性，在现代社会中是不大可能的。服装的款式在表现服装的目的性方面发挥着一定的作用；自尊，还是敬人；颓废，还是消沉；放肆，还是嚣张。

三、服饰搭配要与体型相协调

古希腊哲学家毕达哥拉斯发现，只要符合黄金分割率的物体和几何图形，都会让人感到悦目、和谐、愉快。优美的人体应该符合 0.618 : 1 的比例，虽然现实中大多数人的体型不尽完美，但可以通过服饰的搭配扬长避短。

X 形体型的姑娘们，身材匀称、四肢修长，穿衣打扮时尽可能呈现出自己的曲线优势是穿搭基本原则。收腰设计的 A 字形连衣裙，形成与身型贴合的 X 形轮廓，让 S 曲线恰到好处地呈现。

H 形体型身材瘦的占比比较大，其实还是很好选择衣服的，一条包臀裙加一双高跟凉鞋真的是腰以下全是腿了，并且也能够凸显出臀部的轮廓，完美地修饰身材的比例。

A 形体型建议将上衣掖进裤子，再利用垫肩或是船形领一类（加宽肩部），下身可选用线条柔和、质地厚薄均匀、色彩偏深的长裙，或暗色单一色调的裤子，注意款式要简单，避免有重复图案，臀部有复杂设计的裤装。

O 形体型身材虽然有些过于丰满，但是浑圆的肩部也很迷人。纯白色的露肩衬衫弥漫着春日味道，搭配白色的宽松裤装更能展现女孩的个性帅气。

Y 形体型与 A 形体型正好相反，Y 形体型的人可选用这种上深下浅的穿法。穿用裙摆宽大的百褶裙、郁金香裙可以在视觉上产生很好的平衡效果。

X形　　H形　　A形　　O形　　Y形

男士体型大致上分为五种，按照自己的体型来穿衣，才能挑选出最合适的衣服。

健美型：肩宽厚，结实，健壮。腰明显较细，大腿、小腿肌肉发达。这种体型的男士选择西装时，上衣以肩部合适为准，裤子要能满足臀部和大腿的放松度，一般型号的成衣对于这种体型，上衣、裤子容易在腰围处出问题。

高胖型：个头高大，体胖，腹部突出。西装宜选择宽松样式，上衣应略长一些，色彩以黑色和藏色为主，不适合平肩或翘肩款式。

矮胖型：个矮体胖，腹部凸出。西装宜选择宽松款式，上衣不宜过长，裤口卷脚宜 3 厘米，西装面料花纹不宜太明显。

瘦高型：体型又高又瘦。选择西装以肩部合适为基准，不宜穿瘦细的裤子。

矮瘦型：体型又矮又瘦，西服宜选收腰上衣，衣长不宜把臀部全部盖住，不宜穿黑色、藏蓝色、深灰色等深色衣服，西服宜选择浅灰色等亮色调。

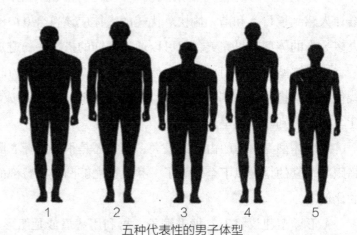

五种代表性的男子体型
（1.健美体型 2.高胖体型 3.矮胖体型 4.瘦高体型 5.矮瘦体型）

四、服饰搭配要与色彩相协调

心理学家认为，人的第一感觉就是视觉，而对视觉影响最大的则是色彩。人的行为之所以受到色彩的影响，是因为人的行为很多时候易受情绪的支配。

每个色彩都有它自己的语言，找到适合自己的色彩不仅能突出自身的优点，还可以充分表达自己的个性风格。

色彩搭配方法：

上深下浅：端庄、大方、恬静、严肃。

上浅下深：明快、活泼、开朗、自信。

突出上衣时：裤装颜色要比上衣稍深。

突出裤装时：上衣颜色要比裤装稍深。

上衣有横向花纹时：裤装不能穿竖条纹或格子的上衣。

有竖向花纹时：裤装应避开横条纹或格子的。

上衣有杂色时：裤装应穿纯色。

裤装有杂色时：上衣应避免杂色。

色相	色彩感受
红色	血气、热情、主动、节庆、愤怒
橙色	欢乐、信任、活力、新鲜、秋天
黄色	温暖、透明、快乐、希望、智慧、辉煌
绿色	健康、生命、和平、宁静、安全感
蓝色	可靠、力量、冷静、信用、永恒、清爽、专业
紫色	智慧、想象、神秘、高尚、优雅
黑色	深沉、黑暗、现代感
白色	朴素、纯洁、清爽、干净
灰色	冷静、中立

2 女士着装

一、套裙礼仪

女士在职业场合的服装以职业套裙最为规范和常见。一方面，这种形式和线条的服装会给职业女性以权威感；另一方面，西装套裙早已被具有国际影响力的大集团、大公司所采用，并赋予了它更强的职业符号性和标记功能。

（一）职业套裙的分类

20世纪30年代，法国时装设计师克里斯蒂安·迪欧，以拉丁字母为形式，创造了H形、X形、A形、V形四种职业套裙，这四种职业套裙各具特点。

1. H形套裙

H形套裙是指上下无明显变化的宽腰式服装，上衣较为宽松，裙子多为筒式，上衣和裙子浑然一体，其样式又如一个上下等粗的拉丁字母H。穿着此种服装，给人以自由、轻松、洒脱质感，既可以让穿着者显得含蓄和帅气，也可以掩盖身材较胖的特点。

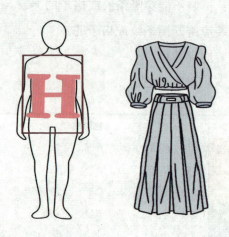

2. X 形套裙

X 形套裙是根据人体外型的自然曲线——肩宽、腰细、臀围大的特点而设计的服装，符合人的体型特征。X 形套裙上衣多为紧身式，裙子则是喇叭式，穿起来能够充分反映出人体的自然曲线美，突出着装者腰部的纤细，给人以活泼、浪漫质感。

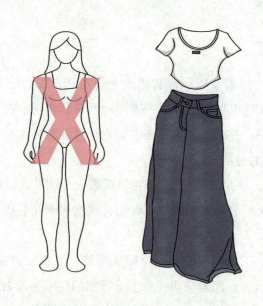

3. A形套裙

A形套裙是指上小下大的服装。其基本特点是肩部下坠、贴体，裙子下摆宽大，有的还呈波浪形。20世纪50年代后流行于欧美各国的连袖式服装即是这种类型。由于此种服装肩部窄小、裙摆宽大，因此穿着时给人以优雅、轻盈、飘逸之感。

4. V形套裙

V形套裙与A形套裙的样式恰恰相反，它上宽下窄，如同拉丁字母V。上衣为松身式，并且以筒式为主。V形套裙穿起来舒适、利落，往往会令着装者看上去亭亭玉立、端庄大方。

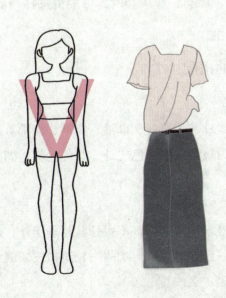

（二）职业套裙的着装要领

套裙是商界女士们的职业服装，其作用就如同员工的"制服"。要让套裙烘托出穿着者文静、优雅和妩媚的韵味道来，要注意以下几点：

1. 长短适度

（1）通常套裙之中的上衣最短可以齐腰，而裙子最长则可以达到小腿的中部。穿着时不能露腰露腹，否则很不雅观。

（2）上衣的袖长以恰恰盖住着装者的手腕为好。上衣或裙子均不可过于肥大或包身，免得影响精神风貌的表现。

2. 穿着到位

（1）上衣的领子要完全翻好，衣袋的盖子要拉出来盖住衣领。

（2）不要将上衣披、搭在身上，要穿着整齐。

（3）裙子要穿得端端正正，上下对齐。

3. 扣紧衣扣

（1）在正式场合穿套裙时，上衣的衣扣必须全部系上。

（2）不要将上衣部分或全部解开，更不要当着别人的面随便将上衣脱下。

4. 考虑场合

（1）在各种正式的商务交往及涉外商务活动中，应该穿套裙。

（2）在出席宴会、舞会、音乐会时，可酌情选择与此类场合相协调的礼服或时装。

二、职业套裙的搭配

（一）搭配好衬衫

1. 面料要轻薄而柔软，如真丝、麻纱、府绸、涤棉等。

2. 色彩上以单色为最佳。除白色之外，其他色彩，如与所穿套裙的色彩不相排斥，也可采用。

3. 衬衫上最好不要有图案。

4. 衬衫下摆必须掖入裙腰之内，不得任其悬垂于外，或是将其在腰间打结。

5. 衬衫纽扣要一一系好。除最上端的一粒纽扣按惯例允许不系外，其他纽扣均不得随意解开。

6. 专门搭配套裙的衬衫可以在公共场合直接外穿。身穿紧身而透明的衬衫时，须特别牢记这一点。

（二）内衣的选择

1.选择内衣时，最关键的要使之大小适当，既不能过于宽大晃悠，也不能过于窄小。

2.内衣所用面料，以纯棉、真丝等面料为佳，色彩可以是常规的白色、肉色，也可以是粉色、红色、紫色、棕色、蓝色或黑色。

3.穿上内衣后，不应使它的轮廓一目了然地在套裙之外展现出来。

4.内衣不宜外穿，且不准外露、外透。

（三）衬裙

1.衬裙的色彩多为单色，如白色、肉色等，但必须使之与外面套裙的色彩相协调。二者要么彼此一致，要么外深内浅。

2.衬裙的款式应特别注意线条简单、穿着合身、大小适度三点要求，并且衬裙上不宜有任何图案。

3.衬衫下摆应掖入衬裙裙腰与套裙裙腰之间，切不可掖入衬裙裙腰以内。

（四）鞋袜

1.应为高跟或半高跟的船式皮鞋。黑色的高跟或半高跟船鞋是职场女性必备的基本款式，几乎可以搭配任何颜色和款式的套装。

2.皮鞋的颜色最好与手袋一致，并且要与衣服的颜色相协调。任何有亮片或水晶装饰的鞋子都不适合商务场合，这类鞋子只适合正式或半正式的社交场合。

3.正式场合穿职业套裙时，要选择肉色长筒丝袜。

4.中筒袜、低筒袜，绝对不能与套裙搭配穿着。让袜边暴露在裙子外面，是一种公认的既缺乏服饰品位又失礼的表现。

5.丝袜容易滑脱，若有破洞要立即更换。可以在办公室或手袋里预备一两双袜子，以备替换。

（五）皮包

皮包是每一位女士在各种场合都不可缺少的饰物，它既有装饰价值，又有实用价值。

1.在商务、政务等正式场合，女士的用包是比较考究的皮质肩挂式或手提式皮包。肩挂式皮包轻盈、便捷，被很多女士选用；平拿式皮包时尚，能够充分体现女性的职业、身价、社会地位及审美情趣。

2.椭圆形款式的包给人以亲切感，是职场提升人气质的必备品；方形的包给人以干练的感觉；职场女士还可以选择大款式的包，既时尚又实用，可以用来装笔记本电脑等。

3. 包的颜色应与鞋的颜色相配，黑色、棕色和灰色可以搭配任何职业装。

三、职业套裙与配饰的搭配

饰品虽然属于细节部分，但是，往往细节更能体现个人品位。作为一个注重个人形象的职业女性，饰品搭配方面更要多加注意。女性职业装的饰品搭配切记不要多，一两件是精巧的装饰和点缀，而多于三件则庸俗不堪。饰品只是起点缀作用，用于调节着装，使之与自己所要展现的气质更为合拍。

1. 项链

就项链的选择而言，价格并不是主要的因素，不管是什么样的款式，与年龄、肤色、服装的搭配协调才是主要的。一般来说，上了年纪的人以选择质地上乘、工艺精细的黄金、白金项链为好；而青年人以选用质地颜色好、款式新的项链为佳，如骨制、珍珠制项链等。

2. 耳环

戴眼镜的女性不宜戴大型悬吊式耳环，贴耳式耳环会令她们更加文雅漂亮。耳环与肤色的配合不容忽视。肤色较白的人，可选用颜色鲜艳一些的耳环。若肤色为古铜色，则可选用颜色较淡的耳环；如果肤色较黑，选戴银色耳环效果最佳；若肤色较黄，以古铜色或银色的耳环为好。

3. 手镯与手链

手镯与手链不是必要的装饰品，因此职业女性在工作时无须佩戴，也最好不戴。出入写字楼，戴手镯，很有点不伦不类，容易被人取笑。

4. 戒指

戒指应与指形相搭配：手指短小，应选用镶有单粒宝石的戒指。如橄榄形、梨形和椭圆形的戒指，指环不宜过宽，这样才能使手指看来较为修长。手指纤细，宜配宽松的戒指，如长方形的单粒宝石，会使玉指显得更加纤细圆润。手指丰满且指甲较长，可选取用圆形、梨形及心形宝石的戒指，也可选用大胆创新的几何图形。

戒指也应与体型肤色相搭配：身体苗条、皮肤细腻者，宜戴嵌有深色宝石、戒指圈较窄的戒指。身材偏胖、皮肤偏黑者，宜戴嵌有透明度好的浅色宝石、戒指圈较宽松的戒指。

5. 胸针

胸针是不可或缺的配饰，无论是艳丽的花朵襟针还是闪烁的彩石胸针，只要花点心思配上简洁服饰，就足以令人一见难忘。

粉红色花胸针，其形态或娇艳欲滴或清丽脱俗，代表着不同气质的妩媚。襟花扣在线条明朗的毛绒大衣或柔软的针织毛衣上，女性的温婉娇媚油然而生，令人心花怒放。镶彩石蝴蝶形胸针，闪亮的银白、娇俏的粉红色及柔和的天蓝色拼合成缤纷璀璨的光华，跃动于蝴蝶的一双翅膀上，充满活泼动感，搭配净色上衣，或为黑色连衣裙作点缀，倍显高贵大方。镶红色及透明钻石襟针，瑰丽浪漫的玫瑰红、晶莹剔透的透明色构成典雅的贵族气质，其简约流丽的设计，衬托出清秀的脱俗气质。

6. 头巾

一条新颖脱俗的头巾会为女性平添几分妩媚和风彩。从美学的观念讲，主要是根据服装的花色和风格来选择。欲求文静雅致，则头巾与服装取同一色系，比如服装为鹅黄色，则头巾宜用咖啡色；若表现热情奔放，则宜采用对比色，如藏青色套裙配鲜红色头巾。头巾还应与肤色相映才成其美。如肤色较黑，选乳白、粉红色头巾会显得妩媚；若肤色白皙，戴棕色或蓝色头巾会显得端庄文雅。

7. 手表

现在女性很少有人戴手表，也就是女学生们戴个时尚表意思意思。如果一定要戴，请务必戴品位极高的名牌表。

8. 其他

像时装一样，饰品也有它自己的季节性。春夏可戴轻巧精致的饰品，以配合轻柔的衣裙。

不要将饰品戴在自己的不完美处。比如，耳部轮廓不太好看的，不要戴过于夸张的耳坠；手指欠修长丰润的，不要戴大宝石或珍珠镶的戒指，以免夸大了自己的缺点。

脖子较长和皮肤较好的女性，适合佩戴宽宽的颈圈进行修饰，甚至可以用好几条缠绕在一起，营造丰富而具层次的美感。脖子较短的人，如果脸形不是特别圆润，搭配细细的项圈，也会很漂亮。

佩饰不但与自己的脸形气质等相配合，还要与自己的体型相配。记住，佩戴首饰是为了让自己显得更端庄美丽，更优雅大方。

总之，饰品之类不过起个点缀作用，佩戴得好了，可以提升自己的品位，不适合的便显庸俗，这里讲究的是精妙典雅。

3 男士着装

一、西装礼仪

西装是男士的正装、礼服。商界男士参加各种社交活动，都要穿西装。西装的种类繁多，可分为工作用、礼服用、休闲用等。对一般人来说，同样一套西装配上不同的衬衫、领带，差不多可以每天穿着并应付多数交际活动。

（一）商务男士西装的分类

1. 按场合分类

按穿着场合，西装可以分为礼服和便服两种。

（1）礼服。礼服又可以分为常礼服（又叫晨礼服，白天、日常穿）、小礼服（又叫晚礼服、晚间穿）、燕尾服。

礼服要求布料必须是毛料、纯黑，下身需配黑皮鞋、黑袜子，上身配白衬衣、黑领结。

（2）便服。便服又分为便装和正装。人们一般穿的都是正装。正装一般是深颜色、毛料（含毛在 70% 以上），上下身必须是同色、同料，做工良好。

2. 按西装件数分类

按西装的件数来划分，分单件西装、二件套西装、三件套西装。商界男士在正式的商务交往中所穿的西装，必须是西服套装，在参与高层次的商务活动时，以穿三件套的西服套装为佳。

（1）单件西装。便装，单件西装，即一件与裤子不配套的西装上衣，仅适用于非正式场合。

（2）两件套西装。西服套装，指的是上衣与裤子成套，其面料、色彩、款式一致，风格相互呼应。通常，西服套装、有两件套与三件套之分。

两件套包括一衣和一裤，三件套则包括一衣、一裤和一件背心。

（3）三件套西装。按照人们的传统看法，三件套西装比两件套西装更显得正式一些。一般参加高层次的对外活动时，可以这么穿。穿单排扣西服套装时，应该扎窄一些的皮带；穿双排扣型西服套装时，则扎稍宽的皮带较为合适。

到 21 世纪，女性的三件套已经发展成为西装、背心、裙子了，而随着季节变化的不明显，短裤在很多时候也代替了长裤的位置。

3. 按纽扣分类

按西装上衣的纽扣排列来划分，分单排扣西装上衣与双排扣西装上衣。

（1）单排扣西装上衣。最常见的有一粒纽扣、两粒纽扣、三粒纽扣三种。一粒纽扣、三粒纽扣单排扣西装上衣穿起来较时髦，而两粒纽扣的单排扣西装上衣则显得更为正规一些。男装常穿的单排扣西服款式以两粒扣、平驳领、高驳头、圆角下摆款为主。

（2）双排扣西装上衣。最常见的有两粒纽扣、四粒纽扣、六粒纽扣等三种。两粒纽扣、六粒纽扣的双排扣西装上衣属于流行的款式，而四粒纽扣的双排扣西装上衣则明显具有传统风格。男子常穿的双排扣西装是六粒扣、枪驳领、方角下摆款。

4. 按版型分类

所谓版型，指的是西装的外观轮廓。严格地讲，西装有四大基本版型。

（1）欧版西装。欧版西装实际上是在欧洲大陆，比如意大利、法国流行的。总体来讲，它们都叫欧版西装。最重要的代表品牌有杰尼亚、阿玛尼、费雷。欧版西装的基本轮廓是倒梯形，实际上就是肩宽收腰，这和欧洲男人比较高大魁梧的身材相吻合。选西装时，对这种欧版西装，要三思而后行，因为一般人的肩不够宽。双排扣、收腰、肩宽，也是欧版西装的基本特点。

（2）英版西装。它是欧版的一个变种。它是单排扣，但是领子比较狭长，和盎格鲁－萨克逊人这个主体民族有关。盎格鲁－萨克逊人的脸形比较长，所以他们的西装领子比较宽广，也比较狭长。英版西装，一般是三个扣子的居多，其基本轮廓也是倒梯形。

（3）美版西装。就是美国版的西装，美国版西装的基本轮廓特点是 O 型。它宽松肥大，适合于休闲场合穿。所以美版西装往往以单件者居多，一般都是休闲风格。美国人着装的基本特点一般可以用四个字来概括，就是宽衣大裤。强调舒适、随意，是美国人的特点。

（4）日版西装。日版西装的基本轮廓是 H 形的。它适合亚洲男人的身材，没有宽肩，也没有细腰。一般而言，它多是单排扣式，衣后不开衩。

（二）商务男士西装的穿着规范

1.“三个三”原则

（1）三色原则：男士在出席正式的商务活动时，西服套装全身上下的颜色不能超过三种或三个色系。这样的穿着能使人觉得庄重、正式。

（2）三一定律：指男士穿西服套装时，身上的三个重要配件（腰带、皮鞋与公文包）应该是一种颜色或者色系。最理想的搭配是皆为黑色。

（3）三大禁忌：一忌穿西装时不拆袖子上的商标。二忌穿西装时里面加穿毛衣。由于色彩与图案繁杂，扣式的开领单毛衫或羊绒衫与西装搭配往往会给人一种过于休闲、随意的感觉，所以原则上在正式的社交场合，西装内不能穿毛衣。三忌穿西装时穿不协调的袜子。在重要的商务场合，有两种袜子不能穿，一是尼龙袜，二是浅色袜子（穿白皮鞋时除外）。

2. 西装扣法

（1）单排一扣西装扣子的扣法：单排一扣的西装——系上或敞开均可。

（2）单排双扣西装扣子的扣法：单排双扣的西装——系上面一粒扣或者不系；全扣和只扣第二粒不合规范。

（3）单排三扣西装扣子的扣法：单排三扣的西装——不扣或者只扣中间一个，即一、三颗不扣。

（4）双排扣西装扣子的扣法。双排扣的西装——扣子要全部扣起，也可以只扣上面一粒，但是不可以不扣。就座后，正装扣应该解开，起身后则按原样扣上。

单排扣西装扣法：　　　　　　　　　　　　　　　　　　　　**双排扣西装扣法：**

单排一粒扣西服　　**单排两粒扣西服**　　**单排三粒扣西服**　　**双排六扣西装**

扣上　　　　　　　第一粒扣　　　　　不扣或者只扣中间一个　　扣子要全部扣起
　　　　　　　　　第二粒不扣　　　　第一、三粒不扣

3. 西装的挑选技巧

（1）选购西服时，应注意面料的色彩和质地，色彩应符合当今时代潮流及所在地区的地区性要求。选料一般以纯羊毛面料和羊毛混纺面料为主，面料质地以细腻、柔软、滑爽、挺括为宜，要求经纬密度适当高些。

（2）选购的西服，要突出轻、柔、薄、挺等综合性特点。

轻：整件西服的重量比较轻。

柔：整件西服的各个不同部位，手感都比较柔软滑爽，富有一定的弹性，且回复性较好。

薄：所选西服为薄型较佳，即面料与内衬等辅料配伍适宜，面料支数较高，厚度减少，衬布克重相应减少，在不影响西服美观的前提下达到手感轻薄的感觉。

挺：西服的各个表面部位比较平整、挺括，主要反映在：①领子适宜平服；

②胸部饱满平挺；③袖子上部圆顺、丰满；④门里襟顺直平服；⑤肩部平挺松紧适宜；⑥袋盖贴合不反翘；⑦下摆圆顺平服等。

（3）鉴别一下西服的各个主要部位的缝制质量。目测服装各部位的缝制线路是否顺直，拼缝是否平服，绱袖吃势是否均匀、圆顺，袋盖、袋口是否平服，方正下摆底边是否圆顺、平服。服装的主要部位一般指领头、门襟、袖笼及服装的前身部位，是需要重点注意的地方。

查看服装的各对称部位是否一致。服装上的对称部位很多，可将左右两部分合拢检查各对称部位是否准确。如：看西服上的对称部位领驳头、领缺嘴、门里襟，对左右两袖长短和袖口大小，袋盖长短宽狭，袋位高低进出及省道长短等逐项进行对比。

（4）试穿时，内穿一件衬衣，但最多再穿一件薄型羊毛衫为妥。消费者在试穿西服时应自然放松站立，注意感觉一下自己的颈肩部有无压迫感。如果在颈肩部有明显的沉重感觉，说明该件衣服与你体型尚不够适宜。选购一件适宜的西服，穿在身上应无明显的压迫感和沉重感，以有一种较为轻松的感觉为宜。

在试穿西服时，应再注意一下袖笼部位，两手臂活动时有舒服自如的感觉，防止袖笼过小过紧，并注意袖笼前后是否平服、圆顺。

最后注意一下，后背上部靠后领脚处是否平服，以及后背下摆处有无起吊现象，前身门襟有无搅豁现象。

二、男士西装的搭配

（一）衬衫

1. 面料

应选择高织精纺的纯棉、纯毛面料，或以棉、毛为主要成分的混纺衬衫。条绒布、水洗布、化纤布、真丝、纯麻皆不宜选。

2. 颜色

必须为单一色。白色为首选，蓝色、灰色、棕色、黑色亦可；杂色、过于艳丽的颜色（如红、粉、紫、绿、黄、橙等色）有失庄重，不宜选。

3. 图案

以无图案为最佳，有较细竖条纹的衬衫有时候在商务交往中也可以选择。

4. 领型

以方领为宜，扣领、立领、翼领、异色领不宜选。衬衫的质地有软质和硬质之分，穿西装要配硬质衬衫。尤其是衬衫的领头要硬实挺括，要干净，不能太软，或是油迹斑斑，否则再好的西装也会被糟蹋。

5. 衣袖

正装衬衫应为长袖衬衫。

6. 穿法讲究

（1）衣扣：衬衫的第一粒纽扣，穿西装打领带时一定要系好，否则松松垮垮，给人极不正规的感觉。相反，不打领带时，一定要解开，否则给人感觉好像你忘记了打领带似的。再有，打领带时衬衫袖口的扣子一定要系好，而且绝对不能把袖口挽起来。

（2）袖长：衬衫的袖口一般以露出西装袖口以外 1.5 厘米为宜。这样既美观又干净，但要注意衬衫袖口不要露出太长，那样就是过犹不及了。

（3）下摆：衬衫的下摆不可过长，而且下摆要塞到裤子里。我们经常见到某些服务行业的女员工，穿着统一的制式衬衫，系着领结，衬衫的下摆却没有塞到裤裙中去，给人一种不伦不类，很不正规的感觉。

（4）不穿西装外套只穿衬衫打领带仅限室内，而且正式场合不允许。

（二）领带

领带是男士在正式场合的必备服装配件之一，它是男西装的重要装饰品，对西装起着画龙点睛的重要作用。所以，领带通常被称作"男子服饰的灵魂"。

1. 面料

质地一般以真丝、纯毛为宜，档次稍低点就是尼龙的了。绝不能选择棉、麻、绒、皮革等质地的领带。

2. 颜色

一般来说，服务人员尤其是酒店从业者应选用与自己制服颜色相称，光泽柔和、典雅朴素的领带为宜。不要选用那些过于显眼花哨的领带。所以，领带颜色一般选择单色（蓝、灰、棕、黑、紫色等较为理想），多色的则不应多于三种颜色，而且尽量不要选择浅色、艳色。

3. 图案

领带图案的选择则要坚持庄重、典雅、保守的基本原则，一般为单色无图案，宜选择蓝色、灰色、咖啡色或紫色，或者选择点子或条纹等几何图案。

4. 款式

不能选择简易式领带（如"一拉得"）。

5. 质量

外形美观、平整，无挑丝、无疵点、无线头，衬里毛料不变形、悬垂挺括、较为厚重。

6. 打法讲究

（1）注意场合：打领带意味着郑重其事。

（2）注意与之配套的服装：西装套装非打不可，夹克等则不能打。

（3）注意性别：为男性专用饰物，女性一般不用，除非制服和作装饰用。

（4）长度：领带的长度以自然下垂最下端（即大箭头）及皮带扣处为宜，过长，过短都不合适。领带系好后，一般是两端自然下垂，宽的一片应略长于窄的一片，绝不能相反，也不能长出太多，如穿西装背心，领带尖不要露出背心。

（5）结法：挺括、端正，外观呈倒三角形。

【温馨提示1-6】领带系法

① 开始时领带的大领应该放在您的右边，而小领则应该放在您的左边。把大领跨在小领之上，形成三个区域（左、右、中）；

② 把大领翻到小领之下，到达中部区域；

③ 把大领翻出至右区域；

④ 把大领从小领之下由右翻到左；

⑤ 把大领翻上到中部区域；

⑥ 把大领从领带结之下由中翻到右；

⑦ 把大领翻到前面至左区域；

⑧ 把大领翻到小领之下，由左至中；

⑨ 把大领穿过前面的圈，并束紧领带结。

"温莎结的打法"
演示视频

活学活用

一、选择题

1. 正规商务活动中，关于着装的说法，以下哪些说法不正确（　　）

A. 上班时间不能穿时装和便装

B. 个人工作之余的自由活动时间不穿套装和制服

C. 工作之余的交往应酬，最好不要穿制服

D. 公务场合，夏天男性可穿短袖衬衫配西裤，女性穿衬衫加套裙

答案：D

2. 坐椅子一般要坐椅面的（　　）

A. 三分之一　　　　B. 四分之一　　　　C. 三分之二　　　　D. 二分之一

答案：C

3. 香水适合喷洒在什么部位（　　）

A. 腋下　　　　　　B. 耳后　　　　　　C. 手腕内侧　　　　D. 胸前

答案：BC

4. 以下不适合打领带的着装有（　　）

A. 内穿衬衫外穿夹克　　　　　　　B. 穿短袖衬衫

C. 穿 T 恤　　　　　　　　　　　　D. 穿休闲衬衫

答案：ABCD

5. 个人卫生的要求包括（　　）

A. 保持鼻腔干净，男士注意鼻毛

B. 女士定期清理体毛

C. 保持口腔清新，注意食物残渣和口气

D. 男士不宜留长指甲

答案：ABCD

6. 关于西装口袋装东西的说法（　　）

A. 上衣左侧外胸袋可以装钢笔　　　B. 上衣内侧胸袋可以装名片

C. 西装侧面口袋可以装纸巾　　　　D. 西装后侧口袋原则上不装东西

答案：BCD

7. 关于正装衬衫说法正确的是（　　）

A. 颜色必须单色，白色百搭

B. 衬衫下摆必须塞进裤子里

C. 穿衬衫打领带不穿外套是不正式的

D. 正装衬衫必须是长袖

答案：ABCD

8. 女士着装的注意事项包括（　　）

A. 裙装比裤装更加正式

B. 着套装时不宜脱掉外套

C. 正式场合建议穿高跟鞋，注意不露脚趾

D. 商务场合不建议穿皮裙

答案：BCD

9.男士着装颜色"三一"定律是指（　　）同一颜色

A.皮带　　　　　B.公文包　　　　　C.皮鞋　　　　　D.领带

答案：ABC

二、判断题

1.女士在商务场合穿裙装要配丝袜，以黑色和肉色最合适。由于丝袜很容易跳丝，所以应随身携带一双备用。（　　）

答案：×

2.衬衫衣袖要比西装长袖口1～1.5厘米，领子要高出西装衣领1～1.5厘米，以显示衣服的层次性。（　　）

答案：√

3.穿西装一般要把扣子都扣上，以示庄重。（　　）

答案：×

4.领带下端的高度应该到衬衫第四个扣子处。（　　）

答案：×

三、案例分析

小王参加工作不久，在一家公司做销售工作，多日来，通过发传真、写电子邮件等方式，终于找到一家对他们公司产品感兴趣的大公司，该公司同意与小王见面洽谈合作的事情。

小王也十分重视这次机会，特意穿上笔挺的西装，锃亮的皮鞋和一双刚买的白色球袜来到对方公司。在与对方面谈时，小王由于是初次洽谈业务，不免有些紧张，坐在椅子上双腿不停地晃动，手指也不时在腿上敲击。面谈结束后，对方只是淡淡地说："以后再联系吧。"面对失败，小王百思不得其解，后来请经理向对方询问原因，对方说："你们员工的素质还有待提高。"

请回答：在本次面谈中，小王的表现在哪些方面还有待提高？

_____

_____

_____

1.在服饰礼仪方面，男士正装皮鞋不应该搭配白色袜子，而应该搭配深色袜子。

2.在仪态礼仪方面，男士在正式入座后双腿应自然弯曲，小腿垂直于地面并略分开，双手分放在两膝上，双腿切忌晃动，手指也不应该在腿上敲击。

礼仪文化

穿着得体是一种态度

1921 年，30 岁的北大人文学院院长胡适收到上海商务印书馆抛来的"橄榄枝"。当时的商务印书馆规模庞大，人才济济。有意换一个环境的胡适想通过实地考察来决定是否"跳槽"。

7 月，胡适来到上海，一身奇装异服——绸长衫、西式裤、黑丝袜、黄皮鞋，显得中不中、洋不洋。第一次和胡适见面的商务印书馆旗下杂志《小说月报》的编辑茅盾说："我从来没有见过这样的打扮，也许，这倒像了胡适的为人。"是呀，绸长衫、黄皮鞋和衣服、裤子都不协调，留学多年的胡博士为什么要这么穿呢？

过了一阵子，茅盾才想明白了：胡适要通过自己的服装向世人宣告自己的人生态度，让别人知道自己是一个中西合璧的"文化人"，既浸透传统文化的精华，又极具西方的开放眼光。

PART3　优雅得体不出错——仪态礼仪

场景设计

　　张琪琪入职一个月以后，除了初入职场工作上的手忙脚乱，让她万万没想到的是，在职场仪态上也出了很多洋相。明明觉得自己以前在学校的时候还算是举止得体，可是现在在许多商务场合中却频频被前辈指出不妥之处，她感到很困惑，到底在职场中，什么样的仪态举止才是优雅得体的呢？

相关知识

1 职场站姿

一、基本站姿

　　站姿的基本要求是：头端，肩平，胸挺，腹收，身正，腿直。标准的站姿，从正面观看，全身笔直，精神饱满，两眼正视，两肩平齐，两臂自然下垂，两脚跟并拢，两脚尖张开60°，身体重心落于两腿正中；从侧面看，两眼平视，下颌微收，挺胸收腹，腰背挺直，手中指贴裤缝，整个身体庄重挺拔。好的站姿，不是只为了美观而已，对于健康也是非常重要的。

　　站姿是人的一种本能，是一个人站立的姿势，它是人们平时所采用的一种静态的身体造型，同时又是其他动态的身体造型的基础和起点，最易表现人的姿势特征。在交际中，站立姿势是每个人全部仪态的核心。如果站姿不够标准，其他姿势便根本谈不上什么优美。

　　由于性别方面的差异，男女的基本站姿又有一些不尽相同的要求。对男子的要求是稳健挺拔，以体现男性刚健、强壮和潇洒的风采；对女子的要求则是优美，以体现女性娴静、优雅的韵味。

（一）商务男士常见站姿

1. 后背式站姿

两脚平行分开，两脚之间距离不超过肩宽，以 20 厘米为宜，两手叠放在背后，右手自然贴于背部并握住左手腕，双目平视，面带微笑，此种站姿适用于较为正式、严肃的商务迎送场合。

2. 前腹式站姿

双手交叉握于腹前，右手握住左手，两腿自然分开，两脚距离约半步，以 20 厘米为宜，身体重心落于两脚之间，脚部疲惫时可让重心在两脚上轮换。这种站姿显得郑重而略显自由，常适用于一般商务场合。

3. 商务男士常见的其他站姿

两脚展开的角度呈 45°~60°，呈 V 字步，身体直立，重心置于两脚，双目平视，面带微笑，两手自然垂放于大腿两侧裤缝处（此种站姿称为侧放式站姿）；可左手背后，右手下垂（此种站姿称为背垂手式站姿），适用于给客人指示方向，或解决疑难问题，或提供其他服务。

"男士直立"
演示视频

（二）商务女士常见站姿

1. 丁字步站姿

女士的丁字步站姿主要为前腹式，两脚并拢或两脚尖略展开，右脚在前，将右脚跟靠于左脚内侧，形成右丁字步（两脚可以交换，形成左丁字步）；身体直立，挺胸收腹，身体重心可放在双脚上，也可以落于一只脚，通过重心移动来减轻疲劳；两手自然并拢，大拇指交叉，一只手放在另一只手上，轻贴在腹前，此种站姿称为前腹式站姿，优雅、知性，为商务女士所广泛采用，适用于商务服务，表示对客人的尊重与欢迎。女士的丁字步站姿按照手部姿势的不同可分为交流式和礼节式：

（1）交流式：双手交叉轻握于腰际，手指自然弯曲，这种站姿常适用于与他人交流的场合。

（2）礼节式：双手虎口交叠于腹前，紧贴于肚脐处，手指伸直且不外翘，这种站姿礼仪性较强，适用于较正式的商务迎送场合。

2. 扇形站姿

扇形站姿即小八字步站姿，其要领如下：双手交叉置于背后或握于腹前，双腿和脚跟并拢，脚尖分开约60°，站成小八字步。这种站姿较为自由，适用于非正式的场合。

3. V字步站姿

脚掌成V字形分开，两脚间夹角为30°~45°，脚跟靠拢，两膝并拢，手臂置于身前，右手自然叠搭于左手上，放置于小腹处。

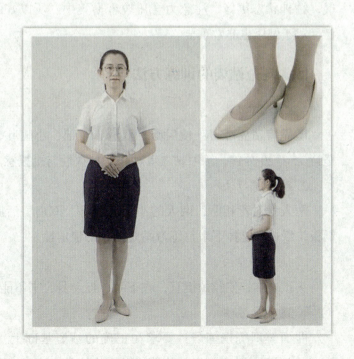

"站姿礼仪"
演示视频

二、站姿禁忌

忌全身不端正。"站如松"强调的就是站立时身体要端正，力戒站立时头歪、肩斜、胸凹、松腹、臂曲、膝盖伸不直等。忌两脚分叉分得太开或交叉两腿而站；忌斜靠在马路旁的树干、招牌、墙壁、栏杆上。忌双脚随意乱动，与他人勾肩搭背地站着；人在站立时，双脚应当老实规矩，不可随意乱动，不停地摇摆身子，扭捏作态；不应用脚尖乱点乱画，用脚去够东西，蹭痒痒等。

三、站姿变化

日常生活中，各种场合的站姿应依时间、地点、场合的不同而有所变化。但改变的只是脚部姿势或角度，身体仍需保持挺直，使站姿自然、轻松、挺拔、优美。为了维持较长时间的站立或稍事休息，标准站姿的脚姿可作变化：脚分开，两脚外沿宽度以不超过两肩的宽度为宜；或以一只脚为重心支撑站立，另一只脚稍曲以休息，然后轮换。

成长过程中，常听到长辈们耳提面命地叮咛"站要有站相"。好的站姿，可以让身体各个关节的受力比较平均，不会特别弯曲，让某些特定的关节承担大部分重量。而且当你抬头挺胸时，胸口会变得开阔，呼吸也会顺畅，身体得到足够的氧气，精神状态更好，注意力会比较容易集中。所以好的体态，不只是为了美观而已，对于健康也非常重要。

四、规范站姿的训练方法

1. 贴墙练习法

即靠墙站立练习：使后脑、双肩、臀部、小腿肚、双脚跟部紧贴墙壁，每次坚持 15 ~ 20 分钟，练习站立者动作的持久性与挺拔感。

2. 贴背练习法

两人背对背相贴，两人的小腿、臀部、双肩、后脑勺都贴紧，在肩背部放置纸板，纸板不能掉下来，练习站立动作的稳定性。

3. 顶书练习法

头顶书本，使脖颈挺直，收下颌、挺上身，书不能掉下来。

4. 镜面练习法

即面对训练镜练习：要求在正确的站姿基础上，结合脸部表情（重点是微笑），使规范的站立姿态与热情的微笑相结合，完善站姿的整体形象。

贴墙练习法　　　　贴背练习法　　　　顶书练习法　　　　镜面练习法

以上练习中，要注意肌肉张弛的协调性，强调挺胸立腰，呼吸自然均匀，面带微笑，同时注意站立时要以标准站姿的形体感觉为基础，进行整体规范动作训练。要注意正确的站姿应体现在每个人的生活工作中，融入自身的行为举止中，养成习惯。只有正确规范的动作与自然相结合，才能运用自如，分寸得当，使人感到既有教养又不造作。

2 职场坐姿

坐是仪态的主要内容，有着美与丑、优雅与粗俗之分。"坐如钟"，指人的坐姿像座钟般端正沉稳，当然这里的端正指上体的端正。端庄典雅的坐姿可以展现一个人的气质和良好教养，优美的坐姿会让人觉得安详、舒适、端正、舒展大方；不正确的坐姿则给人留下不好的印象，让人厌烦。一个人就座后，坐姿应端正，这是基本的礼仪要求。

一、入座离座姿势

入座，即走向座位直到坐下来等一系列的过程，它是坐姿的前奏，也是其重要组成部分。

1. 注意顺序

若与他人一起入座，则落座时一定要讲究先后顺序，礼让尊长。就座时合乎礼仪的顺序有两种：一是优先尊长，即请位尊之人首先入座；二是同时就座，它适用于平辈人与亲友同事之间。无论如何，抢先就座都是失态的表现。

2. 讲究方位

不论是从正面、侧面还是背面走向座位，通常都讲究从左侧一方走向自己的座位，从左侧一方离开自己的座位，它简称为"左进左出"，是在正式场合一定要遵守的。

3. 落座无声

在入座的整个过程中，不管是移动座位还是放下身体，都不应发出嘈杂的声音。不慌不忙，悄无声息，本身就体现着一种教养。调整坐姿，同样也不宜出声。

4. 入座得法

入座时，应转身背对座位。如距其较远，可以右脚后移半步，待腿部接触座位边缘后，再轻轻坐下。着裙装的女士入座，通常应先用双手拢平裙摆，再随后坐下。

5. 离座谨慎

离座亦应注意礼仪序列。轻声离座要自然稳当，不要把身边东西弄到地上去。右脚或双脚向后收半步，然后起身从左侧轻缓离座。

二、坐定姿势

（一）基本坐姿

第一，根据座位的高低，调整坐姿的具体形式。在较为正式的场合，或有位尊者在座时，通常坐下之后不应坐满座位，大体占据其 2/3 的位置即可。

第二，挺直上身，头部端正，目视前方，或面对交谈对象。在一般情况下，不可身靠座位的背部。只有无人在场，或者个人进行休息时，此举方被许可。

第三，极正规的场合，上身与大腿、大腿与小腿，应当均为直角，此姿势即所谓"正襟危坐"。这两个角度若为钝角或锐角，不是表现放肆，就是显现疲乏。

第四，双腿若有可能，尤其是当自己面对尊长而无屏障时，应最好并拢。具体来讲，男士就座后双腿可张开一些，但不应宽于其肩宽。女士就座后，特别是身着超短裙时，务必要并拢大腿。

第五，在非正式场合，允许坐定之后双腿叠放或斜放。双腿交叉叠放时，应力求做到膝部之上的并拢。双腿斜放，以与地面构成 45° 夹角为最佳。

第六，双脚应自然下垂，置于地面之上，脚尖应面对正前方，或朝向侧前方。双脚可以并拢、平行，或呈外八字状。双脚一前一后，也是允许的。

第七，正坐之时，双手应掌心向下，叠放于大腿之上，或是放在身前的桌面之上。以其一左一右，扶住座位两侧的扶手也是可以的。侧坐之时，双手以叠放或相握的姿势放置于身体侧向的那条大腿上，最为适宜。

（二）商务男士坐姿

男士坐姿要体现阳刚之气。双腿垂直，脚跟、双膝和双脚保持适当距离，以肩宽为限，双手掌心向下，分别放于两腿之上，以显示男士的优雅和阳刚。双腿叠放时脚尖不能高翘也不能晃动，也绝不能把手放在两腿之间。

1. 标准式坐姿

上身挺直、坐正，双肩平正，双腿自然弯曲，小腿垂直于地面，双膝并拢，两脚自然分开成 45° 角，双手分别放在两膝上。

2. 开膝式坐姿

上身与大腿、大腿与小腿、小腿与地面均成直角，双膝、双脚自然分开（不超过肩宽）脚尖朝前，双手互握置于任何一条腿上。

3. 交叉式坐姿

上身端正，与大腿垂直，双脚在踝关节处交叉，左脚向前半脚，脚尖不要跷起。略向前伸或略向后屈回，双手互握置于腹前。

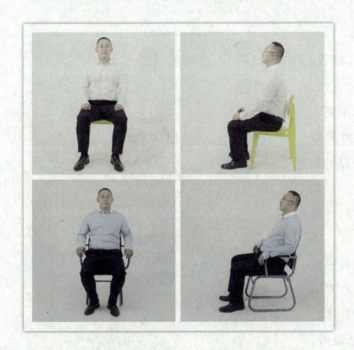

4. 重叠式坐姿

左小腿垂直于地面，右腿在上重叠，右小腿向里收、贴住左腿，双手放在腿上。

"坐姿礼仪"
演示视频

（三）商务女士坐姿

女士坐姿要体现端庄之美。入座时，如果是着裙装，应抚裙坐下，以防坐出褶皱或因裙子被坐住而使腿部裸露过多，也不要等坐下后再整理衣裙。上身保持正确的坐姿，身体可以侧向 45°，膝盖并拢，大腿夹紧，身体侧向左（右）时，右（左）脚藏于左（右）脚之后，目视正前方，双手交叉叠放于体侧，手心向下。这样的坐姿显得女士娴静优雅。坐着与他人交谈时，上体与两腿应同时转向对方，双目正视交谈对象。

1. 女士正位坐姿

身体的重心下移，背部挺直，双腿并拢，大腿和小腿成90°角，双手虎口相交轻握放在左腿上，挺胸直腰面带微笑。这是正式场合的最基本坐姿，可给人以诚恳、认真的印象。这种坐姿脊背挺直，头部摆正，目视前方。如两膝张开，会给人很散漫的印象。

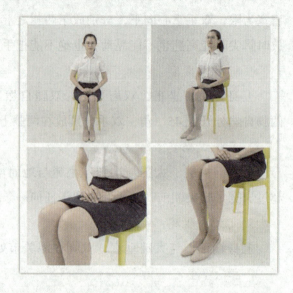

2. 女士双腿斜放式坐姿

身体的重心下移，背部挺直，双腿并找，大腿和小腿成90°角，平行斜放于一侧，双手虎口相交轻握放在腿上，挺胸直腰，面带微笑。这种坐姿适合在较低的椅子上就座时使用。在这种情况下，如果双脚垂直放置的话，膝盖可能会高过腰，较不雅观。双腿斜放式，即双腿并拢之后，双脚同时向右侧或左侧斜放，与地面形成45°左右的夹角。这样的话，就座者的身体会呈现优美的"S"形。当坐沙发时，这种姿势最适用。必须注意两膝不宜分开，小腿间也不要有距离。

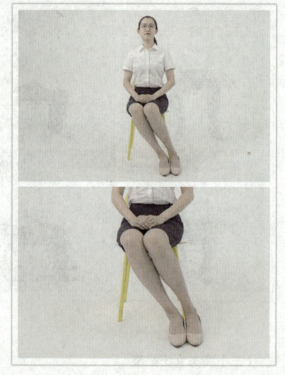

3. 女士架腿式坐姿

先将左脚向左踏出 45°，然后将右腿抬起放在左腿上，大腿和膝盖紧密重叠，重叠后的双腿没有任何空隙。双手虎口相交轻握放在右腿上。这种坐姿要求上下交叠的膝盖之间不可分开，两腿交叠，才会形成纤细的感觉。双脚置放的方法可视椅子的高矮而定，既可以垂直，也可与地面成 45° 角斜放。脚尖不应跷起，更不应直指他人。采用这种坐姿时，切勿双手抱膝，更不能两膝分开。穿超短裙时应慎用此坐姿。

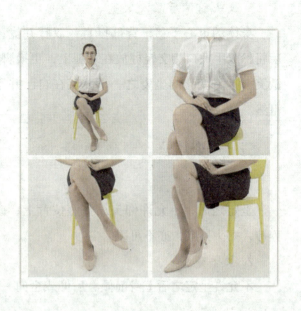

4. 女士双腿交叉式坐姿

身体的重心下移，背部挺直，双腿并拢，大腿和小腿成 90° 角，平行斜放于一侧，双脚在脚踝处交叉，双手虎口相交轻握放在腿上，挺胸直腰，面带微笑。坐在主席台上、办公桌后面或公共汽车上时，比较适合采用这种坐姿，比较自然。应当注意的是，采用这种坐姿时，膝部不宜打开，也不宜将交叉的双脚大幅度地分开，或是向前方直伸出去，否则可能会影响从前面通过的人。记住，不对别人造成困扰是礼仪中最基本的一项。

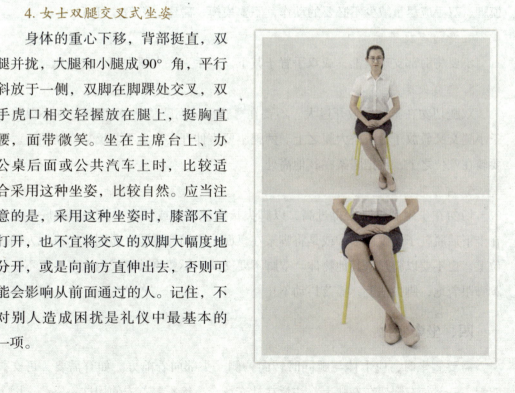

5. 女士前伸后屈式坐姿

身体的重心下移，背部挺直，双膝并拢，左脚前伸右脚后屈或右脚前伸左脚后屈，双手虎口相交轻握放在左腿上，更换脚位时手可不必更换，挺胸直腰，面带微笑。这是变化的坐姿之一，尤其在自己并不受注目的场合，这种坐姿显得轻松自然。

三、坐姿禁忌

1. 头部乱晃

坐定之后，不允许仰头靠在座位背上，或是低头注视地面。左顾右盼，闭目养神，摇头晃脑，亦不可以。

2. 上身不直

不允许坐定之后上身前倾、后仰或歪向一侧，或是趴向前方及两侧。

3. 手部错位

坐下之后，不应以双手端臂，双手抱于脑后，双手抱住膝盖，或者以手抚腿、摸脚。双手应尽量减少不必要的动作，不要摸摸、碰碰、敲敲、打打。

4. 身前有桌子时

不要将肘部支于其上，或双手置于其下。双手夹在大腿中间也应避免。

5. 腿部失态

双腿切勿在坐好后敞开过大。不要在尊长面前高跷"4"字形腿，即不要将一条小腿交叉叠放于另一条大腿之上。两腿不要直伸开去，也不要反复抖动不止。不要骑在座位之上，或把腿架在其他高处。

6. 脚部乱动

切勿在坐定后将脚抬得过高，以脚尖指向他人，或是使对方看到鞋底。不要在坐下后脱鞋子、脱袜子，或是将脚架在桌面上，勾住桌腿，跷到自己或他人的座位上，也不要以脚踩踏其他物体。双脚不要交叉，不要将其摆成内八字，更不要两脚脚跟着地，脚尖朝上，摇荡抖动不止。

四、坐姿变化

需要侧坐时，应上体与腿同时转向一侧，头部向着前方。如有需要，可交叠双腿，一般是右腿架在左腿上。注意在社交场合，绝不要首先使用这一姿势，因为那会给人以显示自己地位和优势的不平衡感觉。此外，"4"字形的叠腿式和用手把叠起的腿扣住的方式是绝对禁止的。叠腿、晃动足尖则更显得目中无人和傲慢无礼，商务人员一定要避免这样。

当前去拜访长辈、上司或贵宾时，不宜在落座后坐满座位，更不宜采用叠式坐姿。若是只坐座位的二分之一，那么对对方的敬意会无声地显示出来。然而，也没必要只坐在椅子边上，那样会显得过于恭谨。

在与来宾会晤时，如双方对面而坐，最好彼此间有 1 米左右的距离，使双方在调整各自的坐姿时不至于腿部"打架"。如双方并排而坐，则有必要目视对方以示恭敬。此时最好的办法是上身微侧，双手叠放于侧过身来一侧的那条腿上，双脚亦同时并拢，向同一方向倾斜。

五、坐姿训练与注意事项

1. 侧对训练镜，练习入座前的动作

入座时，走到座位前面再转身，转身后右脚向后退半步，然后轻稳地落座。动作要求轻盈舒缓，从容自如。

2. 面对训练镜，练习入座前的动作

以站在座位的左侧为例，先左腿向前迈出一步，右腿跟上并向右侧一步到座位前，左腿并右腿，接着右脚后退半步，轻稳落座；入座后右腿并左腿端坐，双手交叉于虎口处，右手在上，轻放在一侧的大腿上。

3. 练习入座后的端坐姿势

动作要求以坐姿规范为基础，配合面部表情，练习坐姿的直立感、稳定性等综合表现（男士、女士各按要求练习）。

4. 坐姿腿部的造型训练

在正确的上身姿势和手位规范的基础上，练习腿部的造型。男士练习两腿开合动作；女士练习平行步、丁字步、小叠步的动作。要求动作变换要轻、快、稳，给人以端庄大方、舒适自然的感觉。

5. 离座动作训练

离座起立时，右腿先向后退半步，然后上体直立站起，收右腿，从左侧还原到入座前的位置。

3 职场走姿

一、走姿的规范要求

行走之时，应以正确的站姿为基础，并且要全面、充分地兼顾以下方面：

1. 全身伸直，昂首挺胸

在行走时，要面朝前方，双眼平视，头部端正，胸部挺起，背部、腰部、膝部尤其要避免弯曲，使全身看上去形成一条直线。

2. 直线前进，自始至终

在行进时，双脚两侧行走的轨迹，大体上应当呈现为一条直线。与此同时，要克服身体在走路时的左右摇摆，并使自腰部至脚部始终都保持以直线的形态进行移动。男士在行走时，两只脚踩出的应是两条平行线；女士在行走时，两脚的脚后跟尽可能踩在同一条直线上；多人一起行走，不要排成横队。

3. 双肩平稳，两臂摆动

行进时，双肩、双臂都不可过于僵硬呆板。双肩应当平稳，力戒摇晃。两臂则应自然、一前一后、有节奏地摆动。在摆动时，手腕要进行配合，掌心要向内，手掌要向下伸直。摆动的幅度，以 30° 左右为佳，不要双手横摆或同向摆动。

4. 全身协调

行进的速度应当保持均匀、平稳。步幅是指走路时迈出的前脚与后脚之间的距离，步幅不宜过大也不宜过小，男士应在 50 厘米左右，女士应在 30 厘米左右。在行走时，大体上在某一阶段中速度要均匀，要有节奏感。另外，全身各个部分的举止要相互协调、配合，表现得轻松、自然。

二、走姿分类

1. 靠右行

走路时一般靠右行，以便有急事的人从左边超过。遵循右尊左卑、内尊外卑的原则，注意礼让。

2. 告辞

与客户告辞或退出上司的写字间时，不宜立即扭头便走，给人以后背。为了表示对在场的其他人的敬意，在离去时，应采用后退法。标准的做法是：目视他人，双脚轻擦地面，向后小步幅地退三四步，然后先转身，后扭头，轻轻地离去。

3. 在道路狭窄处行走

在楼道、走廊等道路狭窄处行走需要为他人让行时，应采用侧行步，即面向对方，双肩一前一后，侧身慢行。这样做，是为了对人表示"礼让三分"，也是意在避免与人争抢道路，发生身体碰撞或将自己的背部正对着对方。

4. 引导来宾

当走在前面引导来宾时，应尽量走在宾客的左前方。髋部朝向前行的方向，上身稍向右转体，左肩稍前，右肩稍后，侧身向着来宾，与来宾保持两三步的距离。

5. 进出电梯

引导客人、长者、领导乘电梯时，有电梯操作员时，引导人员要后进后出；无电梯操作员时，引导人员要先进后出，控制电梯。

三、走姿禁忌

1. 不良动作

走路时忌大甩手，扭腰摆臀；切忌把手插在衣裤口袋里，更不要把手背在体后；多人一起走路时，忌勾肩搭背，边走边说，奔跑蹦跳。

2. 方向不定

行走时方向要明确，不可忽左忽右，变化多端，好像胆战心惊、心神不定。

3. 瞻前顾后

在行走时，不应左顾右盼，尤其是不应反复回过头来注视身后。另外，还应力戒身体乱晃不止，摇头晃脑，弯腰驼背，歪肩晃膀，扭臀甩胯。

4. 速度多变

行走之时，切勿忽快忽慢，要么突然快步奔跑，要么突然止步不前，让人不可捉摸。穿礼服、裙子或旗袍时步态要轻盈优美，忌跨大步。上下楼梯时，不要弯腰驼背、手撑大腿，或一步踏两三级台阶。在公共场合，即使遇上急事，也轻易不要表演"百米冲刺"，稍微快走几步则是可以的。

5. 声响过大

不可脚蹭地面发出声响，或在行走时用力过猛、声响大作，因此而妨碍他人，或惊吓到他人。尤其是商务女性，穿着钉有铜跟的高跟鞋行走时更需要注意。

6. 八字步态

忌内八字和外八字步伐，在行走时，若两脚脚尖向内侧伸构成内八字步，或两脚脚尖向外侧伸构成外八字步，看起来都很难看。

四、基本走姿训练

1. 摆臂训练

上身自然挺直，抬头，颈部保持直立，腹部收紧，两眼前视，下颌微收，肩膀放松，使自己的全身从侧面看犹如一条直线，双手的摆动应以肩关节为轴，上臂带动前臂，双臂前后自然摆动。注意摆动的幅度要适度，摆幅以 30° ~ 35° 为宜，纠正双肩过于僵硬、双臂左右摆动的毛病。两臂摆动要有力，双肩平稳，双臂摆动的轨迹应在不超过肩宽的两条平行线上。

2. 步位步幅训练

在地上画一条直线，行走时检查自己的步位和步幅是否正确，纠正"外八字""内八字"及步幅过大或过小等问题。脚尖向前方伸直，脚跟先着地，然后脚掌着地，依靠后腿将身体重心推送到前脚掌，步幅要均匀，频率要适中。男士行走，两脚跟交替落在一条直线上，两脚尖略外开。女士行走，两脚要踏在一条直线上，脚尖正对前方，俗称"一字步"，以展现女性魅力。一般来说，行走时，对男女商务人员的要求还有一定的区别：男性步履雄健有力、稳重、刚毅、洒脱，展现雄姿英发、英武刚健的阳刚之美，步伐频率每分钟约 100 步；女性步履轻盈优雅，步伐应不快不慢，展现出温柔、矫健的阴柔之美，步伐频率每分钟约 90 步，如穿裙装或旗袍，步幅要小一些，步速则快一些，可达 110 步左右。

3. 稳定性训练

将书本放在头顶中心，保持行走时头正、颈直、目不斜视。

另外，不同着装的女士在行走的步态上有所区别：一般穿以直线条为主的服装显得比较庄重大方、舒展、矫健（如西装、套装）；而穿以曲线条为主的服装比较妩媚、柔美、优雅、飘逸（如旗袍、短裙）。当女士穿短裙或旗袍（以曲线条服装为主）时，要走成一条直线，走路的幅度不宜大，以免短裙或旗袍开衩过大，显得不雅。其动作要领：两脚跟前后要走在一条线上，脚尖略外开；两手臂在体侧自然摆动，幅度也不宜过大；身体挺拔，胸微含，下颌微收，髋部可随着脚步和身体重心的转移，稍左右摆动。当身着裤装（以直线条服装为主）时，宜走成二条直线。其动作要领：两脚内侧走成二条直线，注意套装的挺拔，保持后背的平正；走路的步幅可略大些，手臂放松伸直、自然摆动；不可有意左右晃肩，扭动髋部。

五、动态走姿训练

练习前行走，后步退，侧行步，前行左右转身步，后退左右转身步，后退向后转身步的动作，以便因需要转身改变方向时，也能体现出步态的规范。其动作要领如下：

1. 前行步

向前走时，练习与来宾或同事问候时的仪态举止。动作要伴随头和上体向左或右的转动，面带微笑，点头致意，并配以恰当的问候语言。

2. 后退步

当与他人告别时，应该先后退，再转身离去。一般以后退两至三步为宜。退步时，脚轻擦地面，步幅小，协调地往后退；转身时，要身先转，头稍后转。

3. 侧行步

一般用于引导来宾，或在较窄的走廊与人相遇时。引导来宾，要尽量走在宾客的左侧前方，左髋部朝着前行的方向，上身稍向右转，左肩稍前，右肩稍后，侧身向着来宾，保持往前两三步的距离。在较窄的路面与人相遇时，要将胸转向对方，以示礼貌。

4. 前行左右转身步

在行进中，当要向左（右）转身时，要在右（左）脚迈步落地时，以右（左）脚掌为轴，向左（右）转体90°，同时迈出左（右）脚。

5. 后退左右转身步

当后退向左（右）转身时，以左脚先退为例，要在后退二步或四步时，赶在右（左）脚掌为轴时，向左（右）方向转身90°，再迈出左（右）脚，继续往前方走出。

6. 后退向后转身步

当后退向后转身时，以左脚先退为例，要在退一步或三步时，赶在左脚后退时，以左脚为轴，向左转体180°，同时右脚后撤移重心，再迈出。

以上的走姿训练，不论朝哪个方向行走都应注意形体的变化，做到先转身，后转头，再配合一些"体态语"及礼貌用语，以达到整体形象的完美。

"行姿要领"
演示视频

4 职场蹲姿

在日常生活中，人们在拾取地上的东西或取低处物品时，一般是习惯采用弯腰翘臀动作来捡或拿起。这种姿势有失雅观。如能恰当地采用正确的蹲姿，将会给人留下美好的印象。

一、蹲姿

下蹲的姿势，简称为蹲姿。蹲姿为非常用姿势，它是人在处于静态的站姿时的一种特殊情况。多用于拾捡物品、帮助别人或照顾自己，如长时间候车等人，或数人在野外聊天可能会用蹲姿。例如在公共场合，有时会遇到俯首拾物的情况，弯腰、俯首、撅臀，显然就不如采取规范的蹲姿，而且优美、雅致的蹲姿能够展现个人魅力。规范蹲姿的基本要点：

第一，上体正直，优雅的蹲姿先以正确的站姿站好，一定要保持上体的正直，目视前方，注意不要低头、弯背和翘臀部，下蹲时，应使头、胸、膝关节保持协调，使蹲姿优美。

第二，屈膝并腿下蹲，屈膝并腿，膝盖并拢，臀部向下，双手放于双膝之上，或自然垂于体侧。左脚在前，左脚全脚掌着地，小腿基本垂直于地面；右脚在后，右脚跟提起，脚前掌着地，两腿靠紧向下蹲，臀部向右脚跟蹲下；或左右动作相反。在公共场所下蹲不要双腿平行叉开，这是上厕所的姿势，这种蹲姿十分不雅。

第三，下蹲时，应自然、得体、大方，两腿合力支撑身体，避免倾倒。女士无论采用哪种蹲姿，都要将腿靠紧，臀部向下。

第四，当拾捡掉落的东西或取放在低处的物品时，最好走近物品，上体正直，单腿下蹲。这样既可轻松自如地达到目的，又能展示您优美的体态。

二、常用的蹲姿

1. 高低式蹲姿

下蹲时，双脚不在一条直线上，且一只脚在前，一只脚在后，在前的脚全着地，小腿基本上垂直于地面，在后的脚脚掌着地，脚跟提起。后膝低于前膝，头和腰保持一条直线，臀部向下。女士两腿应靠紧。当左脚在前时、右脚靠后，左脚完全着地，右脚脚跟提起，右膝低于左膝，右腿左侧可靠于左小腿内侧；或左右动作相反。

2. 交叉式蹲姿

交叉式蹲姿主要适用于女性，尤其是适合身穿短裙

的女性在公共场合采用。要求：在下蹲时，左脚在前，右脚居后，左小腿垂直于地面，全脚着地；左腿在上、右腿在下交叉重叠，右膝从后下方伸向左侧，右脚跟抬起，脚尖着地，两腿前后靠紧，合力支撑身体；上身微向前倾，臀部朝下；或左右动作相反。

3. 半蹲式蹲姿

半蹲式蹲姿多为人们在行进之中临时采用。主要要求：在蹲下之时，上身稍许下弯，但不与下肢构成直角或锐角；臀部务必向下，双膝可微微弯曲，其角度可根据实际需要有所变化，但一般应为钝角；身体的重心应放在一条腿上，双腿之间不宜过度地分开。

4. 半跪式蹲姿

半跪式蹲姿又叫单蹲姿，与半蹲式蹲姿一样，也属于一种非正式的蹲姿，多适用于下蹲时间较长时。其主要要求是下蹲以后，改用一腿单膝点地，而令臀部坐在脚跟上。另一条腿应当全脚着地，小腿垂直于地面，双膝必须同时向外，双腿则宜尽力靠拢。

"常用的蹲姿"
演示视频

三、蹲姿注意事项

（1）下蹲时，应与他人保持一定距离，且速度切勿过快、过猛。

（2）下蹲时，应尽量侧身相向，切勿正面面对他人或背对他人。

（3）下蹲时，一定要避免"走光"，特别是女士。

（4）下蹲时，切忌弯腰撅臀，应避免过度弯曲上身和翘起臀部，否则容易露出内衣。

（5）下蹲时，切忌两脚平行、两腿分开（即"蹲厕式"蹲姿），否则极其不雅。

（6）不可蹲在椅子上，也不可在公共场合蹲着休息。

（7）与他人同时下蹲时，不可忽视双方的距离，以防双方迎头相撞。

5 职场手势

一、手势的作用

手势，又叫手姿。由于手是人的身体上最为灵活自如的一个部位，是人体最富灵性的器官之一，所以手姿是体语之中最丰富、最有表现力的。如果说眼睛是心灵的窗户，那么手就是心灵的触角，手势是运用手指、手掌、拳头和手臂的动作变化表达思想感情的一种态势语言，也是传递信息、表情达意的重要手段。它既可以是静态的，也可以是动态的。在日常生活和社会交往中，手势不仅表示形象，能够传达一个人想要表达的信息，在许多情况下，它还会自然流露出人的心情和想法，传达感情等。例如，紧张的人会不由自主地握紧手，兴奋的人会振臂欢呼，焦急的人会搓手看表。在商务交往中，手势有着不可低估的作用，生动形象的有声语言再配上准确、精彩的手势动作，必然能使交往更富感染力、说服力和影响力。但是这种效果是以手势运用的规范、适度为前提的。如使用不当，会影响到个人形象和产生负面影响。

二、手势运用的原则

手势虽能反映人复杂的内心世界，但如果运用不当，就会适得其反。因此，在运用手势时，需要注意这样几个原则：首先，要简约明快，不可过繁，以免喧宾夺主；其次，要文雅自然，低劣的手势有损交际者的形象；再次，要协调一致，即手势与全身协调，手势与情感协调，手势与语言协调；最后，要因人而异，不可千篇一律要求每个人都做统一的手势动作。

三、手势使用的区域和基本含义

手势的使用范围一般有三个区域：上区、中区和下区。肩部以上称为上区，多用来表示理想、希望、激昂等情感，表示积极肯定的意思；肩部至腰部称为中区，多表示比较平静的思想，不带有浓厚的感情色彩：腰部以下称为下区，多表示不屑、厌烦、反对、失望等，表示消极、否定的意思。

手势的使用范围一般有3个区域：上区、中区和下区。

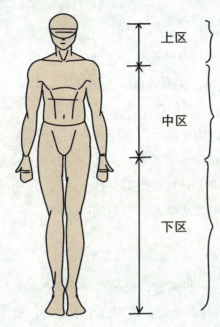

上区　　肩部以上称为上区，多用来表示理想、希望、激昂等情感，表示积极肯定的意思。

中区　　肩部至腰部称为中区，多表示比较平静的思想，不带有浓厚的感情色彩。

下区　　腰部以下称为下区，多表示不屑、厌烦、反对、失望等，表示消极、否定的意思。

四、常见的手势

1. 双手垂放

双手垂放是最基本的手姿。其做法有二：一是双手自然下垂，掌心向内，叠放或相握于腹前；二是双手伸直下垂，掌心向内，分别贴放于大腿两侧，多用于站立之时。

2. 鼓掌

鼓掌是用以表示欢迎、祝贺、支持的一种手姿，多用于会议、演出、比赛或迎候嘉宾。其做法，是以右手掌心向下，有节奏地拍击掌心向上的左掌。必要时，应起身站立。但是，不应以此表示反对、拒绝、讽刺、驱赶之意，即不允许"鼓倒掌"。

3. 伸出大拇指手势

在我国，伸出右手，跷起拇指，指尖向上，指腹面向被称道者表示赞同、一流的，主要用以夸奖、表扬他人。大拇指向下则表示蔑视。在英语国家，大拇指向上多表示"OK"，或是打车，但如果用力挺直，则含有骂人的意思；若大拇指向下，则多表示坏人、下等人。但在交谈时，不

应将右手拇指竖起来反向指向其他人，因为这意味着自大或藐视。以之自指鼻尖，也有自高自大、不可一世之意。

4."OK"手势

拇指和食指合成一个圆圈，其余三指自然伸张。这种手势在不同国家其含义有所不同。例如，在美国表示"赞扬""允许""了不起""顺利""好"；在法国表示"零"或"无"；在印度表示"正确"；在中国表示"零"或"三"两个数字；在日本、缅甸、韩国表示"金钱"；在巴西表示"引诱女人"或"侮辱男人"；在地中海的一些国家，则表示"孔"或"洞"，并常用此来暗示、影射同性恋。

5.伸出食指手势

伸出食指的手势在我国以及亚洲一些国家，表示"一个""一次"等；在法国、缅甸等国家，则表示"请求""拜托"之意。使用这个手势时，要注意不能用食指指人，更不能在面对面时用食指指着对方的面部，这种不礼貌的动作极易激怒对方。

6."V"字形手势

伸出食指和中指、掌心向外的手势，其含义主要表示胜利（英文victory的第一个字母）；若掌心向内，在西欧则表示侮辱、下贱之意。另外，这种手势在大多数国家还时常用来表示数字。

7.引领手势

在各种商务场合中，经常会遇到使用引导来宾、指示方向的引领手势的情况，如，为客人开门、请客人进门等都需要运用到引领手势。其做法是：以右手或左手抬至一定高度，五指并拢，掌心向上，以其肘部为轴，朝一定方向伸出手臂。使用引领手势时，应注意身体各种体态的协调。引领手势主要有以下几种方式：

（1）横摆式引领手势。这种手势用来指引较近的方向。大臂自然垂直，小臂轻缓地向一旁摆出时微弯曲，与腰间成45°左右角，另一手下垂或背在身后，面带微笑，双脚并拢或形成右丁字步，同时加上礼貌用语，如"请""请进"等。以左手为例：将五指伸直并拢，手心不要凹陷，手心向斜上方，手从腹前抬起至横膈膜处，然后以肘关节为轴向左摆动，在身体左侧稍前的地方停住，同时右手自然下垂，目视引领对象，面带微笑。这是在门的入口处常用的表示谦让的手。

（2）屈臂式引领手势。当一只手扶着电梯门或房门，或拿东西，同时又要做出"请"的手势或指示方向时，可采用屈臂式引领手势。五指伸直并拢，从身体的一侧前方由下向上抬起，以肘关节为轴，手臂由体侧向体前摆动，摆到距身体20厘米处停住，掌心向上，手尖指向一方，头部随客人由右方转向左方。以右手为例：五指伸直并拢，从身体的侧前方向，向上抬起，至上臂离开身体的高度；然后以肘关节为轴，手臂由体侧向体前摆动，摆到右侧停止，面带微笑向右侧注视引领对象。

（3）直臂式引领手势。这种手势用来指示或引领较远方，常表示"请往前走""请往这边看"。五指并拢伸直，手臂穿过腰间线，屈肘由身前向前方抬起，抬到约与肩同高时，再向要指示的方向伸出前臂。身体微向指示方向倾。身体侧向宾客，眼睛要看着手指引的方向，同时加上礼貌用语，如"女士，请一直往前走""先生，里边请"等。

（4）斜下式引领手势。当请客人入座时，手势要斜向下方，首先用双手将椅子向后拉开，然后，一只手屈臂由前抬起，再以肘关节为轴，前臂由上向下摆动，使手臂向下呈斜线，并微点头示意。

（5）双臂式引领手势。这种手势用来向众多来宾表示"请"或指示方向。两手五指分别伸直并拢，掌心向上，从胸前抬起至上腹部处，双手一前一后同时向身体侧摆动，摆至身体的侧前方时关节略弯曲，上身稍向前倾，面带微笑，向客人致意。

"社交中常用的几种手势"
演示视频

五、递接物品

递接物品也是商务人员日常工作中常做的动作，其礼仪规范与否，不仅会给别人带来不同的感受，也是专业和素养的体现，需要我们认真对待。递接物品的基本要领是：目视对方，面带微笑，主动上前，双手递接。

1. 递接剪刀、刀具、笔

在递送剪刀、刀具、笔等带尖类物品给对方的时候，要注意将锋利的一面朝向自己或右侧，以方便对方拿取。递笔时，如果有笔帽，则需打开笔帽，笔尖朝向自己或右侧，双手捏住笔的下半部递上，让对方拿到笔就可以立刻书写。

2. 递接书本、资料

递送书本、资料、文件时，要把文字正面朝向对方，双手递送，待对方接稳后，方可松手。

3. 递接杯子等饮具

对于三才杯（又称"三才碗"、盖碗，是一种上有盖、下有托，中有碗的汉族茶具）或者咖啡杯，一般是双手托着底部递给对方。递送马克杯、老式茶杯时，一般左手托杯底，右手扶杯身中部，杯子的杯耳部位朝着对方右手方向，方便对方接拿。递玻璃杯或瓶装饮料时，左手托住底部，右手拿住杯体或瓶身的中间或位置，文字朝向对方，面带微笑递出。

六、禁忌手势

不卫生的手势：在他人面前搔头皮、掏耳朵、挖眼屎、抠鼻孔、剔牙齿、抓痒痒、搓脚丫等这样一些手势，均极不卫生，令人恶心，自然是不当之举。

欠稳重的手势：在大庭广众之下，双手乱动、乱摸、乱举、乱扶、乱放，或是咬指尖、折衣角、抬胳膊、抱大腿、拢头发等手姿，亦是应当禁止的不稳重的手势。

失敬于人的手势：用手指点指他人，尤其是伸出一只手臂，食指指向他人，其余四指握拢这一手姿，因有指斥、教训之意，尤为失礼。

活学活用

一、选择题

1. 在参加各种社交宴请时，要注意从座椅的（　　）侧入座，动作应轻而缓，轻松自然。

A. 前侧　　　　　　B. 后侧　　　　　　C. 左侧　　　　　　D. 右侧

答案：A

2. 坐在椅子上，至少应占椅面的（　　）左右，于礼最为适当。

A. 1/2　　　　　　B. 2/3　　　　　　C. 3/4　　　　　　D. 4/5

答案：B

3. "上身挺直，两膝并拢，双腿斜放，与地面构成45°夹角为最佳，侧坐时，双手一般叠放或相握置于身体侧面的那条大腿上。"这是女士的（　　）坐姿。

A. 标准式　　　　　　B. S形坐姿　　　　　C. 交叉式　　　　D. 搭腿式

答案：A

4. 身穿短裙的女性接待人员在引导客人上楼时，应该（　　）。

A. 走在楼梯内侧　　　　　　　　　　B. 走在前面

C. 走在中央　　　　　　　　　　　　D. 走在后面

答案：D

5. 在引导客户下楼时，正确的做法是（　　）。

A. 客人在前，引导者在后　　　　　　B. 客人在后，引导者在前

C. 引导者与客人并肩行进　　　　　　D. 都可以

答案：A

二、问答题

1. 入座和离座的基本要求是什么？

入座，即走向座位直到坐下来等一系列的过程，它是坐姿的前奏，也是其重要组成部分。

（1）注意顺序：若与他人一起入座，则落座时一定要讲究先后顺序，礼让尊长。就座时合乎礼仪的顺序有两种：一是优先尊长，即请位尊之人首先入座。二是同时就座，它适用于平辈人与亲友同事之间。无论如何，抢先就座都是失态的表现。

（2）讲究方位：不论是从正面、侧面还是背面走向座位，通常都讲究从左侧一方走向自己的座位，从左侧一方离开自己的座位，它简称为"左进左出"，是在正式场合一定要遵守的。

（3）落座无声：在入座的整个过程中，不管是移动座位还是放下身体，都不应发出嘈杂的声音。不慌不忙，悄无声息，本身就体现着一种教养。调整坐姿，同样也不宜出声。

（4）入座得法：入座时，应转身背对座位。如距其较远，可以右脚后移半步，待腿部接触座位边缘后，再轻轻坐下。着裙装的女士入座，通常应先用双手拢平裙摆，再随后坐下。

（5）离座谨慎：离座亦应注意礼仪序列。轻声离座要自然稳当，不要把身边东西弄到地上去。右脚或双脚向后收半步，然后起身从左侧轻缓离座。

2. 商务人员坐姿要求主要有什么？

第一，根据座位的高低，调整坐姿的具体形式。在较为正式的场合，或有位尊者在座时，通常坐下之后不应坐满座位，大体占据其 2/3 的位置即可。

第二，挺直上身，头部端正，目视前方，或面对交谈对象。在一般情况下，不可身靠座位的背部。只有在无人在场，或者个人进行休息时，此举方被许可。

第三，极正规的场合，上身与大腿、大腿与小腿，应当均为直角，此姿势即为所谓"正襟危坐"。这两个角度若为钝角或锐角，不是表现放肆，就是显现疲乏。

第四，双腿若有可能，尤其是当自己面对尊长而无屏障时，应最好并拢。具体来讲，男士就座后双腿可张开一些，但不应宽于其肩宽。女士就座后，特别是身着超短裙时，务必要并拢大腿。

第五，在非正式场合，允许坐定之后双腿叠放或斜放。双腿交叉叠放时，应力求做到膝部之上的并拢。双腿斜放，以与地面构成 45 度夹角为最佳。

第六，双脚应自然下垂，置于地面之上，脚尖应面对正前方，或朝向侧前方。双脚可以并拢、平行，或呈外八字状。双脚一前一后，也是允许的。

第七，正坐之时，双手应掌心向下，叠放于大腿之上，或是放在身前的桌面之上。以其一左一右，扶住座位两侧的扶手也是可以的。侧坐之时，双手以叠放或相握的姿势放置于身体侧向的那条大腿上，则最为适宜。

3. 正确走姿有什么要求？走姿应注意哪些问题？

行走之时，应以正确的站姿为基础，并且要全面、充分地兼顾以下方面：

（1）全身伸直，昂首挺胸。在行走时，要面朝前方，双眼平视，头部端正，胸部挺起，背部、腰部、膝部尤其要避免弯曲，使全身看上去形成一条直线。

（2）直线前进，自始至终。在行进时，双脚两侧行走的轨迹，大体上应当呈现为一条直线。与此同时，要克服身体在走路时的左右摇摆，并使自腰部至脚部始终都保持以直线的形状进行移动。男士在行走时，两只脚踩出的应是两条平行线；女士在行走时，两脚的脚后跟尽可能踩在同一条直线上；多人一起行走不要排成横队。

（3）双肩平稳，两臂摆动。行进时，双肩、双臂都不可过于僵硬呆板。双肩应当平稳，力戒摇晃。两臂则应自然、一前一后、有节奏地摆动。在摆动时，手腕要进行配合，掌心要向内，手掌要向下伸直。摆动的幅度，以 30° 左右为佳。不要双手横摆或同向摆动。

（4）全身协调，行进的速度应当保持均匀、平稳；步幅是指走路时迈出的前脚与后脚之间的距离，步幅不宜过大也不宜过小，男士应在 50 厘米左右，女士应在 30 厘米左右。在行走时，大体上在某一阶段中速度要均匀，要有节奏感。另外，全身各个部分的举止要相互协调、配合，表现得轻松、自然。

三、案例分析

某照明器材厂的业务员金先生，手拿企业新设计的照明器材样品，兴冲冲地登上六楼，脸上的汗珠未来得及擦一下，便直接走进了业务部张经理的办公室，正在处理业务的张经理被吓了一跳。

"对不起，这是我们企业设计的新产品，请您过目。"金先生说。

张经理停下手中的工作，接过金先生递过的照明器，随口赞道："好漂亮啊！"并请金先生坐下，倒上一杯茶递给他，然后拿起照明器材仔细钻研起来。

金先生看到张经理对新产品如此感兴趣，如释重负，便往沙发上一靠，跷起二郎腿，一边吸烟一边安闲地环视着张经理的办公室。

当张经理问他电源开关为什么装在这个位置时，金先生习惯性地用手搔了搔头皮。

虽然金先生作了较详尽的解释，张经理还是有点半信半疑。谈到价格时，张经理强调："这个价格比我们预算高出较多，能否再降低一些？"

金先生回答："我们经理说了，这是最低价格，一分也不能再降了。"

张经理默然了半天没有开口。

金先生却有点沉不住气，不由自主地拉松领带，眼睛盯着张经理，张经理皱了皱眉。

"这种照明器的性能先进在什么地方？"金先生又搔了搔头皮，反反复复地说："造型新、寿命长、节电。"

张经理托词离开了办公室，只剩下金先生一个人。金先生等了一会儿，感觉无聊，便非常随便地抄起办公桌上的电话，同一个朋友闲谈起来。这时，门被推开进来的却不是张经理，而是办公室秘书。

案例思考：

请结合案例分析，金先生的生意没有谈成的礼仪缺陷有哪些？在商务活动中，金先生应该如何注意自己的个人礼仪问题？

从一开始金先生兴冲冲地登上六楼，他要拜访的张先生是他这次业务的负责人，应该是要很重视礼节的：

①脸上的汗珠未来得及擦一下，便直接走进了业务部张经理的办公室，首先不重视自己的外在形象，就是对别人的一种不尊重。在这里就会给别人留下不好的印象。

②张先生接过金先生递过的照明器，赞美漂亮并请金先生坐下，倒上一杯茶递给他。这里的金先生应该说句感谢但他没有，这显然没有礼仪可谈，又给人家留下一些不愉快的印象。

③金先生往沙发上一靠，跷起二郎腿，一边吸烟一边安闲地环视着张经理的办公室。这也是一种不尊重，首先别人没有要求你坐，没有奉告你那里不能坐，这也是礼仪的问题，随便抽烟随便乱看也是不礼貌的。

④金先生习惯性地用手搔了搔头皮，包括下文中的不由自主地拉松领带。他自己的习惯性动作不可以带到商务座谈中。

⑤张经理还是有点半信半疑，这是应该问他还有哪里需要解释吗。

⑥谈到价格时，金先生不应该有如此坚决的态度，应向对方解释，并说明不能作退让的理由。金先生又搔了搔头皮，反反复复地说："造型新、寿命长、节电。"这里显然在态度上有点不耐烦，容易让人反感。

⑦金先生等了一会儿，感觉无聊，便非常随便地抄起办公桌上的电话同一个朋友闲谈起来。这时应该安静地等一会儿，这样做太有损自己形象了。

礼仪文化

讲究仪态之礼的朱熹

朱熹是我国宋代著名的理学家，他的理学思想对后世影响非常深远。他不仅通过思想媒介去传播自己的理念，而且在日常生活中也严守古代礼的要求。他平日闲居在家的时候，总是天色还没有亮就起床。穿好了衣裳相连的制服，戴了幞头，穿上方头鞋子，到家庙和先圣神位前去祭拜，行礼结束以后就退回到自己的书房里。他的几案总是摆得很正，相关的书籍器且也一定是摆放得整整齐齐的。有时候读书作文疲倦了休息时，他也是闭上眼睛端端正正地坐着。闭目养神结束后，他就迈着整齐的步子慢慢地走。他这种端方的威

仪和容貌举止，从少年时一直保持到老，从来没有一丝一毫的松懈或放弃。

实战演练

1. 实训前的准备

实训场地：带镜子的礼仪实训室

实训道具：男士西装、衬衫、领带、皮带、皮鞋等；女士套裙、衬衫、丝巾、高跟鞋、配饰等

2. 实训步骤

（1）课前教师介绍实训场景并提出实训要求。

（2）实训角色分配。以小组为单位，具体角色由学生自由商定。

（3）角色扮演。每位同学根据角色需要作充分准备，分别扮演场景中的角色。

（4）学生以小组为单位进行着装搭配并演练讲解。

（5）各小组依次上台进行着装展示和讲解。

（6）回答评判组提问。

（7）教师点评，重点让学生掌握要领和细节。

（8）布置任务。每组选 1 名男生和 1 名女生参加打领带比赛，从速度和美观等方面考核。比赛时间为下次课程的前五分钟。

3. 实训评价

表 1-2　商务正装穿着礼仪评价评分表

考评人			被考评人		
考评地点			考评时间		
考核项目	考核内容	分值	小组评分 50%	教师评分 50%	实得分
商务正装的穿着	1. 正装的选择	15			
	2. 正装穿着规范	30			
	3. 衬衣选择	5			
商务正装的穿着	4. 领带选择及打法（男）	10			
	5. 袜子与鞋的选择	10			
	6. 创意搭配（女）	10			
	7. 整体形象	5			

续表

考评人			被考评人		
考评地点			考评时间		
考核项目	考核内容	分值	小组评分 50%	教师评分 50%	实得分
商务正装的穿着	8. 现场答辩	10			
	9. 小组主持人的表现	5			
	合计	100			

礼仪箴言

不敬他人，是自不敬也。——《旧唐书》

电子资源链接

拓展学习

教案

工作场景二　办公室礼仪故事

PART1　企业形象展示好——接待礼仪

场景设计

张琪琪在公司门口相遇 B 公司的王总，由于好久没见，王总大方、热情地向张琪琪打招呼，谁知张琪琪却害怕地低下了头，随后觉得不好又追过去打招呼，可是此时的王总已经面无表情深感不悦了。如果你是张琪琪，你会怎么做呢？与人会面时，应该怎样称呼对方？会面应该注意什么呢？

相关知识

1 会面的称谓分类

会面的称谓礼仪大致分为四类：

1. 泛称

通常情况下，称男士为"先生""阁下"，称女士为"夫人""太太""女士"和"小姐"。

分不清女士婚否的，最好以"小姐""女士"相称。

2. 职务称

在工作场合，以交往对象的职务相称，以示身份有别、尊敬有加，是最常见的称呼方法。如：张经理、刘教授、院长先生、导游小姐等。

3. 姓名称

在工作岗位上称呼姓名，一般限于同事、熟人之间，如在"先生""小姐""同志"之前冠以对方的姓，称呼林先生，莫太太等，或者直呼对方的全名。

4. 亲属称

亲属称，又称亲昵称，适用于亲属、好友间的称呼。如：小郝、周老、朱大姐等。

2 致敬礼的类型

1. 点头礼

又称额首礼，常用于熟悉的人在公众场合不适宜交谈时；同一场合已见面多次者；遇上多人却无法一一问候时，可采用点头礼打招呼，表示敬意。行点头礼时，应该不戴帽子。

具体做法是目光注视对方，面带笑容，头部向下轻轻一点，幅度不要过大，不要反复点头。

2. 举手礼

举手礼和行点头礼的场合大致相似，举手礼适合与距离较远的人打招呼。

具体做法：举起右臂向前方伸直，右手掌心面向对方，五指自然张开，手向左右轻轻摆动一两下。

注意行举手礼时，不可将手上下摆动，不可将手背面向对方。

举手礼和行点头礼的场合大致相似，举手礼适合与距离较远的人打招呼。

3. 脱帽礼

戴着帽子的人在进入某些场合，需主动将自己的帽子摘下，以示尊重。

比如：进入他人居所，进入娱乐场所，路遇熟人，与人交谈、握手时，或升挂国旗、演奏国歌的情况下。

现役军人可以不脱帽，女士在社交场合也可以不摘帽子。

戴着帽子的人在进入某些场合，需主动将自己的帽子摘下，以示尊重。

比如：进入他人居所，进入娱乐场所，路遇熟人，与人交谈、握手时，或升挂国旗、演奏国歌的情况下。现役军人可以不脱帽，女士在社交场合也可以不摘帽子。

4. 注目礼

在升国旗、游行检阅、开业挂牌、剪彩揭幕等情况下，行注目礼。

具体做法：立正站好，抬头挺胸，双手自然下垂或贴放于身体两侧，表情严肃庄重，双目正视行礼对象，或随之缓缓移动。

表情严肃庄重，双目正视行礼对象，或随之缓缓移动。

立正站好，抬头挺胸，双手自然下垂或贴放于身体两侧。

在升国旗、游行检阅、开业挂牌、剪彩揭幕等情况下，行注目礼。

5. 拱手礼

拱手礼是我国民间传统的一种会面礼仪。主要适用于在重大节日亲朋好友间的祝愿，向长辈祝寿，参加婚礼、生日等向当事人表示祝贺，初次见面时表示久仰等。

具体做法：起身站立，上身挺直，两臂向前伸出，双手在胸前高举抱拳，拱手齐眉，自上而下或由内而外，有节奏地晃动两下。

拱手的同时还会伴随寒暄语，如"幸会幸会""久仰久仰""恭喜恭喜""请多关照"等。

6. 鞠躬礼

即弯身行礼，主要用来表示对别人的尊敬。比如下级向上级、学生向老师、晚辈向长辈表示由衷的敬意，有时也用于向他人表示深深的感激之情。在某些行业，还用于向客人表示欢迎、问候。

鞠躬礼常见的适用场合有演员谢幕、讲演、领奖、举行婚礼、追悼悼念等，是中国、日本、朝鲜传统的礼仪。日本人见面一般不握手，而习惯于相互鞠躬。在接待时，要尊重其风格，行鞠躬礼。

具体做法：行鞠躬礼时，应脱帽立正，双目凝视受礼者，然后上身弯腰前倾。男士双手应贴放在身体两侧裤线处，女士的双手下垂搭放在腹前。下弯的幅度越大，所表示的敬重程度就越大。

鞠躬的次数，喜庆的场合下，不要鞠躬三次。一般追悼活动时才用三鞠躬的礼仪。

7. 合十礼

即双手十指相合，在东南亚、南亚信奉佛教的地区以及我国傣族聚居区普遍使用合十礼。具体做法：两掌于胸前相合，十指伸直，指尖和鼻尖基本持平，手掌向外倾斜，双腿直立站好，上身微欠低头。

行礼过程中，可以面带微笑，并问候对方，但不可手舞足蹈。

注意：合十的双手举得越高，越能体现对对方的尊敬，但原则上双手不可高于额头。

合十礼即双手十指相合，在东南亚、南亚信奉佛教的地区以及我国傣族聚居区普遍使用。

8. 拥抱礼

拥抱礼主要流行于欧美国家，多用于迎送宾客、慰问或祝贺时，是十分常见的见面礼和道别礼。

具体做法：两人相对站立，上身稍向前倾，各自举起右臂，右手环拥对方左肩，左臂在下，环拥对方右腰，各向对方右侧拥抱，然后再向对方左侧拥抱一次。

普通场合不必这么讲究，拥抱次数一下、二下、三次都行。

9. 亲吻礼

行礼时往往与拥抱礼相结合，是一种西方常见的会面礼。行礼时，身份不同、关系不同，亲吻的部位也会不同。长辈亲吻晚辈，适合吻额头；晚辈亲吻长辈，适合吻下颌或面颊；同辈间，同性贴面颊，异性吻面颊。

在社交场合，男子可以对尊贵的女子亲吻其手指或手背，手腕及其以上部位是行礼时的禁区，吻手礼的受礼者只能是已婚妇女。

长辈亲吻晚辈适合吻额头

晚辈亲吻长辈适合吻额头或者面颊

同辈间，同性贴面颊，异性吻面颊

男子可以对尊贵的女子亲吻其手指或者手背，
手腕及以上部位是行礼时的禁区

10. 握手礼

握手是人类在长期的交往中逐渐形成的。早在刀耕火种的年代，人们以狩猎为生，当人们在路上碰到不属于自己部落的陌生人时，如果双方都无敌意，就放下

手中的木棒或石块等武器，伸开手掌，让对方抚摸手心，使对方尽可以放心。这种以摸手表示友好的礼节渐渐演变成为我们现在的握手礼。

握手礼不仅在我国，甚至在全世界也是最通行的一种会面礼节。

现代人的握手礼表示致意、亲近、友好、寒暄、道别、祝贺、感谢、慰问、鼓励的意思，有时握手比语言更充满情感。

虽然握手只是两个人之间双手相握的一个简单动作，但是在握手礼的背后，握手的顺序、方式、禁忌等方面同样有很多学问。

"握手礼仪"
演示视频

活学活用

一、选择题

1. 下列称谓中属于职务称谓的是（ ）

A. 爷爷　　　　B. 叔叔　　　　C. 阿姨　　　　D. 老板

答案：D

2. 以下哪个称谓属于亲属称谓？（ ）

A. 老师　　　　B. 医生　　　　C. 教授　　　　D. 父亲

答案：D

3. 在商务场合中，最正式的称呼应该是（ ）

A. 姓名　　　　B. 职称　　　　C. 尊称　　　　D. 姓名＋职称

答案：C

4. 在商务场合中，对于对方的行政职务，可以使用（ ）

A. 职务　　　　B. 职称　　　　C. 尊称　　　　D. 姓名

答案：A

5. 在商务场合中，对于对方的职称可以使用（ ）

A. 职务　　　　B. 职称　　　　C. 尊称　　　　D. 姓名

答案：B

二、判断题

1. 在中国传统文化中，尊重长辈是一种基本的道德规范。

答案：正确

2.在中国传统文化中，对于长辈的称呼应该使用尊称。（　　）

答案：正确

3.在商务场合中，对于对方的职称可以使用尊称。（　　）

答案：正确

4.在商务场合中，对于对方的行政职务可以使用职称。（　　）

答案：正确

三、课堂实战

实训内容：两人为一组，相向而行，扮演上下级、同事、合作伙伴等角色，分别展示不同的称呼、问候以及致意方式。

实训要求：分组训练，角色扮演，小组展示，互相点评。

礼仪文化

苏轼遭遇"看人待客"

苏轼在担任杭州通判期间，常常微服出游。有一天，他到一座寺庙游玩，遇到了一位方丈。当苏轼来到时，方丈显得非常冷淡，只是简单地说了一句："坐！"然后又让小和尚端上了一碗普通的茶。

然而，在与苏轼交谈了几句之后，方丈发现他不是普通人，于是改变了态度。他再次邀请苏轼坐下，并让小和尚为他泡上了一碗更好的茶。

在交谈中，方丈终于明白苏轼的身份是一位高级官员，于是起身迎接他，并说："请上座！"接着又让小和尚为他端上了一碗香茶。

临别时，方丈拿出文房四宝想要留下苏轼的墨宝。然而，苏轼对方丈看人待客的态度非常不满。他转身想了想，写下了一副对联："坐请坐请上座，茶敬茶敬香茶。"

看到苏轼写下的对联，方丈感到非常惭愧和尴尬。客人来访时，应该表现出尊重、友好和平等的态度，但这位方丈却只是看人待客，这是对客人的不尊重，也是对自身的不尊重。

实战演练

1. 实训前的准备

实训场地：真实的工作场景或户外

实训道具：职业装等

2. 实训步骤

（1）课前，教师介绍实训场景并提出实训要求。

（2）实训角色分配。以小组为单位，具体角色由学生自由商定。

（3）角色扮演。每位同学根据角色需要进行充分准备，分别扮演场景中的角色。

（4）学生以小组为单位进行接待会面情景演练和讲解。

（5）各小组依次上台进行展示和讲解。

（6）回答评判组提问。

（7）教师点评，重点让学生掌握要领和细节。

（8）布置任务。

3. 实训评价

表1-3 接待礼仪评价评分表

考评人			被考评人		
考评地点			考评时间		
考核项目	考核内容	分值	小组评分 50%	教师评分 50%	实得分
接待礼仪	声音大小	15			
	热情展示	30			
	面带微笑	5			
	服装得体	10			
	称谓亲切、自然、准确	10			
	观摩认真	10			
	讨论积极	5			
	实训分析总结正确	10			
	能提出合理化建议和创新见解	5			
	合计	100			

礼仪箴言

君子不失足于人，不失色于人，不失口于人。——《礼记》

敬人者，人恒敬之；爱人者，人恒爱之。——孟子

电子资源链接

"商务会面基本礼仪"
演示视频

PART2　您好、再见、您请讲——通信礼仪

场景设计

> 张琪琪刚刚参加工作，陪着经理去拜见重要客户。双方正在交谈，有人给小姑娘打电话，只听里面传出了娇滴滴的声音："妈妈，来电话了！"这时小姑娘尴尬得满脸通红，客户们想笑也不敢笑，经理则用眼光偷偷责备她。你认为领导会怎么看待张琪琪发生的这件尴尬事情呢？如何避免这种情况的发生呢？

相关知识

1　电话基本礼仪

一、电话沟通基本规范

（一）通话四步骤

拨打或接听电话，一开始要礼貌问候并自我介绍，然后立即转入主题，谈话时内容条理清晰，通话过程中要认真倾听并积极呼应对方，谈话完毕应适时挂断并互相道别，整个过程，正体现了通话四步骤：

礼貌问候、自我介绍：电话接通后切忌"开门见山"，没有一句问候语就切入正题。双方均应先问候对方"您好！"以示礼貌。为了在第一时间告知并明确对方身份，接电话者先略作自我介绍，介绍中带有公司、部门或姓名信息即可，同时证实一下对方的身份，打电话者需及时回应对方，并略作自我介绍。

转入主题、内容紧凑：在问好和自我介绍后应立即转入主题，拨打电话的一方可以直接告诉对方为何打电话，将通话内容的要点准确地表达出来，主次分明，条理清晰，可以节省双方通话的时间。

认真倾听、积极呼应：通话时要认真倾听，但不可长时间沉默无语，因为这会使对方误以为你没有认真倾听。在通话过程中应积极呼应对方，可以说些适当的短句，比如"是的""好的""是这么回事""请您继续说"等，让对方感到你是在认真听着，以示尊重。

适时挂断、互相道别：结束电话交谈时，彼此客气地道别，说一声"再见"，一般由打来电话的一方先挂，然后接听方再挂上电话，不可只管自己讲完就挂断电话。如果对方的社会地位高、职务高，则应是尊者先挂电话，然后自己再轻轻放下话筒。

（二）时间和空间原则

1. 选择通话时间

打电话的时间具体分为两个方面：

一是通话时间的选择。选择通话时间，应以方便对方为准。一般尽量避开过早（8点之前）或过晚（10点之后）、对方忙碌、快下班、用餐或休息的时候。给海外人士打电话，要事先了解地域时差。

二是通话时间的长短。一般通话时间不宜过长，最好不要超过3~5分钟。

2. 选择通话地点

选择打电话的地点时，应考虑以下因素：

一是通话内容是否具有保密性，看是否需回避某些场合。

二是尽量不要借用外人或外单位的电话，特别是不宜长时间借用。

三是不要在办公室打私人电话，在公司除非你拥有一个独立的私人办公室，否则打私人电话的时候一定要小心，而且要注意技巧。在多人共用办公空间的场合，如果有人用办公室电话旁若无人地大声聊天，或用电话大谈家务事，很容易遭到周围同事的反感，并且会给老板一种很不敬业的印象。

（三）其他细节

通话时要避免有气无力、粗鲁傲慢、急躁不堪和语言生硬等不礼貌行为，也不宜与第三者插话。若必须应答，先向通话对方致歉，让他/她等待再按电话"HOLD（保持）"键，或用手捂住话筒再说话。

正在通话时，如有人拜访，需先安顿访客，可行点头致意礼，或眼神交接，或配合手势，或按住话筒对访客说"请您稍等一下"。

处理来电等待时，需先告诉对方等待的原因，说明需等待的时间。如果是短暂的等待（1分钟内），可以说"请稍等、马上就好"。

重新通话时，对来电者的等候表示歉意，可以说"抱歉、让您久等了"。如果是长时间的等待（超过1分钟），应询问对方是否愿意等待，或问清对方的电话号码，事后及时与其联系。

二、接打电话礼仪

（一）打电话礼仪

1. 通话前

打电话前，应理顺思路，拟好谈话内容的要点和顺序，确保通话时内容有序、逻辑清晰和简洁高效。

2. 通话中

一般情况下，拨通电话后，应先问候"您好"，然后自我介绍和证实对方的身份并立即转入主题，通话内容紧凑，通话时要认真倾听，并积极呼应对方。

如果打电话给上级或客人，视情况询问"现在与您说话方便吗"，得到肯定回复后再转入主题。打电话时，若无人接听，振铃6声时搁下。

3. 通话结束时

结束电话时，彼此客气道别，通常由打电话的一方先挂。如果与上级或客人通话，则由对方先挂电话。

（二）接电话礼仪

1. 及时接听

听到电话铃声需及时接听（通常在三声之内）。办公室的座机电话，可代为接听；最好不代人接听手机。

2. 礼貌应答

通话过程中，问候对方并自报家门，仔细聆听并及时作答，必要时与对方确认或复述，通话结束时要礼貌告别。问候并自报家门时，可用"您好"，或"您好！这里是××集团××部"，或"我是××集团××部××，请问怎么称呼您"，或"您好，这里是××集团××部，请问您找谁"等。

（三）手机日常使用礼仪

1. 使用手机的注意事项

手机的出现和广泛使用，使得人们之间的联系更为便捷，但如果在使用时不注意礼仪，就会干扰到别人，给别人带来不方便。

第一，在音乐会、重要仪式、重要集会等高雅、庄重的场合不能用手机。万一要用，应调成振动，把对他人的影响降到最低。

第二，手机最好不要别在身体的明显部位，也不要总是拿在手里，应该放在手袋中或公文包里。

第三，不要在大马路上一边走一边打电话。如果确实有急事，可站在某个安静人少处打。平时与人共进工作餐（特别是自己做主人请客户时）也最好不打手机。

如果有电话找自己，最好说一声"对不起"，然后去洗手间接，而且一定要简短，这是对对方的尊重。当着客人的面打电话，会使客人不知所措。

2. 管好彩铃别添乱

人们在享受手机带来的种种便捷乐趣的同时，也在忍受它带来的干扰。商务用途的手机铃声，不能用恶搞的、怪异的和低俗类的铃声。

在办公区域内，手机铃声不宜太大，防止影响他人工作。在需要保持安静的场合，应主动将手机调成静音或振动状态。

3. 使用手机不能随时随地

（1）不应该在公共场合，尤其是楼道、电梯、路口、人行道等人来人往的地方，旁若无人地使用手机。打电话是私密的事情，不必当众喧哗，影响他人。

（2）不应该在要求"保持安静"的公共场所，如音乐厅、美术馆、影剧院、歌剧院等表演、比赛的场合使用手机。这是对演员、观众的最起码的尊重，也是进入上述场合的起码礼仪。

（3）在聚会期间，如开会、会见、上课之时应自觉关闭手机，或将手机设定至振动状态，这是对会议主持人、老师、听众的礼貌。

（4）不要在驾驶汽车时接听手机电话或发短信，或查看微信，以防止发生车祸。

（5）不要在病房、加油站等地方使用手机，以免所发信号干扰治疗仪器，有碍治疗或引发油库火灾、爆炸。

（6）不要在飞机飞行期间使用手机，否则会干扰仪器，导致飞机失事等严重后果。

2 信息化礼仪

一、短信礼仪

1. 发短信一定要署名
短信署名既是对对方的尊重，也是达到目的的必要手段。

2. 短信祝福一来一往足矣
现在每逢节日，人们都会发短信祝福。来而不往非礼也，所以别人发来短信，自己就要回一个短信。

接到对方短信回复后，一般就不要再发致谢之类的短信，因为对方一看，又得回过去。就祝福短信来说，一来一往足矣，二来二往就多了，三番五次就成了繁文缛节。

3. 有些重要电话可以先用短信预约
有时要给身份高或重要的人打电话，知道对方很忙，可以先发短信"有事找，是否方便给您打电话？"如果对方没有回短信，一定不是很方便，可以在较久的时间以后再拨打电话。

4. 及时删除自己不希望别人看到的短信

5. 上班时间不要没完没了发短信
上班时间每个人都在忙着工作，即使不忙，也不能没完没了地发短信，否则就会打扰对方工作，甚至可能让对方违纪。

6. 发短信不能太晚
有些人觉得晚上 10 点以后不方便给对方打电话了，发个短信告知就行。短信虽然更加简便，但如果太晚，也一样会影响对方休息。

7. 提醒对方最好用短信
如果事先已经与对方约好参加某个会议或活动，为了怕对方忘记，最好事先再提醒一下。提醒时适宜用短信而不要直接打电话，打电话似乎有不信任对方之感。短信就显得非正式，亲切得多。短信提醒时语气应当委婉，不可生硬。

二、邮件礼仪

1. 电子邮件基本礼仪

商界人士在使用电子邮件对外进行联络时，应当遵守的礼仪规范主要包括以下四个方面。

第一，电子邮件应当认真撰写。

向他人发送的电子邮件，一定要精心构思，认真撰写。若是随想随写，是既不尊重对方，也不尊重自己。在撰写电子邮件时，以下三点尤其必须注意。一是主题要明确。一个电子邮件，大都只有一个主题，并且往往需要在前注明。若是归纳得当，收件人见到它便对整个电子邮件一目了然了。二是语言要流畅。电子邮件要便于阅读，就要语言流畅，尽量别写生僻字、异体字。引用数据、资料时，最好标明出处，以便收件人核对。三是内容要简洁。网上的时间极为宝贵，所以电子邮件的内容应当简明扼要，越短越好。

第二，电子邮件应当避免滥用。

在信息社会中，任何人的时间都是无比珍贵的。对商界人士来讲，这一点就显得更加重要了。所以有人会说："在商务交往中要尊重一个人，首先就要懂得替他节省时间。"

第三，要小心地写电子邮件里的每一个字和每一句话。

因为现在法律规定电子邮件也可以作为法律证据，是合法的，所以发电子邮件时要小心。如果对公司不利的，千万不要写上，如报价等。

2. 电子邮件中的网络礼仪

与流行的观点不同，电子邮件不只是用在你给母亲写信的时候，所有在技术上见多识广的人都在使用电子邮件。

以下是教你如何成为像他们一样的老手。不管你给谁写信，注意礼仪都是很重要的。下面是一些写信的基本规则。

（1）不要"大喊"。全部用大写字母被认为是在"大喊"，很粗鲁。只应在应该大喊或强调什么时这么做。

（2）不管做什么，别 SPAM。

SPAM 就是给邮件表或你收集到的电子邮件地址中的人发电子邮件，而这些人不希望别人干扰。这会使邮件表或别人的邮箱充满。这种行为很轻率，令人很气愤。

（3）不要 FLAME。FLAME 是用激烈的言辞表达对别人的敌视。

（4）别把私人邮件公开发布。

（5）使用讽刺时要小心。

尤其是刚刚介入一种媒体时，尽量在你的电子邮件中坦诚相见。经常讽刺会使人认为是卑鄙。

3. 电子邮件常用速写

写电子邮件的艺术是简洁。下面是一些节省空间的 E-mail 英文速写：

BTW——by the way；

FYI——for your information；

IMHO——in my humble opinion；

IOW——in other words；

LOL——laugh out loud；

OTOH——on the other hand。

三、微信礼仪

1. 微信沟通注意事项

世界营销专家艾·里斯曾经预言，"传统营销将没落，取而代之的是一种新型有效的营销效能提升方式"，近几年微博、微信等移动互联网营销媒体的崛起，印证了这一预言。

微信是腾讯公司于 2011 年 1 月推出的为智能终端提供即时通信服务的社交资讯服务平台，截至 2013 年年底，微信用户数量已经突破 6 亿。微信是基于用户关系的一款手机通信软件，用户通过微信可以与好友进行类似于短信、彩信方式的联系。

目前，微信公众平台已经成为工商企业高度关注的平台渠道，从 2012 年 8 月微信公众平台推出以来，微信公众账号不断增长。

目前，微信在全球拥有超过 12.6 亿用户。它集社交、通信、购物、旅游等功能于一体。尤其是电子支付的推出在中国发挥了重要作用。没有它，不仅会给人们的生活带来不便，更重要的是会牵连一系列依托微信发展的产业链。下面我们来看一下微信礼仪注意事项：

第一，申请关注被通过后，主动打招呼；

第二，设置真人头像，亲和力强；

第三，个人签名积极、阳光；

第四，发话要有信息量，节省彼此的时间；

第五，分享慢慢来，不要刷屏；

第六，紧急的事，别用语音；

第七，不在人多的地方用语音；

第八，发布正能量内容，不管原创还是转发。

2. 微信用途

作为同属于社会化媒体的微博与微信，它们既有共性也有差异。从传播特性上说，微博属于广播式的社交资讯平台，通过微博发布的信息所有人都可以查看，没有私密性。一条微博可以在很短的时间内实现上千次甚至上万次的转发，从而达到裂变式的传播效果。微信则不同，它的私密性较高，只有相互之间为好友才能够浏览对方发布的信息，没有关联的第三方是无法获得的。因此，微信交流更趋向于一对一的沟通，这样一来，工商组织通过微信传播的信息可以做到精准投放，可以点对点地传递到每一位用户的手机客户端，信息到达率较高。因此，工商组织的微博交流更适合开展危机公关、产品信息推送、热点话题引领等活动，而微信交流则更侧重于客户服务、信息推送等活动。

从目前的情况看，微博更多地表现为一个信息发布平台，而微信更多地表现为一种社交沟通工具。微信企业公众号现有的传播方式主要有漂流瓶、摇一摇、位置签名、二维码、开放平台、公众平台、语音信息、图文信息、微信支付等。工商组织应当充分考虑微博和微信的不同特点与功能，根据企业市场战略，进行整合使用。

3 客服电话礼仪

一、客服电话沟通礼貌用语的注意事项

1. 在刚接听客户电话时的礼貌用语

问候语要求尽量简洁，但要表现出足够的礼貌和亲切。

2. 说话时保持愉快的声音，并且语速不要太快

不要在背景嘈杂的环境中与客户沟通，客服代表说话的声音高低要适当，不

要太大或太小。

3. 在客户说话时，客服代表要不时地给予回应，以示礼貌和传达信息

4. 在倾听客户说话时要体现出礼貌

倾听客户说话时要注意，在客户说话时，客服代表需要不时回应客户，让客户知道你在认真倾听。

5. 请求客户重复时，一定要使用礼貌用语

应该使用礼貌用语："请您再说一遍，好吗？""对不起！麻烦您再说一次！"

6. 让客户等待和再次回来服务时，一定要使用礼貌用语并向客户说明原因

可以使用礼貌用语，如"对不起！让你久等了……""感谢您的耐心等待……"等。

7. 向客户告别之前要向客户再次询问需求和表示感谢

此时一定要把握好语气，客服代表礼貌用语的使用，决定着客户对我们的产

品和服务是接受还是拒绝。

二、1+X 呼叫中心客服服务与管理中级评价标准

表 1-4　1+X 呼叫中心客服服务与管理中级评价标准

等级	评价内容	评价方法	评分标准
中级	投诉处理	评委人工评分	①专业化语言表达
			②具备良好的服务意识，及时化解客户情绪
			③能够运用投诉处理技巧，灵活处理异议
			④能够运用同理心，管理客户期望
			⑤能够提供完整的解决方案
	话术设计	评委人工评分	①能够正确理解产品，从客户角度设计话术
			②能够深度挖掘客户需求
			③能够正确介绍商品，处理客户异议
			④能够运用话术积极引导客户成交
			⑤能够运用 FABE\SPIN\LSCPA 等销售方法

三、客户投诉处理技巧

客户服务投诉处理是企业管理中非常重要的一个环节，它关系到企业形象和声誉，也直接影响到客户满意度和忠诚度。因此，本文将介绍客户服务投诉处理的相关知识和技巧。

（一）投诉类型和处理流程

1. 投诉类型

客户服务投诉可以分为多种类型，例如产品问题、服务问题、售后问题等。不同类型的投诉需要采取不同的处理方式。

2. 投诉处理流程

客户服务投诉处理流程一般包括以下几个步骤：

（1）接收投诉：客服人员需要及时接收客户的投诉，并记录相关信息。

（2）确认问题：客服人员需要与客户沟通，确认问题的具体情况，并了解客户的需求和期望。

（3）解决问题：与客户确认完问题后，要积极地与客户沟通寻找解决问题的方法，解决方案最终要与客户达成一致。

（4）反馈结果：解决方案确定后需要与相关部门沟通及时解决后，要详细耐心的向客户反馈处理后的结果，如果客户有不满意或者进一生要求要及时沟通和回应。

（二）投诉处理技巧

1. 倾听客户

在处理投诉时，客服人员需要倾听客户的意见和建议，并尊重客户的权利和利益。只有了解客户的需求和期望，才能更好地解决问题。

2. 积极解决问题

客服人员需要积极寻找解决问题的方案，并与相关部门进行协调。在解决问题的过程中，需要耐心细致地与客户沟通，并及时反馈处理结果。

3. 处理客户投诉的态度

客服人员在处理客户投诉时，需要保持冷静、客观和专业的态度。不要因为客户的不满而情绪化，也不要轻视客户的问题。

4. 及时反馈处理结果

客服人员需要及时向客户反馈处理结果，并对客户的意见和建议给予回应。如果客户对处理结果不满意，客服人员需要积极寻找解决方案，并与客户进行沟通。

（三）投诉处理的注意事项

1. 保护客户隐私

在处理客户投诉时，客服人员需要严格保护客户的隐私，不得泄露客户的个人信息。

2. 遵守法律法规和公司规定

客服人员在处理客户投诉时，必须遵守国家法律法规和公司规定，不得违反公司的规章制度。

3. 避免过度承诺

客服人员在处理客户投诉时，需要避免过度承诺，以免给客户带来不必要的困扰和误解。

4. 建立健全的投诉处理机制

企业需要建立健全的投诉处理机制，包括投诉渠道、投诉处理流程、投诉记录和反馈机制等，以便及时处理客户投诉，提高客户满意度。

四、客服服务中的话术设计

客服服务是企业与客户沟通的重要环节，良好的话术设计可以提高客户满意度，增强企业的品牌形象。下面介绍一下客服服务中的话术设计。

（一）话术设计的重要性

1. 提高客户满意度

话术设计可以帮助客服人员更好地与客户沟通，解决客户问题，提高客户满意度。

2. 增强企业品牌形象

优秀的话术设计可以让客户感受到企业的专业性和服务态度，增强企业的品牌形象。

3. 提高客户忠诚度

通过优秀的话术设计，客服人员可以更好地了解客户需求，提供更加个性化的服务，从而提高客户忠诚度。

（二）话术设计的原则

1. 简洁明了

话术设计应该简洁明了，避免使用过于复杂的语言和长句，让客户易于理解和接受。

2. 尊重客户

话术设计应该尊重客户的需求和感受，避免使用过于强硬或不礼貌的语言，让客户感觉受到尊重和关注。

3. 灵活应变

话术设计应该具有一定的灵活性，能够根据客户的不同需求和情况进行调整，以便更好地解决客户的问题。

（三）话术设计的技巧

1. 提问技巧

客服人员在与客户沟通时，应该使用适当的提问技巧，引导客户回答问题，了解客户需求，并提供个性化的解决方案。

2. 语言表达技巧

客服人员在与客户沟通时，应该注意语言表达技巧，避免使用过于生硬或不自然的语言，要让客户感到舒适和自然。

3. 情感沟通技巧

客服人员在与客户沟通时，应该注重情感沟通技巧，通过真诚、耐心、关心等方式，让客户感受到企业的关怀和温暖，增强客户的满意度和忠诚度。

（四）话术设计的实践

1. 培训客服人员

企业应该对客服人员进行话术设计的培训，提高客服人员的话术设计水平和沟通能力，从而更好地满足客户需求。

2. 优化话术设计

企业应该不断优化话术设计，根据客户的反馈和需求进行调整和优化，提高话术设计的效果和客户满意度。

3. 持续改进

企业应该持续改进话术设计，不断学习和掌握新的话术设计技巧和方法，提高企业的服务质量和客户满意度。

"客服沟通礼仪"
演示视频

活学活用

一、判断题

1. 电话铃声应该响三声后再去接。（ ）

答案：错误

2. 电话交谈结束后可自行挂断电话。（ ）

答案：错误

3. 打电话时对方看不到自己，因此对举止没有什么要求。（ ）

答案：错误

4. 接听电话要使用文明用语，要对对方礼貌、热情，态度应谦和诚恳，语调要平和，音量要适中。（ ）

答案：正确

5. 打公务电话时，必须对电话的长度进行控制，基本要求是"以短为佳，宁短勿长"，即所谓的电话礼仪的"三分钟原则"。（ ）

答案：正确

6. 电子邮件不是一种商务书信，可以随意书写。（ ）

答案：错误

7. 感谢信是商界人士为了答谢对方的邀请、问候、关心、帮助和支持，表示感谢的礼仪专业书信。（ ）

答案：正确

8. 电子邮件是一种几乎免费的邮件，可以随意多次发送。（ ）

答案：错误

二、简答题

1. 当客户打来电话时，张琪琪应该如何接听电话？

答案：张琪琪应该在电话中保持礼貌，并询问客户的问题，以便能够更好地理解客户的需求。

2. 如果客户在电话中提出投诉，张琪琪应该如何处理？

答案：张琪琪应该耐心听取客户的意见，并尽力解决客户的问题，同时要保持礼貌和专业。

3. 如果客户在电话中要求取消订单，张琪琪应该如何处理？

答案：张琪琪应该先听取客户的原因，然后根据公司的政策和程序进行处理，并向客户道歉。

4. 如果客户在电话中要求退款，张琪琪应该如何处理？

答案：张琪琪应该先核实客户的订单信息，然后根据公司的退款政策和程序进行处理，并向客户解释相关流程。

5. 如果客户在电话中提出其他问题，张琪琪应该如何处理？

答案：张琪琪应该耐心听取客户的意见，并尽力解决客户的问题，同时要保持礼貌和专业。

三、课堂实战

实战内容：两人为一组，相向而行，扮演客户、合作伙伴等角色，分别展示不同情况下的接打电话方式。

实战要求：分组训练，角色扮演，小组展示，互相点评。

礼仪文化

敬师典故"程门立雪"

"程门立雪"这个典故源于北宋时期杨时拜师求学的故事。据传，杨时年轻时仰慕"二程"即程颐、程颢的学识，便前往洛阳拜师求学。他学习了四年之后，程颢去世，杨时又继续拜程颐为师。当时他已年过四十。有一天，大雪纷飞，天气寒冷，杨时在学习中遇到了难题，于是约同学游酢一同前往老师家求教。当他来到老师家时，看到老师坐在椅子上睡着了，他不忍打扰老师，便静静地侍立门外等候。当老师一觉醒来时，杨时的脚下已经积雪一尺深了，身上也积满了雪。老师被他的诚意所感动，便为他讲解疑难问题。后来，"程门立雪"这个典故成了尊师典范，广为流传。

实战演练

1. 实训前的准备

实训场地：真实的工作场景或户外

实训道具：职业装、电话、手机、笔记本、记录笔等

2. 实训步骤

（1）课前教师介绍实训场景并提出实训要求。

（2）实训角色分配。以小组为单位，具体角色由学生自由商定。

（3）角色扮演。每位同学根据角色需要进行充分准备，分别扮演场景中的角色。

（4）学生以小组为单位进行日常工作通信情景演练和讲解。

（5）各小组依次上台进行展示和讲解。

（6）回答评判组提问。

（7）教师点评，重点让学生掌握要领和细节。

（8）布置任务。

3. 实训评价

表 1-5　通信礼仪评价评分表

考评人			被考评人		
考评地点			考评时间		
考核项目	考核内容	分值	小组评分 50%	教师评分 50%	实得分
通信礼仪	通话声音大小	15			
	通话是否回应	30			
	是否认真听取对方讲话	5			
	回复信息是否及时	10			
	称谓亲切、自然、准确	10			
	观摩认真	10			
	讨论积极	5			
	实训分析总结正确	10			
	能提出合理化建议和创新见解	5			
	合计	100			

礼仪箴言

礼义廉耻，国之四维，四维不张，国乃灭亡。——管子

电子资源链接

"商务电话礼仪"
演示视频

PART3 流程座次需记好——会议礼仪

场景设计

　　王总主持一个会，李总也要参加。王总看见我，就大声招呼："张琪琪，你到我身边坐，帮我做记录。"我硬着头皮坐下来。李总进会议室时，看我坐在王总旁边的主位上，他没有合适座位，悻悻地走了，背后说我坐了主位，"没素质"。如果你是张琪琪，你会怎么做呢？她错在哪里？会议座位安排要注意哪些事项呢？

相关知识

1 会议的准备礼仪

一、会议前的准备礼仪

1. 设置签到处

首先，在准备会议的时候需要设置签到处，并安排专门的工作人员在此负责接待前来参会的人员。工作人员需要认真核对参会人员的信息，并向他们发放会议的资料、用具和纪念品等。

2. 及时检查各种会议物品

其次，在会议准备的过程中，各个工作人员要及时检查本人负责的会议物品。如果物品出现短缺，需要及时补足；如果物品出现损坏和故障，要及时更换和修复。

3. 会议资料的记录和保存

最后，负责人员要安排专人负责会议准备期间和会议过程中各种珍贵的视频、音频和图文资料的记录工作。这有利于会议资料的保存以及未来的宣传和推广。

会议是企业、组织或个人进行交流、讨论、决策和规划的重要方式，因此，会议的准备礼仪非常重要。下面介绍会议的准备礼仪。

4. 与会人员的确定

（1）主持人、发言人。各种会议的主持人，一般由具有一定职位的人来担任。

会议上，正式发言一般为领导作报告，是提前安排好并写在会序中的；自由发言一般为讨论发言，大多数情况下，无事先准备。

在会议的筹备阶段，和主持人、发言人沟通会议安排的相关细节问题。

（2）确定与会人员名单。根据会议的性质、议题、任务来确定与会人员，同时还包括出席会议和列席会议的有关人员。

5. 会议的主题与议题

（1）主题、议题设定要有切实的依据，不应浮夸。

（2）主题、议题必须要结合与会人员的实际。

（3）会议要有明确的目的。根据会议目的，设立主题。围绕主题，展开议题。

（4）会议的相关环节应围绕主题展开，最终解决实际问题。

6. 其他准备

（1）会议所需用品和设备。根据会议的类型、目的，准备必备物品。必备物品是指各类会议都需要的各种用品和辅助器材，包括文具、桌椅、茶具、扩音设备、照明设备、空调设备、投影和音像设备、无线网络、远程会议会使用到的软件等等。上述各种辅助器材，在召开会议之前，需调试妥当，以确保会议顺利进行。

（2）饮品。会议上的茶水饮料最好用矿泉水，因为每个人的口味不一样，有的人喜欢喝茶，有的人喜欢喝饮料，还有的人喜欢喝咖啡，所以如果没有特别的要求，矿泉水是最能让每个人都接受的选择。

（3）矿泉水以小包装为宜。如果不够，可以再续，以免浪费。

（4）茶歇。考虑会议时长，安排茶歇，可准备咖啡、茶、小点心、切成小块的水果等。点心、水果需考虑方便取拿。

（5）如与会人员众多，则需考虑茶歇会用到的空间。应避免狭小、拥挤的局面出现。

（6）拟发会议通知。会议通知必须写明开会时间、地点、会议主题及参加者等内容。通知要提前一定的时间发出，以便使与会者有所准备。

二、会中礼仪

在会议进行当中，我们需要注意以下这几方面：

（一）会议主持人

各种会议的主持人，一般由具有一定职位的人来担任。其礼仪表现对会议能否圆满成功有着重要的影响。

1. 主持人应衣着整洁，大方庄重，精神饱满，切忌不修边幅，邋里邋遢。

2. 走上主席台应步伐稳健有力。行走的速度因会议的性质而定：欢快、热烈的会议步频应较慢。

3. 入席后，如果是站立主持，应双腿并拢、腰背挺直。持稿时，右手持稿的中下部、左手五指并拢自然下垂。双手持稿时，应与胸齐高。坐姿主持时，应身体挺直，双臂前伸。两手轻按于桌沿，主持过程中，切忌出现搔头、揉眼、抖腿等不雅动作。

4. 主持人言谈应口齿清楚，思维敏捷，简明扼要。

5. 主持人应根据会议性质调节会议气氛，或庄重、或幽默、或沉稳、或活泼。

6. 主持人对会场上的熟人不能打招呼，更不能寒暄闲谈。会议开始前，可点头、微笑致意。

（二）会议发言人

会议发言有正式发言和自由发言两种，前者一般是领导或是在某领域做出了一定成绩、德高望重的人，以报告的形式和与会者传递信息、分享观点；后者一般是讨论发言。

1. 正式发言者应衣冠整齐，走上主席台应步态自然、刚劲有力，体现一种成竹在胸、自信自强的风度与气质。发言时应口齿清晰，讲究逻辑，简明扼要。如果是书面发言，要时常抬头扫视一下会场。不能只低头读稿，旁若无人。发言完毕，应对听众的倾听表示谢意。

2. 自由发言则较随意，但应要注意发言应讲究顺序和秩序，不能争抢发言。发言应简短，观点应明确。与他人有分歧，应以理服人，态度平和，听从主持人的指挥，不能只顾自己。

3. 如果有与会者提问，发言人应礼貌作答。对不能回答的问题，应机智而礼貌地说明理由。对提问人的批评和意见应认真听取，即使提问者的批评是错误的，也不应失态。

（三）会议参加者

1.与会人员应衣着整洁，仪表大方。

2.准时入场，进出有序。

3.开会时应认真听讲，不要私下小声说话或交头接耳。

4.发言人发言结束时，应鼓掌致意。

5.中途退场，应轻手轻脚，不影响他人。

（四）座次

1.依会议安排落座。

2.如无安排，根据会议室内会议桌的摆放，并结合自己的与会身份，选择适合的座位就座。

3.如果较早进入会议室，可以选择靠里的座位。大型会议，可选择较前排、居中的位置，以方便后入场的与会者进出。

（五）会议记录

安排专职的会议记录员，对参会人员的发言进行记录（特别是讨论性质的会议）；安排专人摄影、摄像、录音，会后留底。

三、会后礼仪

1.整理会议记录和文件

在会议结束之后，应该及时整理会议记录和文件，并将它们归档保存。如果有需要，还应该将会议记录和文件发送给与会人员。

2. 向主持人和其他与会人员致谢

在会议结束之后，应该向主持人和其他与会人员致谢，感谢他们的付出和贡献。同时，也应该向他们表达感激之情。

3. 总结会议内容和收获

在会议结束之后，应该总结会议内容和收获，并将它们分享给其他人。这有助于促进团队合作和知识分享，提高整个团队的工作效率和水平。

4. 会后需要注意的细节

在会议完毕之后，应该注意以下细节，这样才能够体现良好的商务礼仪。主要包括：

（1）会后跟进。会议要形成文字结果，哪怕没有文字结果，也要形成阶段性的决议，落实到纸面上，还应该有专人负责相关事物的跟进。

（2）分享会议记录。在网站上或以电邮的形式分享。在征得发言人同意的前提下，分享发言用的PPT。

（3）赠送会议的纪念品。

（4）参观。如参观公司、厂房等。

（5）如果必要，合影留念。

2 参会人员注意事项

一、参会人员基本礼仪

1. 准时到达会议现场

在会议开始之前，应该提前到达会议现场，并准备好所需的所有材料和设备。如果有需要，还应该与会场服务人员沟通，以确保会议所需设备的正常运行。

2. 尊重主持人和其他与会人员

在会议中，应该尊重主持人和其他与会人员，不要打断别人的发言或者做出不礼貌的行为。如果有问题需要讨论，可以在合适的时候提出，并尊重其他人的意见。

3. 遵守会议规则和议程

在会议中，应该遵守会议规则和议程，不要迟到或者早退，也不要离开会场。如果需要离开会场，应该事先向主持人请假，并在回来后继续参加会议。

二、参会人员主要注意事项

会议是公务活动中影响最大的公众场合之一。与会者礼仪是否规范、所表现出的文明程度，在很大程度上影响着会议举办的效果。与会时，应努力做到以下几点：

（1）着装需规范、整洁，最好穿正装。男士应选择深色的套装，女士选择套裙或是款式保守、色彩庄重的长裙、长裤，以展示自己的端庄和职业化。

（2）女士应化淡妆。

（3）准时到场，不能无故迟到或缺席，应留出一定的提前量。如果迟到，无需敲门，从后门进入，找个空位，就近入座，以免打扰其他与会人员。

（4）进入会场后，按照会议组织者的安排入座。如无安排，可随意就座，但不应挑挑拣拣。落座后，不要呼朋唤友或随意走动、更换座位。

（5）开会前，手机调至静音状态或关机。手机尽量不要放在会议桌上。如遇到紧急事务，必须接听电话，要长话短说，尽量在半分钟内完成通话，等会议结束后再处理。不要频繁地发送消息。

（6）开会时坐姿端庄，身体挺直，表现出精神饱满的状态，切忌挠头、抖腿等不雅举止。

（7）随身携带笔记本，记录重要的信息；主讲人的课件或者电脑未经本人同意，不要擅自打开。如需拷贝会议资料，需征得相关人员的同意。

（8）聆听时要专心致志，与发言人保持目光接触，仔细听清对方所说的话。这也是对发言人尊重的一种表现。

（9）会议期间不得喧哗，不要私下小声说话或交头接耳，不要三心二意、东张西望，这些都会影响听讲的效果，也会影响发言人的心情。

（10）聆听的过程更是一个积极思考的过程，要边听边想，敏锐把握发言人话语里的深层含义。而只有准确地把握了他人的真实想法，才能做出正确的判断。

（11）不要随意打断别人的发言；服从主持人的指示，不要在未征得主持人同意的情况下随意发言。

（12）发言人发言结束时，应鼓掌致意。

（13）如有对会议内容不明白的地方，要及时和领导及主讲人沟通，避免随后工作被动。

（14）会议结束前，一般不应随便离席。若不得不中途退场，应轻手轻脚，不影响他人。离开时间较短，应注意不影响其他与会人；如离开时间较长或者早退，应向有关人员说明原委，并表示歉意。

会议结束，领导、主讲人先退场。之后，与会者听从会议组织者的指挥，有序离开会场。

3 会议室座位安排规则

一、座位基本安排规则

1.以左为尊原则，即左为上、右为下，所以一定要分清左右。

2.面门为上原则，指的是如果会议桌正对着门，那么最高领导的位置就应该是正面对门而坐。

会议座次礼仪

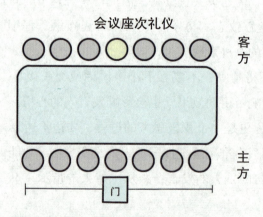

面门为上原则，指的是如果会议桌正对着门，那么最高领导的位置就应该是正面对门而坐。

3.居中为上原则，要保证最高级别领导的位置在正中间位。

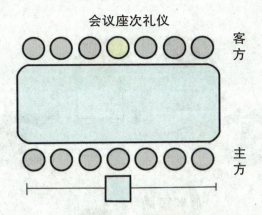

居中为上原则，要保证最高级别领导的位置在正中间位。

4.以右为上原则，当按照顺序依次排列时，级别较高的领导在右边。

5.前排为上原则，像大厅形式的会议室，参会人员较多时，领导级别高的位置应该在前排。

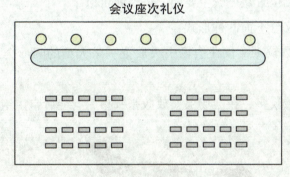

前排为上原则，像大厅形式的会议室，参会人员较多时，领导级别高的位置应该在前排。

二、不同形式的座位安排规则

1.主席式

这种排位是指在会场上，主持人、主人和主宾被有意识地安排在一起就座。

2.方桌式

一般情况下，会议室中是长方形的桌子，包括椭圆形，就是所谓的方桌会议。方桌可以体现主次，所以在方桌会议中，特别要注意座次的安排。如果只有一位领导，那么他一般坐在这个长方形较短的这边，或者是比较靠里的位置。

就是说以会议室的门为基准点，在里侧是主宾的位置。如果是由主客双方来参加的会议，一般分两侧来就座，主人坐在会议桌的右边，而客人坐在会议桌的左边。

3. 圆桌式

圆桌式排位指的是在会场上摆放圆桌，与会者在圆桌周围自由就座。这种会议桌的摆放，避免安排主次，与会者可以不用拘泥礼节，只要记住以门作为基准点，比较靠里面的位置是比较主要的座位，就可以了。

圆桌式排位又分下面两种形式：

一是与会人数较少，仅在会场中央放置一张大型的圆形会议桌，全体与会者在桌边落座；

二是与会人数较多，在会场上安放数张圆桌，与会者自由组合。

4. 环绕式

就是不设立主席台，把座椅、沙发、茶几摆放在会场的四周。不明确座次的具体尊卑，而听任与会者在入场后自由就座。这一安排座次的方式，与茶话会的主题最相符，也最流行。

5. 散座式

散座式排位常见于在室外举行的茶话会。它的座椅、沙发、茶几四处自由地组合，甚至可由与会者根据个人要求而随意安置。这样就容易创造出一种宽松、惬意的社交环境。

4 商务谈判与签约

商务谈判既是一门科学，又是一门艺术。优秀的谈判者，不仅要求精通商务知识，还要求通晓礼仪知识，这样才能在谈判中占据主动，应对自如。商场如战场，市场经济条件之下，各行各业之间、企业之间，为了自己的经济利益，寸利必争，毫不相让，这也是符合市场竞争的规律的。商务谈判，需要在平等友好、互利的基础上达成一致的意见，消除分歧。

促使商务谈判成功的因素很多，它会受到各自国家、民族的政治、经济、文化等多种因素的影响，而其中最难以把握的就是文化因素，相当一部分谈判因此而失败，直接影响了商务活动的进行。礼仪，文化因素的产物，懂得把握和运用商务礼仪，将会为商务谈判的成功奠定基础，甚至在某些情况下，它可以决定一次商务谈判的成功与失败。

"买卖不成仁义在""一切留一线，日后好相见"。即使双方有争议，相持不下，一切言行也必须是彬彬有礼的。礼仪在谈判中的效应占有十分重要的位置，它可以创造宽松和谐的良好氛围，拉近双方的距离，使双方找到一个彼此均能接受、均可受益的结合点。另外，商务礼仪有助于塑造良好的企业形象，使谈判双方加深理解，促进友谊。

一、准备阶段

商务谈判过程往往是一个短暂的过程，但它要解决的可能是对企业来说生死攸关的重要问题。因此，详细周到的准备工作是赢得谈判成功的必要步骤。同时，也显示主方对于谈判的重视以及对谈判对手的尊重。以礼相待，是谈判的前提。

（一）选择谈判地点

谈判地点的选择，往往涉及一个谈判环境的问题，它对于谈判效果具有一定的影响。有利的地点，能够增强己方的谈判地位和谈判力量。如要进行多次谈判，地点应该依次互换，以示公平。

（二）约定谈判时间

谈判时间要经双方商定而不能单独做主，否则是不符合礼仪规范的。要选择对己方最有利的时间进行谈判。避免在身心处于低潮时、在连续紧张工作后、在不利于自己的市场行情下进行谈判。

（三）组织谈判人员

根据对方派来的谈判人员的人数、职位来确定己方的谈判人员及数量。最好选择职位相当的谈判人员。如果是涉外谈判，谈判人员还应配有翻译、法律顾问等。

（四）收集资料

了解对方的文化背景、风土人情、表达习惯、谈判惯用技巧，会令谈判有更好的效果。与此同时，投其所好，为对方准备见面礼，这样也可以让对方看出你对他的重视程度。不过，切忌过多。在国际商务谈判中，可以准备一些具有本国特色的小礼物给对方，想必谈判方会很喜欢。

（五）制订谈判策略

根据谈判主题、内容、议程做好充分准备，分步设立谈判目标，制订好计划及谈判策略。收集、整理谈判有可能涉及的细节问题。知己知彼，百战不殆。

（六）会场的准备与座次的安排

谈判会场的布置应体现出礼仪的规范和对于来客的尊重。举行正式谈判时，有关各方在谈判现场具体就座的位次，要求是非常严格的，礼仪性是很强的。谈判时，通常选用长方形或者椭圆形桌子，主宾各坐一方。

座位问题包括两方面：

首先，谈判双方的座次问题。谈判的座次应充分体现主宾之别，举行双边谈判时，若谈判桌横放，面门为上，客方人员面门而坐，主方人员背门而坐。如果谈判桌在谈判室内竖放，在排位时以进门时的方向为准，右侧由客方人士就座，左侧则由主方人士就座。

其次，内部座次问题。除双方主谈者居中就座外，各方的其余人员则应依其具体身份的高低，遵从右高左低的原则分别在主谈人员的两侧就座。

（七）必备用品

谈判需要在会议室内进行，所以其必备用品和会议的必备用品基本一致。包括文具、桌椅、茶具、扩音设备、照明设备、空调设备、投影和音像设备、无线网络、远程会议会使用到的软件等等。上述各种辅助器材，在召开会议之前，需调试妥当，以确保会议顺利进行。

如果谈判双方是初次见面，一定要提前准备好名片。名片，是标示姓名及其所属组织、公司单位和联系方法的纸片。名片是新朋友互相认识、自我介绍的最快速有效的方法。交换名片是商业交往的第一个标准官式动作。

（八）接待、迎接等准备工作

如果由己方担任东道主出面安排谈判，一定要在谈判会的迎接、款待等方面做充分准备并认真组织实施，以赢得客方的信赖，获得理解与尊重。在迎送时要准确掌握对方抵离时间，通知安排迎送人员。所有迎送人员都应先于客方到达指定地点，并由接待人员提前办妥有关手续。东道主要视情况举行接风、送行的宴会或者招待会，安排酒店住宿。

二、谈判过程

（一）服饰

主谈判人要穿着与自己的年龄、身份、地位相符合的服饰。服饰要整洁、挺括、大方；发型、化妆应正规，不应该为了追求时尚美而标新立异；指甲、胡须应修净、整洁，基本上高雅大方、整洁端庄即可。男士外装宜深色，全身上下应不要有过多的装饰物，以西装套装和中山装为主；女士佩戴首饰时应酌情，符合身份、善于搭配、以少为佳；化妆时应浓淡相宜，与环境相协调。女士化淡妆，是对场合重视、对对方尊重的一种表现。

（二）迎接

主方应准确掌握会谈的时间，并先于客方到达会场。客人到达时，主人应在门口迎接。双方接触的第一印象十分重要。言谈举止要尽可能创造出友好、轻松的良好氛围。作自我介绍时要自然大方，不可露傲慢之意。被介绍到的人应微笑示意，可以礼貌地讲道"幸会""请多关照"之类的话。询问对方要客气，如"请教尊姓大名？"等。介绍完毕，可选择双方共同感兴趣的话题进行交谈。稍作寒暄，以沟通感情，创造温馨气氛。

（三）握手礼仪及握手次序

客方到场时，己方人员应主动与其握手。国际礼仪中一般是伸出右手握住对方的右手，一般以 3～5 秒钟为宜，面带微笑；离别时，应把握手的机会给客方，以表示尊重和敬意。

不同身份的人握手时，应注意：年长者向年幼者伸出双手；男性向女性伸出双手；身份地位高的人向身份地位低的人伸出双手；年龄相仿者且身份地位差不多的话，应由女士伸出双手。

（四）名片交接

迎接客人时，若属初次见面，客方应主动递交名片。如果对方首先拿出名片，而自己又未带名片，应表示歉意并对对方递交名片表示谢意。双方如果互换名片，收下对方的名片之后应看一遍对方的姓名、职称以示尊重。阅读完成后，应将其放入名片夹中，妥善保管。如没有随身携带名片夹，可以将名片放入公文包或上衣的口袋中，切记不可放在裤兜里，尤其是裤子的后面口袋里。

（五）姿态和动作

谈判过程中的姿态动作也对把握谈判气氛起着重大作用。

目光：谈判过程中目光注视对方时，目光应停留于对方双眼至前额的三角区域。这样会使对方感到被关注，觉得你诚恳严肃。

手势：手心朝上比朝下好。手势自然，不宜乱打手势，以免造成轻浮之感。切忌双臂在胸前交叉，那样显得十分傲慢无礼。

坐姿：上身直立，坐姿挺拔。坐满椅子的一半或 2/3，双腿平放于地面。

（六）个人魅力

个人魅力越大，谈判双方之间的谈判气氛越好，谈判双方保持忍耐力的程度也增强。以德服人，人们都很佩服有真才实学的人。在商务谈判中，谈判者的个人魅力对谈判者策略的影响很大。个人魅力在商务谈判过程中起到了调节气氛的作用。

（七）报价

要明确无误，恪守信用，不能欺蒙对方。在谈判中报价不得变幻不定。对方一旦接受价格，即不再更改。

（八）发问

发问对于了解对方、获取信息、促进交流都有很重要的意义。事先要准备好有关问题，选择气氛和谐时提出。一个掌握了发问的礼仪要求、善于发问的人，就可以掌握谈判的进程，控制谈判的方向。

1.态度端庄、开诚布公，以客观的、不带成见的、不具任何限制的、不加暗示、不表明任何立场的陈述性语言发问。

2. 把握发问的时机。当对方正在阐述问题时不要发问，打岔是不尊重对方的表现。切忌气氛比较冷淡或紧张时发问或查询。

3. 要因人设问。发问应与对方的年龄、职业、社会角色、性格、气质、受教育程度、专业知识深度、知识广度、生活经历相适应，对象的特点决定了我们发问是否应当率直、简洁、含蓄、委婉、认真、诙谐、幽默、周密、随意等。

4. 讲究发问的技巧。发问前，应审慎组织语句，并预判对方的回复，做出应答策略。简明扼要地发问，发问太长、太多，有碍于对方的信息接收和思考。当问题较多时，应逐一提问，每次最多两个问题，待搞清楚或对方答复完后，再接着往下问，这样的节奏显得有礼。发问后允许对方有思考后作答的时间，不要随意烦扰对方的思路。

5. 对敏感问题发问要委婉，由于谈判的需要，有时需要问一些敏感的、在公众场合下通常忌讳的问题，最好是在发问之前略加说明理由，这是避免引起为难的技巧。如有的女士对年龄很敏感，则可以说："为了填写这份表格，可以问问您的年龄吗？"

（九）倾听

谈判，也是一种交谈。既然是交谈，首先就应善于倾听。在人际交往中，善于倾听的人往往给人留下有礼貌、尊重人、关心人、容易相处和理解人的良好印象。倾听也是实现正确表达的基础和前提。倾听的礼仪要求是：

1. 专注

谈判者在会谈中，内心必须时刻保持清醒和精神集中。一般人听话与思索的速度大约比讲话快 4 倍，所以听别人讲话时，思想非常容易开小差；同时，根据有关研究资料显示：正常的人最多只能记住他当场听到的东西的 60% ~ 70%，如果不专心，记住的就更少。因此，倾听别人讲话一定要全神贯注，努力排除环境及自身因素的干扰。

2. 注意对方说话方式

对方的措辞、表达方式、语气、语调，都传递了某种信息，予以注意，可以发现对方言语中暗含的意思，真正理解对方表达出的全部信息。

3. 观察对方表情

察言观色，是判断说话者态度及意图的辅助方法。谈判场合的倾听，是耳到、眼到、心到、脑到四种综合效应。听即不仅运用耳朵去听，而且运用眼睛观察、运用自己的心去感受、用自己的脑子去研判对方话语背后的动机。

4. 做出回应

通过某些得当的方式，如目光的凝视、关切同情的面部表情、点头称许、前倾的身姿及发出一些表示注意的声音，促使讲话者继续讲下去。

5. 学会忍受

对于难以理解的话，不能避而不听，尤其是当对方说出不愿意听，甚至触怒自己的话时，只要对方未表示说完，都应倾听下去，不可打断其讲话，甚至离席或反击。对于不能马上答复的问题，应努力弄清其意图。不要匆忙表达，应寻求其他方案解决。

（十）磋商

讨价还价事关双方利益，容易因情急而失礼。因此更要注意保持风度，应心平气和，求大同、容许存小异。发言措辞应文明礼貌。

（十一）解决矛盾

就事论事，保持耐心、冷静。不可因发生矛盾就怒气冲冲，甚至进行人身攻击或侮辱对方。

（十二）处理冷场

此时主方要灵活处理。可以暂时转移话题，稍作松弛。如果确实已无话可说，则应当机立断，暂时中止谈判，稍作休息后再重新进行。主方要主动提出话题，不要让冷场持续过长时间。

三、签约礼仪

谈判完成，达成一致后，进入签约的环节。

（一）进场

签约仪式上，双方参加谈判的全体人员都要出席。双方同时进入会场，相互致意握手，一起入座。双方都应设有助签人员，分立在各自一方代表签约人外侧。其余人员排列站立在各自一方代表身后。

（二）签约

助签人员协助签字人员打开文本，用手指明签字位置。双方代表各在自己方的文本上签字，然后由助签人员互相交换。代表再在对方文本上签字。

（三）致意

签字完毕后，双方应同时起立，交换文本，并相互握手，祝贺合作成功。其他随行人员则应该以热烈的掌声表示喜悦和祝贺。

"签字礼仪"
演示视频

活学活用

一、单选题

1. 主席式座位排位应用在哪种场所？（ ）

A. 会场上　　　B. 会议室　　　C. 室外

答案：A

2. ＿＿＿＿＿＿中，比如不同国家、不同地域之间人们思维方式、价值取向、文化传统和风俗习惯的差异等，这些都可能会成为谈判成功路上的绊脚石。

A. 小组讨论　　　B. 内部沟通　　　C. 涉外谈判

答案：C

3. 商务谈判过程往往是一个短暂的过程，但它可能要解决的是对企业来说生死攸关的重要问题。＿＿＿＿＿＿，是谈判的前提。

A. 以礼相待　　　B. 相互关注　　　C. 彼此了解

答案：A

二、多选题

1. 参加会议时，女士应选择＿＿＿＿＿或是＿＿＿＿＿，以展示自己的端庄和职业化。

A. 套裙　　　B. 迷你裙　　　C. 长裙、长裤　　　D. 裘皮大衣

答案：AC

2. 商务谈判是指不同的经济实体各方为了自身的经济利益和满足对方的需要，通过＿＿＿＿＿、＿＿＿＿＿、＿＿＿＿＿、＿＿＿＿＿、＿＿＿＿＿等各种方式，把可能的商机确定下来的活动过程。

A. 沟通　　　B. 协商　　　C. 妥协　　　D. 合作　　　E. 策略

答案：ABCDE

3.赞助活动一经正常决定，即应择机将其付诸实施。在实施过程之中，赞助单位必须注意以下几点：

A.有约在先　　　　B.审慎行事　　　　C.扩大影响　　　　D.严守承诺

答案：ABCD

三、课堂实战

以小组为单位完成下列任务。

第一步：组队、分角色。

组长——销售部经理

同学 A——销售部职员

其余角色，职务自拟

第二步：情景表演（二选一）。

1.参展筹备会

2.广交会现场

第三步：学生汇报。学生自评，教师点评。

礼仪文化

周公制礼，伯禽趋跪

在古代，人们的生活习俗因地区、民族和时代而异，没有统一的礼仪规范。后来，周公根据"因俗制礼"的原则制定了礼制，并以身作则地进行实践。

周公有一个叫伯禽的儿子，他跟周公的弟弟康叔去见了周公三次，结果都被父亲痛打一顿。伯禽感到很困惑，于是去问商子。商子告诉他："南山的阳面有一种树，叫作乔木；北山的阴面有一种树，叫作梓木，你去看看就知道原因了。"伯禽听了商子的话，去看了看。他发现乔木长得很高，树冠仰着；而梓木长得很低，树冠低俯着，一副谦恭的样子。伯禽把自己看到的告诉了商子。商子对他说："乔木仰着，就像父亲的姿态；梓木俯着，就像儿子的姿态。树有高低之分，人也应该有区别长幼的礼节啊！"

第二天，伯禽再次去见周公，一进门就很快走上前去，行了一个跪拜礼。周公看到后终于欣慰地笑了。

实战演练

1. 实训前的准备

实训场地：会议室或实训室

实训道具：圆桌、长型会议桌、桌牌、正装、签字笔、文本等

2. 实训步骤

（1）课前教师介绍实训场景并提出实训要求。

（2）实训角色分配。以小组为单位，具体角色由学生自由商定。

（3）角色扮演。每位同学根据角色需要进行充分准备，分别扮演场景中的角色。

（4）学生以小组为单位进行不同会议情景演练和讲解。

（5）各小组依次上台进行展示和讲解。

（6）回答评判组提问。

（7）教师点评，重点让学生掌握要领和细节。

（8）布置任务。

3. 实训评价

表 1-6 会议礼仪评价评分表

考评人			被考评人		
考评地点			考评时间		
考核项目	考核内容	分值	小组评分 50%	教师评分 50%	实得分
会议礼仪	前期筹备	15			
	谈判座次安排	30			
	语言表达	5			
	着装	10			
	行为举止	10			
	观摩认真	10			
	讨论积极	5			
	实训分析总结正确	10			
	能提出合理化建议和创新见解	5			
	合计	100			

礼仪箴言

人无礼则不生，事无礼则不成，国家无礼则不宁。——荀子

电子资源链接

"会议座次安排"
演示视频

PART4 口头书面格式妙——汇报礼仪

场景设计

　　周一公司例行大会上，张琪琪作为职工代表发表讲话："各位领导，各位同事，大家早上好！我现在向大家汇报上周的工作情况，在上个星期，生产部门出现了一些问题，有款最近研发出来的新产品出现了质量问题，相应地，质监部门也出现了这样的错误，嗯，应该说是监督不严的失误，因此导致了大批产品流向了市场，给我们公司造成了不良的影响……对上周的工作，我想总结几点。嗯，对了，刚才忘记说了，有质量问题的产品流向了市场，作为公司最后一个关口的销售部也需要担负一定的责任。嗯，刚才说到了总结几点的问题，第一，就是在今后的工作中，我们应将质量问题当作重中之重，像上周那样的错误，我们要避免再次发生；第二是，嗯……第二就是希望咱们能在今后的一周做好各方面的准备，就这样，我的发言结束了。"说完，她窘迫地坐了下来。

　　在场的最高领导总经理开玩笑："我以为还有第三点呢。"大家都笑了起来。总经理继续说道："你在总结工作的时候，表述不够流畅，东一句，西一句，我的思维都差点跟不上来，看来你在说话之前并没有整理好思路。如果你想提高自己的语言表达能力，就应该使自己的思路变得清晰，这不仅对你的工作，甚至说话，都是很有帮助的。"张琪琪红着脸，点点头。

　　阅读案例后让我们思考两个问题：

　　1. 张琪琪在汇报时有哪些做得不对的地方呢？

　　2. 汇报中应该注意哪些诀窍运用呢？

相关知识

1 口头汇报技巧

1. 口头汇报宜直接，开门见山、直奔主题

尽可能做到一语中的，直接将事情的来龙去脉、照直照实说清楚，为领导决策提供第一手真实可靠的数据，提供最有效的信息。切忌在汇报工作时东拉西扯，结果说者不知所云，听者更是一头雾水。

那么，员工在平时进行口头汇报时，应言简意赅，直言中的，让领导在最短的时间内听明白你所要表达的意思。口头汇报要注意做好以下三点：做好充足准备，注意时机和场合，尽量避免使用模糊词语。下面就让我们具体来看一下。

2. 做好充足准备

口头汇报需要认真做好准备，比如应该说些什么，毕竟占有资料是汇报成功的基础，假如情况并不清楚，或某些方面不明了，就不能凭主观臆断去汇报，只有调查清楚了再汇报。

而且，在汇报之前要明确主题，合理安排所要说的语言的顺序与层次，对领导可能会提出的问题要有所准备，不能急于汇报。

3. 说好头和尾

开头部分：以领导的要求开头。

例：李部长，上次您要求从全市农村精神文明建设的软件和硬件两方面入手，写一个关于全市性的总结材料，现在写好了，给您汇报一下。

这样开头，一来可以帮助领导回忆，二来显得对领导要求的重视。结尾部分，要有请示及相关表态。

例：李部长，您看这篇材料还有什么地方需要改进或者完善的地方，我利用周末时间再作进一步修改，周一上午一上班交给您。

这样结尾，一来征求领导新的意见或要求，以示尊重；二来对领导的要求当场表态，采取措施加以落实，争取圆满的结果。

4. 汇报时带上时间、数量等关键词

例：我把20××年预算计划书做好了。

建议改成：上个月25日我接到任务，要完成技术部20××年的预算计划书，经过一周时间的调研和意见征询，最后在本月5日完成了计划书的编制，并交给了财务处负责人。

2 汇报时的注意事项

1. 列举数据时要表现得信心十足

汇报时，由于吃不准情况，经常会出现像"大概""可能""估计""也许""差不多"之类的词，这类词给领导留下的印象就是工作不踏实、说话不严谨，所以尽量要避免。要么不说，如果说，切忌模模糊糊、犹犹豫豫和模棱两可，要表现得信心十足。

2. 出了错怎么汇报

千万别想着先去弥补过失，然后再跟领导汇报。

正确的做法：

一旦出错，立刻汇报。一是做深刻的检讨，承认错误，表达自己的认错态度；二是提出改进完善的方案，争取领导认可，挽回损失。

如果犯错后，自己一个人硬扛，不但得不到领导原谅，反而会让对方觉得你胆子好大。

3. 注意礼仪

在领导办公室汇报，不要把身上的酒味、烟味带入办公室。抽屉里要常备口香糖，同时切忌离领导太近，保持3至5米的距离。

笔者就遇到过某位同事因为中午的一口大蒜味毁了一次汇报。另外，汇报工作时，要随身带笔和本子。

4. 注意时机和场合

口头汇报需要注意时机，除了紧急情况需要及时汇报，其余情况应根据情况适时汇报，比如当自己手头工作告一段落，或工作遇到一些困难，领导主动询问有关情况，等等。

当然，汇报时还需要注意场合，正式汇报尽量不要不分场合地临时汇报；当领导心情不好或繁忙时，则不要贸然开口汇报。

活学活用

一、选择题

1. 商务交流时，应该避免使用太多的表情符号和口头禅。（　　）

A. 正确　　　　　　　　B. 错误

答案：A. 正确

2. 商务交流时，应该使用正式的称谓和语言。（　　）

A. 正确　　　　　　　　B. 错误

答案：A. 正确

3. 商务交流时，应该尽量避免使用方言或俚语。（　　）

A. 正确　　　　　　　　B. 错误

答案：A. 正确

二、课堂实战

假设你正在参加一场商务汇报会议，会议主持人要求你进行汇报。你应该如何准备和进行汇报呢?

答案：

1. 提前了解汇报的内容和目的。

2. 准备好所需的资料和数据。

3. 注意表达方式，使用简单明了的语言，避免使用过于专业或复杂的词汇。

4. 注意时间控制，不要超时或拖延时间。

5. 注意与听众的互动，回答他们的问题，并及时调整汇报内容。

6. 在汇报结束后，感谢听众的支持和参与。

礼仪文化

周公之礼"君无戏言"

在周公摄政期间，他不仅忠诚地为周成王处理政务，而且还承担着教育周成王的重要任务。传说，有一天，周成王和他的弟弟叔虞在皇宫后院玩耍，成王将一片梧桐叶剪成玉圭的形状，递给叔虞说："我就用这个来分封你吧！"周公得知此事后，请求成王选择吉日封叔虞为诸侯，成王笑着说："我只是跟他开个玩笑。"然而，周公告诉成王："天子不能开玩笑，天子所说的话语，史官要记录下来，乐工要传唱，大臣们要颂扬。"于是，成王就封叔虞为唐国的诸侯。周公通过这件事告诉成王要时刻注意自己的"天子"身份，牢记"君无戏言"的道理。

实战演练

1. 实训前的准备

实训场地：会议室或实训室

实训道具：圆桌、长型会议桌、桌牌、正装、签字笔、文本等

2. 实训步骤

（1）课前教师介绍实训场景并提出实训要求。

（2）实训角色分配。以小组为单位，具体角色由学生自由商定。

（3）角色扮演。每位同学根据角色需要进行充分准备，分别扮演场景中的角色。

（4）学生以小组为单位进行不同会议情景演练和讲解。

（5）各小组依次上台进行展示和讲解。

（6）回答评判组提问。

（7）教师点评，重点让学生掌握要领和细节。

（8）布置任务。

3. 实训评价

表1-7　汇报礼仪评价评分表

考评人			被考评人		
考评地点			考评时间		
考核项目	考核内容	分值	小组评分 50%	教师评分 50%	实得分
汇报礼仪	汇报前的准备	15			
	汇报开场白是否合理	30			
	语言表达	5			
	着装	10			
	汇报过程是否流畅	10			
	观摩认真	10			
	讨论积极	5			
	实训分析总结正确	10			
	能提出合理化建议和创新见解	5			
	合计	100			

礼仪箴言

夫君子之行，静以修身，俭以养德，非淡泊无以明志，非宁静无以致远。

——诸葛亮

电子资源链接

"口头汇报技巧"
演示视频

工作场景三 商务交际不可少

PART1 先后顺序很重要——介绍礼仪

场景设计

张琪琪和经理在公司大厅与B公司的王总和秘书相遇，张琪琪介绍两方人员相识，她直接先介绍对方公司的王经理给自己公司的张经理认识，然后介绍对方秘书给自己公司的张经理认识。事后，张经理对张琪琪的做法十分不满意。张琪琪错在哪里？如果你是张琪琪，你会怎么做呢？互相介绍时应该注意什么呢？

相关知识

1 介绍的方式

由于实际需要的不同，介绍他人的方式也不尽相同，主要有五种：简单式、标准式、强调式、引荐式、推荐式。

1. 简单式

内容只有介绍双方姓名一项，甚至只提双方姓氏，适用于一般的社交场合。如："我来为大家介绍一下，这位是李总，这位是万董，希望大家合作愉快。""请让我来介绍一下，这是张先生。"

2. 标准式

标准式也称一般式，内容以介绍双方的姓名、单位、职务等为主，适用于正式场合。如："请允许我来为两位引荐一下。这位是四维公司营销部主任薛亮，这位是华达集团副总王中明。""请允许我为两位来介绍一下。这位是李涛先生，××公司销售部主任；这位是王荣先生，××集团副总经理。"

3. 强调式

强调式也称附加式，除被介绍者的姓名外，往往还会刻意强调一下其中某位被介绍者与介绍者之间的特殊关系，以便引起另一位被介绍者的重视，适用于各种交际场合。如："大家好！这位是四维公司的业务主管张先生，这是小儿张扬，请各位多多关照。"如"王小姐，我来介绍一下，这位是张先生，与我是老乡，都是浙江人。"

> 王小姐，我来介绍一下，这位是张先生，与我是老乡都是浙江人。

4. 引荐式

介绍者所要做的，是将被介绍双方联系到一起，给被介绍者们提供一个交流的机会，适用于普通场合。如："OK，两位认识一下吧。大家其实都曾经在一个公司共事，只不过不在一个部门。"

5. 推荐式

介绍者经过精心准备再将某人举荐给另一人，通常会重点介绍前者的优点，适用于比较正规的场合。如："这位是李先生，这位是四维公司的王总经理。李先生是经济博士、管理学专家。王总，我想您一定有兴趣和他聊聊吧。"

2 介绍顺序

一、合理的介绍顺序

介绍顺序绝不是一个可有可无的形式问题，而是涉及个人修养与组织形象以及公关活动的目的能否如愿达成的大问题。

为他人介绍时，最好先说一些"请允许我向您介绍一下 ××"之类的介绍词。还可以使用一些较不正式但也属正确的介绍词。如"× 小姐，您认识 ×× 先生吗？""小张，来见见 ×× 先生好吗？"等。

目前，国际公认的介绍顺序是：先为女性介绍男性，先为年长者介绍年轻者，先为职位高者介绍职位低者，先为主人介绍客人，先为早到者介绍晚到者，简单地说，就是"叫尊者拥有优先知情权"。

二、特殊情况的介绍顺序

1. 在上文五个顺序中，如果被介绍者之间可以按照其中两个以上的顺序介绍，一般应按后一个顺序作介绍。例如，当一位年轻女性前来拜访一位比这位女性年长许多的男性主任的时候，就应将年轻的来访女性介绍给年长的男性，而不是相反。

2. 先介绍人数少的一方或是个人，后介绍人数多的一方。

3. 在会议、比赛、会见、演讲、报告时，可以只将助教介绍给大家，而不需要一一介绍。

"介绍礼仪"
演示视频

活学活用

一、选择题

1. 在商务介绍中，介绍人应该避免使用太过于正式的语言。（　　）

A. 正确 　　　　　　　　　　B. 错误

答案：A. 正确

2. 在商务介绍中，介绍人应该避免使用太过于随意的语言。（　　）

A. 正确 　　　　　　　　　　B. 错误

答案：A. 正确

3.在商务介绍中，介绍人应该注意自己的形象和仪态。（ ）

A. 正确　　　　　　　　B. 错误

答案：A. 正确

4.在商务介绍中，介绍人应该注意对方的反应和感受。（ ）

A. 正确　　　　　　　　B. 错误

答案：A. 正确

二、简答题

假设你正在参加一个商务会议，需要进行自我介绍。你应该如何进行自我介绍呢？

答案：

（1）先自我介绍自己的姓名和职位。

（2）简要介绍自己的工作经历和专业技能。

（3）强调自己的优势和特长。

（4）表达自己对公司和行业的热情和兴趣。

（5）结束时，感谢大家的聆听。

三、课堂实战

实战内容：

1.阳光公司总经理在一个商务酒会上遇见了四海公司的总经理，上前作自我介绍。

2.阳光公司总经理与另一公司刘总经理在一个商务酒会上遇见了四海公司的总经理，刘总给两人作介绍。

3.阳光公司总经理及助理在一个商务酒会上遇见了四海公司的总经理，将助理介绍给四海公司的总经理认识。

4.阳光公司总经理及助理在一个商务酒会上遇见了四海公司的总经理及副总，阳光公司助理作介绍人，为其余三人作介绍。

实战要求：分组训练，角色扮演，小组展示，互相点评。

礼仪文化

敬老典范尧帝

尧帝是一位敬老怜弱的典范。他姓姬，名尹祁氏，号放勋，因封于唐，故称"唐尧"。尧帝为人严肃恭谨，善于管理族人，使邦族之间团结如一家，和睦相处。

他简朴的生活方式也深受人们的尊敬。传说尧年轻时非常尊重老年人，同辈之间也非常注重礼仪。每次打回猎物，他都会将猎物平均分给大家，自己拿最少的一份。有时他还会把自己那最少的一份再分给年迈体弱的老人。正是因为他的高尚品德受到了众人的称赞，大家才推选他为部落首领。

实战演练

1.实训前的准备

实训场地：真实的工作场景或户外

实训道具：职业装、脚本等

2.实训步骤

（1）课前教师介绍实训场景并提出实训要求。

（2）实训角色分配。以小组为单位，具体角色由学生自由商定。

（3）角色扮演。每位同学根据角色需要进行充分准备，分别扮演场景中的角色。

（4）学生以小组为单位进行介绍礼仪情景演练和讲解。

（5）各小组依次上台进行展示和讲解。

（6）回答评判组的提问。

（7）教师点评，重点让学生掌握要领和细节。

（8）布置任务。

3.实训评价

表1-8　介绍礼仪评价评分表

考评人			被考评人		
考评地点			考评时间		
考核项目	考核内容	分值	小组评分5%	教师评分5%	实得分
介绍礼仪	介绍前的准备	15			
	热情展示	3			
	面带微笑	5			
	介绍语言规范	1			

续表

考评人			被考评人		
考评地点			考评时间		
考核项目	考核内容	分值	小组评分 5%	教师评分 5%	实得分
介绍礼仪	介绍顺序准确	1			
	观摩认真	1			
	讨论积极	5			
	实训分析总结正确	1			
	能提出合理化建议和创新见解	5			
	合计	1			

礼仪箴言

世界上有一种东西可以使人很快地获得伟业，并且得到世人的承认，那就是令人喜悦的讲话能力。——西德鲁

电子资源链接

"第三者介绍"
演示视频

PART2 尊者优先要记牢——握手礼仪

场景设计

张先生与张琪琪在公园相遇，由于好久没见，张先生大方、热情地向张琪琪伸出手去，想与张琪琪握手，谁知张琪琪却不将手伸出来与之同握，甚至将手放进裤袋里。张先生只好尴尬地摸着自己的手。如果你是张先生或者张琪琪，你会怎么做呢？会面与人握手时，谁应该先伸手呢？握手时应该注意什么呢？

相关知识

1 握手的方式

1. 站立

握手时一般要站着握，除因重病或其他原因不能站立者外，不要坐着与他人握手。如果你坐在办公桌后面，不要隔着办公桌与客人握手。

双方之间的距离应以 1 米左右为佳，距离超过 1 米，显得两人之间较为冷淡，距离太近则手臂难以伸开。

2. 伸手

握手一般要用右手来与别人握手，不能用左手，伸左手一般不礼貌，因为一些国家认为左手是不洁的，是脏的。

握手用右手，左手可加握，也就是双手握对方右手，以示恭敬和热情，但男子对女子一般不用此种握法。握手还可右手握其右手，左手抓住对方的右前臂或右肩膀，这种握法表示更亲密的关系，但英美等国最忌拍肩搭臂，认为是失礼的。

3. 姿势

正确的握法是伸出右手，五指齐用，四指并拢，拇指张开，稍微一握，双方将要相握的手各向侧下方伸出，伸直相握后形成一个直角。

握手时，如果掌心向下握住对方的手，显示一个人强烈的支配欲，无声地告诉别人，他此时处于高人一等的地位，应尽量避免这种傲慢无礼的握手方式。平等而自然的正确握手姿势是两人的手掌都处于垂直状态，这是一种最普通、最稳妥的方式。

4. 手位

（1）标准式握手。

标准式握手也叫对等式握手。握手时，两人伸出的手心都不约而同地向着左方。表示自己不卑不亢与友好，是一种较为常见的握手方式。

（2）双握式握手。

双握式握手又称手套式握手。在用右手紧握对方右手的同时，再用左手加握对方的手背、前臂、上臂或肩部。

这种握手方式适用于亲朋至交，表达一种热情和亲密。从手背开始，对对方的加握部位越高，其热情友好的程度显得越高。对初识者和异性则慎用，因为它有可能被理解为讨好或失态。

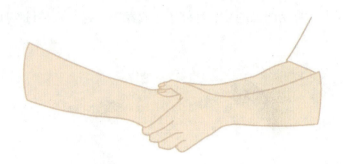

（3）谦恭式握手。

指用掌心向上与对方握手。表示自己谦恭、谨慎，对对方比较尊重。

（4）支配式握手。

支配式握手也叫控制式握手。与谦恭式握手相反，它是以掌心向下握住对方的手。以这种方式握手的人想表达自己的优势、主动、傲慢或支配地位。如对待上级、长辈时，这样的握手易引起反感。社交场合应禁用。

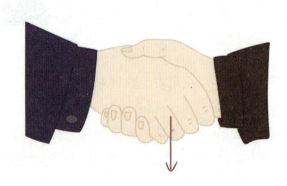

5. 力度

握手的力度要适当，一般稍用力即可。为了向交往对象表示热情友好，应当稍微用力，大致握力以在 2 千克左右为宜。

与亲朋故旧握手时，所用的力量可以稍微大一些；而在与异性以及初次相识者握手时，则千万不可用力过猛。全然无力，则有冷淡、傲慢之嫌。

握手不宜太紧，尤其是和戴着戒指的女性握手时，一定要避免用力太大。握手时需要上下轻微地摇手，不要一握不动，也不要抓住对方的手使劲摇动。

6. 时间

正常情况下，握手的时间以 3 秒钟为佳，不宜过长或过短。如果关系亲近，则边握手边问候，两人双手可以长时间地握在一起。

但如果男子握着女子的手，只顾热情地说话，长时间不放，那是很令人讨厌的。

7. 表情

握手本是亲热、友好和感激的表示，除了手上的动作与身段的配合以外，还应辅以脸上的表情。

首先，态度要自然，面带微笑。其次，握手时精神要集中，注视对方的眼睛。但不能过久地不停地打量对方，盯着对方眼睛，一动不动，特别是对女子，尤其不可盯着不放。最后，不要一边握手，一边心不在焉，东张西望，或者和第三者说话，或手拿香烟，这些都是不礼貌的。

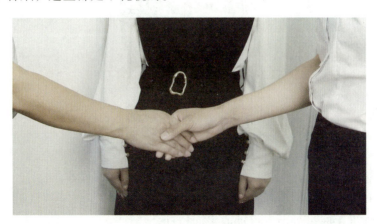

2 握手的禁忌

1. 不可用左手与他人握手。在有些风俗中，认为左手不洁。

2. 不可交叉握手。与基督教信徒交往时，要避免两人握手时与另外两人相握的手形成交叉状，这种形状类似十字架，在基督教信徒眼中是很不吉利的。

3. 不可与异性用双手握手。

4. 不可在对方无意的情况下强行与其握手。

5. 不可在握手时过分上下抖动或来回拉动。

6. 不可在握手时长篇大论、点头哈腰、滥用热情。

7. 不可在握手时还戴着手套。女士在社交场合则可允许戴薄纱手套。

8. 不可在握手时戴墨镜，患有眼疾或眼部有缺陷者例外。

9. 不可在右手握手时左手插在裤兜中。

10. 不可在手不干净时与他人握手。此时，可以礼貌地向对方说明情况并表示歉意。

11. 不可握手后立刻用纸巾或手帕擦手。

12. 在任何场合，都不宜拒绝与他人握手。即便对方没有顾及礼仪次序，也要宽容握手。

"握手礼仪"
演示视频

活学活用

一、选择题

1. 握手时的禁忌包括（　　）。

A. 心不在焉　　　　　B. 伸出左手　　　C. 戴着手套　　　D. 交叉握手

答案：ABCD

2. 下面关于握手礼的选项哪几项是错误的。（　　）

A. 握手的顺序主要取决于"尊者优先"原则

B. 客人告辞时，应由主人先伸手为礼

C. 职位低的人与职位高的人握手时应先伸手为礼

D. 职位高的人与职位低的人握手时应先伸手为礼

答案：BC

3. 在泰国，人们见面时一般行（　　）。

A. 握手礼　　　　　　B. 注目礼　　　　C. 合十礼　　　　D. 拥抱礼

答案：C

4. （　　）时两人伸出的手心都不约而同地向着左方。

A. 支配式握手　　　　B. 谦恭式握手　　C. 对等式握手

答案：C

5.正常情况下，握手的时间以（　　）秒钟为佳。

A. 2　　　　　　　　　　B. 3　　　　　　　　　C. 4　　　　　　　　　D. 6

答案：B

二、课堂实战

实训内容：两人为一组，相向而行，扮演上下级、同事、合作伙伴等身份，分别展示握手方式。

实训要求：分组训练，角色扮演，小组展示，互相点评。

礼仪文化

礼仪的历代楷模虞舜

虞舜是中华民族的人文始祖之一，也是讲究礼仪的楷模。虞舜姓姚，名重华，号有虞氏，历史上被称为"虞舜"。据说，他的父亲眼盲无知，母亲早逝，继母性格恶劣，名字叫"象"的同父异母的弟弟傲慢自大。除了舜之外，家中其他人都不愿劳动，全都靠他养活。尽管如此，他的家人还多次想要杀害他。有一次，他修补谷仓时，父亲和弟弟从谷仓下面放火，但舜却用两个斗笠跳下才得以逃生。后来，当舜掘井时，父亲和弟弟又用土填井，他挖地道才得以逃生。尽管遭受了种种不公平待遇，虞舜却从未怨恨，仍然对父亲恭顺，对弟弟慈爱。他的孝行感动了天帝。在厉山耕种时，天帝让大象替他耕地，鸟儿替他锄草。尧帝听说了虞舜的孝行后，又发现他有处理政事的才能，就把娥皇和女英嫁给他；并在经过多年观察和考验后，最终选定舜做他的继承人。舜登上天子之位后，去看望父亲，仍然恭敬有加，甚至封象为诸侯。在礼仪制度方面，虞舜还统一了觐见的礼仪，明确规定了公、侯、伯、爵、子、男朝觐天子时必须遵守的五种礼仪等，成为后世学习的楷模。

绍兴上虞《虞舜孝感动天》铜雕

实战演练

1. 实训前的准备

实训场地：真实的工作场景或户外

实训道具：职业装、脚本等

2. 实训步骤

（1）课前教师介绍握手实训场景并提出实训要求。

（2）实训角色分配。以小组为单位，具体角色由学生自由商定。

（3）角色扮演。每位同学根据角色需要进行充分准备，分别扮演场景中的角色。

（4）学生以小组为单位进行握手礼仪情景演练和讲解。

（5）各小组依次上台进行展示和讲解。

（6）回答评判组的提问。

（7）教师点评，重点让学生掌握要领和细节。

（8）布置任务。

3. 实训评价

表 1-9 握手礼仪评价评分表

考评人			被考评人		
考评地点			考评时间		
考核项目	考核内容	分值	小组评分 5%	教师评分 5%	实得分
握手礼仪	握手姿势是否规范	15			
	握手时表情	3			
	握手时眼神	5			
	握手时语言规范	1			
	握手顺序准确	1			
	观摩认真	1			
	讨论积极 .	5			
	实训分析总结正确	1			
	能提出合理化建议和创新见解	5			
	合计	1			

礼仪箴言

　　世界上有一种东西可以使人很快地获得伟业，并且得到世人的承认，那就是令人喜悦的讲话能力。——西德鲁

电子资源链接

"商务握手礼仪"
演示视频

PART3 商务道具要用好——名片礼仪

场景设计

公司召开的签字仪式会上，A公司的赵总看到了久闻大名的B集团的刘董事长。晚餐会上，赵总主动上前作自我介绍，并递给对方一张名片。刘董事长接过名片，马马虎虎地用眼睛瞄了一下，放在了桌子上，然后继续用餐。这种做法是否正确？如果是你，该怎么办？为什么？

相关知识

1 递送名片礼仪

在递送名片、接受名片、索要名片的时候，要讲究正规的社交礼仪。

1.做好准备

参加社会交往活动，要提前准备好名片。

（1）名片应放在名片夹中，也可装在西服的内袋或公文包的外侧袋里，方便取出。

（2）自己要递出的名片与收到的他人名片要分开放置，以免使用时错拿他人名片。

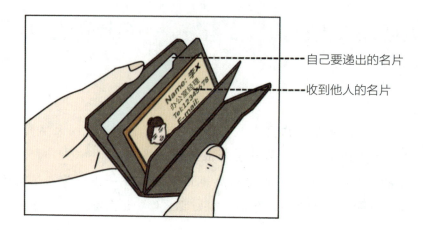

自己要递出的名片

收到他人的名片

（3）递出的名片应干净、平整，不可有皱折、破损，不要有涂改。

2.把握时机

递送名片不能逢人就发，要把握好时机，要在必要的时候递送名片，一般应选择初识之际或分别之时。

例如希望认识对方时、被介绍给对方时、对方提议交换时等。

3. 讲究顺序

递送名片时，遵循"位尊者优先知情"的原则，一般是地位低的人先递给地位高的人。如：男士先递给女士，下级先递给上级，晚辈先递给长辈等。

如果是对方先拿出来，自己也不必谦让，应该大方收下，然后再拿出自己的名片来回报。如果递给很多人，则应按照职务高低、年龄大小"由尊而卑"或者不分职务年龄"由近及远"、按顺时针方向依次递上，切不可跳跃式递送名片。

4. 递送方法

递送名片态度要谦恭，动作要标准。

（1）递送名片时，应站立起身，走向对方，轻微鞠躬，用双手的拇指和食指捏住名片上端两角或右手捏住上端一角，举至胸前，恭敬地交与对方。双方同时递接名片时，应当用右手递出，左手接回。

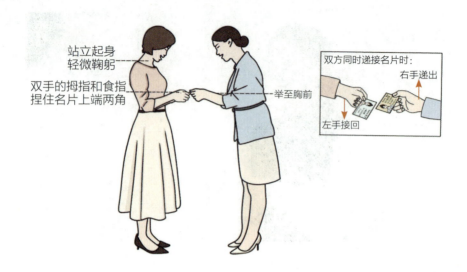

（2）在递送名片时，应将名片的正面朝上，以文字正对对方，若是外宾，应将外文一面朝向对方。

（3）递送名片时，眼睛要正视对方，面带微笑，还应该说"初次见面，请多指教""非常高兴认识您""希望今后保持联络"等。

2 接受名片礼仪

1. 使用双手

接受对方的名片时，为表示对对方的尊敬，应暂停手中一切事务，尽快起身，面带微笑，注视对方，用双手的拇指和食指接住名片的下方两角。

2. 表示感谢

接过别人的名片要表示谢意，多使用谦语和敬语，如"谢谢""请多指教""请多关照""十分荣幸""认识您很高兴"等。

3. 仔细阅读

接到名片后不要马上收起来，要有一个认真浏览的过程。如果是初次见面，最好是把名片上的重要内容读出声来，如对方的职务、头衔可以着重强调。当遇到不认识的或者不能确认发音的字，应当礼貌地向对方请教，马上询问其读法，这样一方面以免失礼，另一方面也是使对方觉得受到尊重的表现。

4. 收藏妥当

看过名片之后要将对方的名片放在恰当的地方，一般应放在名片夹、名片包、公文包、上衣口袋或西装内侧口袋，以示尊重。

将收到的名片放入名片夹中

5. 回敬对方

一般接受别人的名片后，要注意有来有往，应立即回敬对方一张自己的名片。自己如果没有名片、名片已用完或没带名片时，应向对方表示歉意，并向对方说明情况。

你好，这是我的名片。

好的，好的。

3 索取名片礼仪

在社交场合，如非万不得已，一般不得向别人索要名片，若确实想得到对方的名片时，可采取以下几种方法向对方索要名片。

1. 明示法

直接向对方（同年龄、同级别、同职位）提议交换名片，如："李经理，好久不见了，我们交换一下名片吧，这样联系更力便。"

李经理，好久不见了，我们交换一下名片吧，这样联系更方便。

2. 交换法

主动递上本人名片，如"吴经理，非常高兴认识您，这是我的名片，请您多指教。"

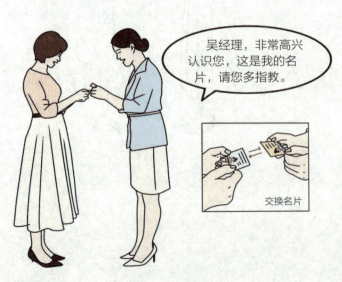

吴经理，非常高兴认识您，这是我的名片，请您多指教。

交换名片

3. 谦恭法

适用于向尊长索取名片，如询问对方："请问今后该如何向您请教？"

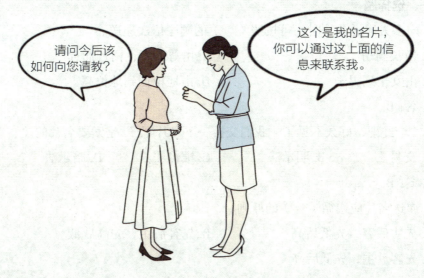

4. 联络法

适用于向平辈或晚辈索要名片，如询问对方："请问今后该如何与您联系？"

"名片礼仪"
演示视频

活学活用

一、选择题

1.向多人递送名片时，可按照（　　）的顺序依次递送。

A.由长到幼 　　　　　　　　　B.由尊而卑，由近而远

C.由女士到男士 　　　　　　　D.由地位低到地位高

答案：B

2."李经理，好久不见了，我们交换一下名片吧。"是索要名片的（　　）。

A.交易法 　　　B.明示法 　　　C.谦恭法 　　　D.暗示法

答案：B

3.递送名片应遵循（　　）的原则。

A.先主后客，先低后高 　　　　B.先客后主，先高后低

C.先客后主，先低后高

答案：C

4.向他人索要名片的方法有（　　）。

A.交易法 　　　　B.明示法 　　　　C.谦恭法 　　　　D.暗示法

答案：ABCD

二、简答题

假设你正在参加一场商务会议，会议主持人要求每个人在会议期间交换名片。请问，在交换名片时应该注意哪些礼仪？

答案：

（1）交换名片时要注意对方的反应和感受。

（2）在交换名片时要先向对方鞠躬表示敬意。

（3）将名片递给对方时要用双手递交，并说一声"请多关照"。

（4）在收到名片后要及时阅读并妥善保管，避免弄丢或损坏。

（5）如果对方没有准备名片，可以主动提供自己的名片，并说一句"这是我的名片，请多多关照"。

礼仪文化

古代的年龄称谓

古人的年龄有时不用数字表示，而是用一种与数字有关的称谓代替。

总角，指童年。垂髫，指童年。古时童子未冠，头发下垂，因而以"垂髫"代指童年。

束发，指青少年，一般指15岁左右。及笄，指女子15岁。

待年，指女子成年待嫁，又称"待字"。弱冠，指男子20岁。古代男子20岁行冠礼。

而立，指30岁。出自《论语·为政》"三十而立"。

不惑，指40岁。出自《论语·为政》"四十而不惑"。

艾，指50岁。出自《礼记·曲礼上》"五十曰艾"。老年头发苍白如艾。

花甲，指60岁。古稀，指70岁。出自杜甫诗："酒债寻常行处有，人生七十古来稀。"

皓首，指老年，又称"白首"。黄发，指长寿老人。老人头发由白转黄。

鲐背，指长寿老人。老人身上生斑如鲐鱼背。

期颐，指百岁。出自《礼记·曲礼上》"百年曰期，颐"。谓百岁老人应由后代赡养。

实战演练

1. 实训前的准备

实训场地：真实的工作场景或户外

实训道具：职业装、脚本、名片等

2. 实训步骤

（1）课前教师介绍名片递送实训场景并提出实训要求。

（2）实训角色分配。以小组为单位，具体角色由学生自由商定。

（3）角色扮演。每位同学根据角色需要进行充分准备，分别扮演场景中的角色。

（4）学生以小组为单位进行名片礼仪情景演练和讲解。

（5）各小组依次上台进行展示和讲解。

（6）回答评判组的提问。

（7）教师点评，重点让学生掌握要领和细节。

（8）布置任务。

3. 实训评价

表 1-10　名片礼仪评价评分表

考评人			被考评人		
考评地点			考评时间		
考核项目	考核内容	分值	小组评分 5%	教师评分 5%	实得分
名片礼仪	递送姿势是否规范	15			
	递送或接收时表情	3			
	接收动作规范	5			
	语言规范	1			
	递送顺序准确	1			
	观摩认真	1			
	讨论积极	5			
	实训分析总结正确	1			
	能提出合理化建议和创新见解	5			
	合计	1			

礼仪箴言

礼仪的目的与作用本在使得本来的顽梗变柔顺，使人们的气质变温和，使他尊重别人，和别人合得来。——约翰·洛克

电子资源链接

"如何避免'尴尬名片礼'（技能）"
演示视频

PART4　文明出行讲礼仪——出行礼仪

场景设计

　　张琪琪是公司秘书，她与本公司经理、客方经理、客方秘书，共计4人单行行走和4人并排行走。如果你是张琪琪，你知道分别应该按什么顺序行走吗？什么行走顺序是对的呢？在出行礼仪中还应该注意什么呢？

相关知识

1　行走时的礼宾次序

　　1.同行时，两人行，以前者、右者为尊；三人行，并行以中者为尊；前后行，以前者为尊。

2. 上车、进门时，应让尊者先行。

3. 迎宾引路时，迎宾、主人走在前；送客，主人走在后。

迎宾　　　　　　　　　　　　　　　　　　送客

4. 上楼时，尊者在前；下楼时则相反，位低者在前，尊者在后。

5. 进出电梯。若电梯里无人，接待人员应先进、后出，客人后进、先出；电梯内有人时，无论进出都应让客人（上司）优先。

2 道路上行进礼仪

1. 自觉走人行道，不要走机动车道，还应自觉让出专用盲道，人行道不明显时，应尽量走路边。

2. 按惯例自觉走人行道右侧，不可逆行左侧一方。

3. 步速适当，以免阻挡身后行人，若身后行人欲超过，应放慢脚步靠右让行，不要在马路上停留、休息或与人长谈。

4. 行走时要与他人保持适当的距离，两人行走时，以右为上，不要勾肩搭背；三人并行，以中间为上，右次之，左再次之；多人行走，应前后分行，而不能多人并排同行。

5. 行进中，不吃零食，不随地吐痰，不乱扔杂物，不违反交通规则。

行进中，不吃零食，不随地吐痰，不乱扔杂物，不违反交通规则。

3 上下楼梯礼仪

1. 一人上下楼梯应靠右行走，两人及以上均应靠右单行行走。

2. 为人引领时，上下楼梯应走在客人前面。

3. 男性与长者、女性一起上下楼梯时，应主动在前面，以防对方有闪失。

4. 上下楼梯时，不应站在楼梯上或拐弯处进行深谈，以免影响他人行进。

5. 上下楼梯时，注意头正、背直、胸微挺、收臀，弯膝，注意速度前后距离，以防碰撞。

4　上下电梯礼仪

1.注意安全

电梯关门时，不要扒门，不要强行挤入；电梯打开门后，应尽量用手按住开门的按钮，以防电梯门自动关上，夹住客人；电梯人数超载时，应自觉下梯，等候下一班；如果发生突然停梯或其他故障，不要惊慌失措，可以及时按动电梯内的报警按钮，安静地等待维修人员的到来。

2.注意秩序

乘梯时，先按下电梯口的上下按钮，自觉站到电梯右侧。电梯到达后，一般情况下，应先进后出。但应视电梯类别，有人管理的，应后进后出，晚辈礼让长辈、男士礼让女士、职位低者礼让职位高者；无人管理的，应先进后出，以便控制好电梯，同时应尽量把无控制按钮的一侧让给尊者及女士。

乘自动扶梯应注意：乘客靠右侧站立，上下排一列纵队，留出左侧给有急事

的人上下跑动。

3. 主动服务

进入电梯后，正面应朝向电梯口，以免造成面对面的尴尬。电梯里，应主动站成"凹"字形，让出空间，以便让后进者有地方站。乘电梯时，即使电梯中的人都互不相识，站在开关处的也应做好开关的服务工作

在上下班、办事购物、假日休息时总要行走。道路是最基本的公众场所，一个人单独行走的机会比较多，所以能不能自觉地讲究行走的公德，最能反映一个人道德水准的高低。要注意遵守交通规则，保持道路卫生，礼貌待人，问候、交谈不要妨碍交通，问候要有礼貌。

小情景：以4人为一组，其中2人扮演客人（1人为经理，1人为秘书），2人扮演主人（1人为经理，1人为秘书），表演4人单行行走和4人并排行走。

（1）忌与他人相距过近，发生肢体碰撞；

（2）忌尾随他人身后，对其窥视或指指点点；

（3）忌走路速度忽快忽慢，对周围人造成影响；

（4）忌在私人居住附近观望，甚至闯入私宅或私有草坪；

（5）忌一边走路一边吃喝；

（6）忌与同行者勾肩搭背。

5 排队礼仪

在公共场所，排队是解决问题的最好方法。排队，就是人们按照先后到的顺序一个挨一个地排列成行，以便依次从事某事。

在排队时应当遵守以下几点规则：

1. 先来后到，依次排列，依序而行。

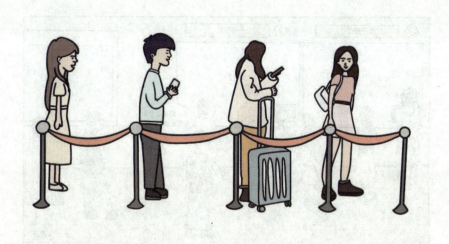

2. 保持间距，前后不应有身体上的接触，尤其在金融窗口、取款机等涉及个人隐私的场所，前后之间的距离应适当增大。

3. 不应插队，插队是无礼的表现。

4. 凡标有"一米线"的地方，应在"一米线"后依次排队；没有标"一米线"的地方，也应给前面的人留出足够的操作空间。

5.排队过程中因故需要短暂离开，应向身后的人说明，如对方同意，返回后可在原处继续排队；如对方不同意，则应从队伍末端重新排起。

"排队礼仪"
演示视频

活学活用

一、选择题

1.排队时，应该尽量避免和其他人交谈或者玩手机。（　）

A.正确　　　　　　　　　B.错误

答案：A

2.排队时，应该尽量保持队伍的整齐和有序。（　）

A.正确　　　　　　　　　B.错误

答案：A

3.乘坐电梯时，应该先按下自己所在楼层的按钮。（　）

A.正确　　　　　　　　　B.错误

答案：A

二、课堂实战

实战内容：假设你正在参加一场大型活动，现场需要排队入场，并且需要乘坐电梯到达指定楼层。请你按照以下步骤排队、乘坐电梯和到达指定楼层。

实战要求：分组训练，角色扮演，小组展示，互相点评。

礼仪文化

魏晋才子裴秀学礼

裴秀，是魏晋时期人。他是中国历史上杰出的地图学家，人们将他与欧洲学者托勒密比喻为古代世界地图发展史上东西方相辉映的两颗灿烂明星。裴秀很小的时候就博览群书，并在实践中学习礼仪。

裴秀出身于官僚士族家庭，祖父和父亲都在朝为官，所以，家中经常是宾客盈门。每当家中宴请客人时，母亲总让他端饭送菜，服侍客人。裴秀把这个过程也当作一个学习的机会。在接待宾客的过程中，总是借机和客人交谈几句。由于他言语虔诚、举止有礼，客人们也都很喜欢他。裴秀也因此培养了自己优雅的谈吐，他的名声很快就传开了，以致去他家拜访的客人，往往还要专门去看望他这个小才子。

实战演练

1. 实训前的准备

实训场地：真实的工作场景或户外

实训道具：职业装、脚本、名片等

2. 实训步骤

（1）课前教师介绍实训场景并提出实训要求。

（2）实训角色分配。以小组为单位，具体角色由学生自由商定。

（3）角色扮演。每位同学根据角色需要进行充分准备，分别扮演场景中的角色。

（4）学生以小组为单位进行出行礼仪情景演练和讲解。

（5）各小组依次上台进行展示和讲解。

（6）回答评判组的提问。

（7）教师点评，重点让学生掌握要领和细节。

（8）布置任务。

3. 实训评价

表 1-11 出行礼仪评价评分表

考评人			被考评人		
考评地点			考评时间		
考核项目	考核内容	分值	小组评分 5%	教师评分 5%	实得分
出行礼仪	走路姿势是否规范	15			
	行走时的礼宾次序	3			
	道路上行进礼仪	5			
	上下电梯礼仪	1			
	排队礼仪	1			
	观摩认真	1			
	讨论积极	5			
	实训分析总结正确	1			
	能提出合理化建议和创新见解	5			
	合计	1			

礼仪箴言

礼仪是在他的一切别种美德之上加上一层藻饰，使它们对他具有效用，去为他获得一切和他接近的人的尊重与好感。——洛克

电子资源链接

"上下电梯礼仪"
演示视频

工作场景四　中外宴请礼数到

PART1　主客分明吃得好——中餐宴请

场景设计

　　转眼间，张琪琪入职也快一年了。这一年来虽然跌跌撞撞，但是她从各个方面都得到了飞速的进步，也得到了领导的赏识。渐渐的，公司许多重要的项目她都有参与，与此同时，需要参与的各种商务宴请活动也多了起来，这也让她开始接触到了新的挑战。在商务宴请中，需要注意的各种细节也非常多，餐桌也可能成为另外一个"战场"。

相关知识

1　宴请前的准备工作

一、宴请的种类与形式

　　宴请是商务交往中最常见的交际活动形式之一，其可以根据不同的标准具体划分为多种形式，每种形式的宴请在宴会举办地点、宴请的人员、宴请时间、席间菜肴以及标准着装等方面有许多不同的要求和规定。目前，国际上通用的主要宴请形式有宴会、招待会、茶会、工作餐等四种。主办方需根据宴请的目的、邀请的对象、人数、地点和经费开支等因素决定采取何种宴请形式。

　　（一）宴会

　　宴会是最正式、隆重的宴请。按照举办时间，可分为早宴、午宴、晚宴，其中，以晚宴档次最高；按餐别划分，可分为中餐宴会、西餐宴会、中西合餐宴会；按性质划分，可分为工作宴会、欢迎宴会、节庆宴会；按礼宾规格划分，可分为国宴、正式宴会、便宴以及家宴。

1. 国宴

这是国家元首或政府首脑为国家庆典或欢迎外国元首、政府首脑而举行的正式宴会，其规格是最高级别。国宴宴会厅内需悬挂国旗，并安排乐队演奏国歌以及席间乐。国宴由国家元首或政府首脑主持，席间由主人和主宾致辞、祝酒。国宴的礼仪要求最为严格，参加国宴者必须着正装，座次按礼宾次序进行排列。

2. 正式宴会

这是规格仅次于国宴的正式宴请，除了不挂国旗、不奏国歌以外，其余的安排大体与国宴相同。正式宴会的礼仪要求比较严格，一般需着正装，宾主按身份排席次和座次。正式宴会对服务人员以及餐具、酒水和菜肴的道数均有一定的要求。

3. 便宴

便宴不属于正式宴会，气氛更为亲切、随意，更适合于日常友好的交往。便宴形式简便，偏重人际交往，而不拘泥于规模和档次，宾主无须着正装，亦可以不安排座次，不发表正式讲话、致辞。菜肴的规格和数量亦可根据宾主的喜好进行增减。

4. 家宴

家宴即在家中设宴款待客人，往往由女主人亲自下厨烹调，家宴多为一家人共同招待客人，多用于宴请亲近的朋友或亲属。在日常交往中，常用这种方式以示友好、亲密、融洽。

（二）招待会

招待会是指各种不备正餐的宴请形式，是一种较为灵活的宴请方式。招待会通常备有食品、酒水和饮料，由客人根据自己的口味选择自己喜欢的食物和饮品。招待会一般不安排座次，席间客人或站或坐，亦可在场内走动。招待会的目的是促进宾主交流而非吃饱肚子。常见的招待会有冷餐会、酒会等。

1. 冷餐会

冷餐会，又称自助餐，这种宴请形式的特点，是不排席位，菜肴以冷食为主，搭配少量热菜，连同餐具一同陈列在取餐台上，客人根据需要自取，是一种方便、灵活的宴请形式。冷餐会的规格可根据主客双方的身份以及宴请目的来确定。冷餐会的举办时间一般为中午12时至下午2时、下午5时至晚7时左右。冷餐会的举办场地一般可安排在室内或室外的花园里，可不设桌椅，客人以交流为目的在席间走动，也可准备桌椅由客人自由入座。

2. 酒会

酒会也称作鸡尾酒会，酒会通常以酒水为主，搭配各种小食。常用于各种节日、庆典及仪式活动。酒会的形式灵活，便于宾客间广泛地相互接触与交流。通常，小食不设刀叉或其他餐具，多做成小份，供客人以牙签取食，食物和酒水可由服务人员用托盘端送，也可以放置在餐台上由客人自助选用。

酒会一般不安排固定座位，以便客人随意走动广泛交流。酒会举办的时间比较灵活，请柬上往往会注明整个活动延续的时间，客人可在席间任何时候到达或退席，不受时间的约束。

（三）工作餐

工作餐是日常商务工作中一种常见的非正式宴请形式，一般是利用工作无休的进餐的时间，边吃边谈工作，此类活动不请配偶和与工作无关的人员参加，工作进餐一般不排座次，大家边吃边谈，不必过分拘束，形式较为灵活。工作进餐也可实行 AA 制，由参加者各自付费。

（四）茶会

茶会是一种简便的接待形式，通常安排在上午 10 时或下午 4 时左右的非正餐时间。茶会一般在客厅举行，内设茶几、座椅，备有茶、点心或部分小吃，请客人边吃边谈。茶会一般不排座次，来宾可以随意就座。较为正式的用以接待来宾的茶会对茶叶的品种、沏茶的用水和水温以及茶具都颇有讲究，茶叶的选择要照顾到客人的嗜好和习惯，欧洲人一般喜欢红茶，日本人喜欢乌龙茶，还可以准备咖啡和冷饮。茶具要选用陶瓷器皿，不能用玻璃杯，也不能用热水瓶代替茶壶。

二、宴请的基本程序

（一）获得宴请信息

1. 确定宴请目的、名义、范围、规模及形式

商务宴请的目的多为商务接待、合作谈判或者是聚会庆典等。明确宴请的目的有助于选择合适的宴请形式和场所。商务宴请可以以个人、一个部门或一家公司为名义发出邀请。邀请名义和对象确定的主要依据的是宴请的该商务活动的主办方和客人身份，一般身份职位要对等，也可以主人一方的职位更高一些，以示对客人的礼遇和尊重。要明确宴请主办单位名称和出席宴会的人员的姓名、职务、称呼等。宴请的形式，除了要满足宴请的目的之外，通常来讲，规模高、人数少的以宴会为宜，人数多则以招待酒会或冷餐会为宜。

2. 确定宴请时间、地点

宴请的时间一般应在宴请的主题活动发生前后，不能过早或过晚，应对主客方都合适。日期的选择上注意不要选择重大节假日，以及有重要活动或有禁忌的日

子和时间。小型宴请应首先征求主客方意见，按照主客方的意见确定时间，然后再约请其他宾客。欢迎宴会一般安排在来宾抵达的当日或次日举行，告别宴会通常在来宾离开的前一天或当天举行。相比其他时间宴请，晚宴更为正式隆重。

地点应选在交通便利、环境优雅的公共场所。接待来宾时，一般选择来宾下榻的宾馆或附近的饭店。选定的场所需大小适宜，不能过大，显得人员稀少；也不能过小，造成用餐拥挤。举行正式宴会时，可在宴会厅外另设休息厅或接待厅，供宴会前接待来宾、寒暄交谈使用，待主宾到达后再一同进入宴席。

3. 发出邀请请柬

较为正式的商务宴请活动，一般均会发送请柬。请柬既体现了举办方对客人的尊重和礼遇，也对客人起到了提醒、备忘的作用，如有着装安排，写在请柬中则更为正式妥当。请柬一般提前一周至二周发出，以便被邀请人及早安排。宴请国宾或其他重要外宾时，应以主持宴会的领导个人名义署名发请柬。请柬内容包括宴请形式、举行的目的、时间、地点、着装要求以及主人的姓名和职务等。正式宴会应在发请柬之前就排好桌次席位。在请柬上一般要注明客人的桌次、席位，以方便客人入座。请柬发出后，一般会确认宾客是否可以准时参加。

（二）宴请准备

1. 制订宴请计划

一般来说，正式的商务宴请，在举办前都会制订详尽的计划，计划的内容包括：宴会主办单位名称或主办人姓名、身份；来宾单位、身份；宴会类型；宴会名称、日期及开宴时间；出席人数；饮食要求，如菜单、酒水、禁忌等；场地要求，如灯光、色彩、音响、横标、装饰、台面、台型、路牌、主桌摆放的特殊要求等，以及是否需要会见场所、休息室等。

2. 制定菜单

（1）宴请的酒菜根据活动形式和规模，在规定的预算标准内安排。

（2）选菜主要考虑客人特别是主宾的喜好与禁忌，尊重客人的宗教和风俗习惯。大型宴会则要照顾到各个方面，如个别人有特殊需要，也可以单独为其上菜。选菜时应尽量选取时令原料，保证鲜活可口。同时要突出地方特色，多选用地方特色的菜肴、酒水、水果。菜肴道数和分量要适宜，避免浪费。

（3）宴会开始后，应严格按拟定好的宴会菜单上菜，特殊情况按主陪领导意图办理。准确把握上菜节奏，不宜过快或过慢。

3. 场地布置

宴会场地布置应与活动的性质和形式相对应。正式宴请活动场地应空气清新、庄重大方、设备齐全、布局合理。需要在宴会厅内布置背景板或悬挂横幅时，一般摆放和悬挂在主桌或主位后方的墙上。宴会现场可以少量点缀鲜花绿植等。

宴会可以用圆桌，也可以用长桌或方桌。两桌以上的宴会，桌子之间的距离要适当。如安排乐队，不要离餐桌太近，乐声宜轻。冷餐会的菜台用长方桌，通常靠四周陈设，也可以根据宴会厅情况摆在餐厅中央。如坐下用餐，可摆四人一桌的方桌或圆桌。座位要略多于全体宾客人数，以使客人自由就座。

三、宴会中主人的礼仪

主人在宴会开始之前，应提前到场，确认好一切准备事宜顺利进行，在宴会开始之前半小时站立于门前迎接宾客，如有多位主人，则晚辈或职位较低的人站在最前面，长辈居后。接待来宾时，主人要依次招呼，不可疏忽怠慢，在客人大部分到齐或者最尊贵的客人到达后，主人方的主陪就陪同回到宴会厅内，晚辈则留在门口继续接待未到的来宾。同时，场内安排与主办方和宾客方皆熟悉的人员，负责跟众多宾客寒暄，做介绍、招待、安排入席等工作。

主人接待时必须热情诚恳，一视同仁，无论宾客身份职位高低都不可疏忽怠慢。当主人正和客人寒暄时，恰巧有另一些客人进来，可先对原来的客人道歉，再去接待后来的客人。主人必须在宴会中起到主导和照顾宾客的作用，当发现有些来宾无人招呼寒暄时，就要找人为他们介绍认识或代为寒暄，以免冷落宾客。

宴会开始时，主人应首先起立，举杯向客人敬酒碰杯，先后以座次顺序为序，由主到次依次进行。如宴请安排有正式讲话，一般应在热菜上完之后，先由主人发言，然后请客人讲话。一般来说，主人不宜主动宣布宴会结束，因为此举会有驱赶宾客之嫌疑。通常是询问大家是否用餐满意，得到主宾的认可后，再顺势敬酒，结束宴请。宴会结束后，主人应送宾客至门口，热情大方，与客人一一握手道别，以期合作成功或再次相聚。

四、宴会中客人的礼仪

（一）应邀

接到宴会邀请后，能否出席应尽早答复主人方，以便主人作出安排。如需携伴，应在回复主人时礼貌询问，并确定出席人数，以防主人措手不及，或不合时宜。接受邀请以后不能随意改变决定，如实在遇到不得已的特殊情况而临时不能出席时，尤其是作为主宾，要尽早向主人解释、道歉，甚至亲自登门表示歉意。应邀出席一项活动之前，要确认好宴请的主办方，活动举办的时间、地点以及目的，同时注意主办方是否邀请配偶以及对服装是否有要求。

（二）出席

出席宴会时，首先着装应整齐大方，以示对别人以及自己的尊重。按照要求的时间，准时或稍微提早到达，以表达对主人的尊重。具体到达的时间应根据活动的性质和当地的习惯掌握，迟到、早退或逗留时间过短都会被视为失礼或有意冷落。一般来说，西方国家可在正点或晚一两分钟到达，我国则在正点或提前一两分钟到达，出席酒会可在请柬上注明的时间内到达。宴席的主宾退席后，其他人可以根据情况陆续礼貌告辞。

（三）问候

出席宴请时，应首先跟主人打招呼，同时如有其他宾客，都要微笑点头示意或握手问好；对长者要主动起立，让座问安；对女宾举止庄重，彬彬有礼。如果是庆祝活动，应表示祝贺；参加庆祝活动，还可以按当地习惯以及两个单位的关系，赠送花束或花篮；参加家庭宴会，可酌情给女主人赠送鲜花或携带酒水等。

（四）入席

入席时，应听从主人或招待人员的安排进入自己的座位。如果事先没有指定座位，应注意正对门口的座位是上座，上座两旁是主宾，不要贸然入座，造成尴尬。应请身份高者、年长者以及女士先入座，自己再找适当的座位就座。

入座后也要注意仪表仪态，坐有坐相，尤其注意腿不要随意伸直或不停摇晃，或将手放在邻座椅背上。入座后，可以和同席客人简单交谈寒暄，不要旁若无人，大声接打电话，更不要只关注菜肴，甚至在开席前动筷。

（五）用餐

用餐时应该注意着装，一般不在席间脱衣。开餐一般是主人示意开始后或主人敬酒结束后再进行。就餐的动作要文雅，夹菜时，要先使用公共餐具把菜放到自己的小盘里，然后再用筷子夹起，旋转转盘时要轻柔，同时观察不耽误其他宾客夹菜。用餐时，小口进食，喝汤时不发出声响，如在用餐时需要剔牙，需用左手或手帕遮掩，右手用牙签轻轻剔牙。

（六）饮酒

饮酒时，好酒贪杯、劝酒、清酒，特别是给不胜酒力的人劝酒，都是失礼的表现。在宴会中，主人应向来宾敬酒，客人也应回敬主人。敬酒时，应注视对方，面带微笑，饮后再点头示意。

（七）离席

宴会结束前，如已用好餐，也不要随意离席走动，要等主人和主宾餐毕先起身离席，其他客人才能依次离席。席间，如确实有事需提前退席，应向主人说明后悄悄离去，也可以事前打招呼，届时离席。宴会结束退席时，应向主人致谢，对宴会的组织及菜肴的丰盛精美表示称赞。

2 商务中餐宴请礼仪

一、中餐座次礼仪

在中餐宴请中，座次的安排是最基本也是必须遵循的基本礼仪之一，安排错误或自行坐在不合适的座位上会使整个宴请不合乎礼仪，从而影响宴请的效果以及气氛，因此座次安排是一次成功宴请的基础。中餐座次安排礼仪中，最基本的原则是：主人面向餐厅入口居中就座，再遵循以右为上、客右主左的原则安排席位。因此，主人右手边安排本次宴请最尊贵的客人，客人右手边坐主陪人员，主人左手边坐次尊贵的客人，客人左手边坐副主陪，依次类推排列，详见图1。如果本次宴请有副主人或女主人，则将其安排在正对主人的位置上，详见图2。在安排座次时，应注意以下事项：主人必须注意不可将客人安排在接近上菜的位置。入座后不要动筷子，也不要弄出什么响声来，更不要起身走动，如果有什么事情，要向主人打个招呼。动筷子前，要向主人或掌勺者表示赞赏，如手艺高超、安排周到、热情邀请等。如果是较大的宴会，一般都设主席，客人不可贸然入座，入座时应注意桌上的座位卡是否与自己相对应。入席时如果有主人或招待人员，那么应遵从其安排。

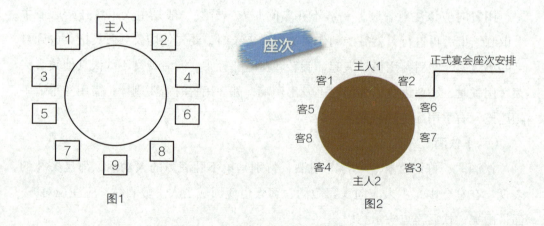

图1　图2

二、中餐进餐礼仪

（一）点菜

一般来说，宴请一方的相关负责人员应该提前了解预订酒店的菜单，以便于了解酒店的特色菜肴，叮嘱客人可能有的忌口。如果宴会时间允许，应该等大多数客人到齐之后，将菜单供客人传阅，并请他们来一同点菜。客人在点菜时，可以根据自己的需求，大方点菜，但不要选择过于小众或者过于昂贵的菜品，使主人尴尬，也可以提出自己的忌口，让主人代为点菜。点菜时，人均一菜是比较通用的原则，要适当进行荤素搭配、冷热搭配以及甜咸搭配。通常，一桌十人的宴请中，可点八个热菜、两道主食、一个汤品、两个冷盘。热菜中通常包括一条鱼，有些地方更有有鱼方成宴的说法。点菜时，优先考虑的菜肴是有中餐特色的菜肴、有本地特色的菜肴、本酒店的特色菜。应注意的饮食禁忌：宗教的饮食禁忌；出于健康的原因的禁忌；不同地区，人们的饮食偏好；有些职业，出于某种原因，在餐饮方面往往也有各自不同的特殊禁忌。

（二）上菜

1. 中餐上菜的顺序

开胃菜→热菜→炒菜→大菜→汤菜→炒饭→面点→水果。开胃菜通常是四种冷盘，有时可能会更多，上菜时，可将其先行上桌。

2. 上菜

当客人入座后，餐厅员工即可通知厨房做好出菜准备，待到冷菜剩下 1/3 左右时，即可送上第一道热菜。一般中餐宴请中，要等主要的热菜都上齐或者至少上完2/3 方可由主人敬酒致辞宣布开席，诸如饺子、米饭等主食则稍后再上。

（三）用餐

1. 正式中餐宴请时，在开席前餐厅会为每一位顾客送上一条热毛巾，用来清洁手部。而后餐具中附带的一次性湿巾，可用来在席间擦手或嘴，但不能用于擦汗或擦拭其他部位。

2. 用餐时须温文尔雅，从容安静，不能大口吞食。就餐时，按照传统，应先请客人、长者动筷子。夹起的菜肴通常要先经由公共餐具放入自己的盘中，直接把菜肴放入口中是不礼貌的。

3. 吃饭、喝汤时不宜发出声音。喝汤应用汤勺慢慢喝，不可端着碗喝，若汤过热，则应该等汤稍凉时再饮用，而不能用勺子舀起吹凉。

4. 正式的商务宴请，主要目的是促进交流、增进感情，而并非是为了吃饱喝好。因而用餐时应适当地注意周围气氛，多与其他宾客进行互动。应友好地敬酒，但注意不要贪杯。如果用餐时要给客人或长辈布菜，则最好用公用餐具。

5.其他注意事项：

（1）上菜时，一般要从宴席的左侧靠门的位置上菜，这样菜经由转盘，会先转到主人和主宾面前，撤盘时从宴席的右侧靠门的位置撤下。第一道热菜应放在第一主人和主宾的前面，没有吃完的菜则移向副主人一边，后面的菜可遵循同样的原则。上菜或撤盘时，都不应当在第一主人或主宾的身边操作，以免影响主客之间的就餐和交谈。

（2）进餐时，不要发出啧啧的声响，要以餐就口，不能以口就餐，更不要旁若无人在菜中翻找。

（3）在席间需要交谈时，要注意嘴里有食物时切勿交谈，且不可只顾自己一人夸夸其谈，或谈与宴会来宾无关的话题使气氛冷场尴尬。

（4）用过的餐具、吃剩的菜、牙签等应放在指定碟中，切勿堆放在桌上。

（5）要注意来宾的宗教饮食禁忌。如回族不吃猪肉，若宾客中有回族人，那么主人在点菜时就应回避有关菜肴。同样，对于由于健康或地方饮食偏好的原因，宾客对菜肴有所禁忌的，主人也应当顾及。

三、餐具的使用

在中餐中，每位用餐者的餐位上都会摆有一整套餐具，一般包括一个骨碟、一个味碟、一个汤碗、筷架、筷子、牙签以及三个杯子，具体的摆放位置如下图所示：

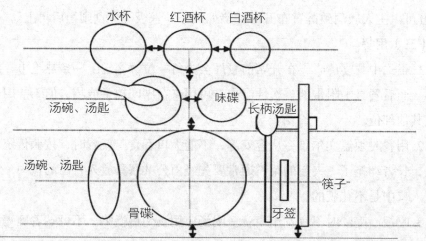

（一）筷子

中国人使用筷子用餐的历史可谓源远流长，在古时又称为"箸"，日常生活中对筷子的运用是非常有讲究的。正确的使用方法是用右手拿筷，大拇指和食指捏住筷子的上端，另外三个手指自然弯曲扶住筷子，筷子的两端一定要对齐。在使用过程中，用餐前筷子一定要整齐码放在饭碗的右侧，用餐后则一定要整齐地竖向码放在饭碗的正中。

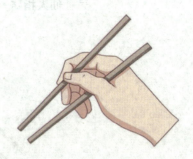

筷子的使用十分有讲究，如使用不当，常有不吉利的含义，不但影响了用餐的气氛，更会显得使用者素养不高。筷子在使用时通常有以下禁忌：

1. 三长两短

这是指在用餐前或用餐过程中，两根筷子没有对齐摆放，这种做法是十分失礼而且不吉利的，通常称为"三长两短"，常用来形容人有灾祸或去世。因为根据中国传统，人去世之后需装进棺材，没盖上的棺材是由前后两块短木板，两旁加底部共三块长木板组成的，五块木板合在一起做成的棺材正好是三长两短，所以这种筷子的摆放是极为失礼的。

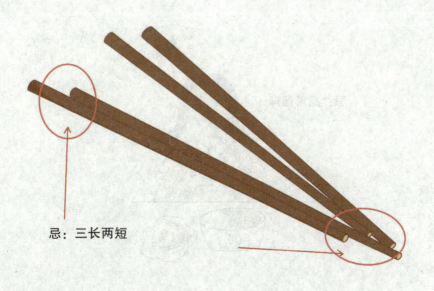

忌：三长两短

2. 仙人指路

这是指拿筷子时，用大拇指和中指、无名指、小指捏住筷子，而食指伸出指着别人。或者在交谈时，用筷子尖指向别人。一般伸出食指或者筷子去指对方时，大都带有指责或者挑衅的意思，极为不礼貌，被认为是失礼的而且破坏用餐气氛的行为。

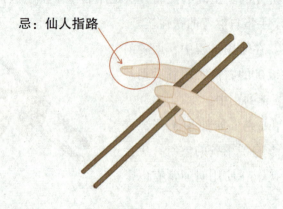

忌：仙人指路

3. 品箸留声

这个是指在用餐时，把筷子的一端含在嘴里，用嘴吸来吸去，并发出咝咝的响声。在吃饭时用嘴吸吮筷子本身就是一种无礼的行为，再配以声音，更是令人生厌。因此在宴请中出现这种行为会被认为是缺少家教素养的。

忌：品箸留声

4. 击盏敲盅

这是指在用餐时用筷子敲击盘碗。因为在过去，只有要饭的乞丐沿街乞讨时，才用筷子击打要饭盆发出声响再配上嘴里的哀求，使行人注意并给予施舍。这种行为极其缺乏教养，而且敲击的声音十分吵闹，颇为失礼。

忌：击盏敲盅

5. 执箸巡城

这种做法是指在就餐时，用筷子来回地在菜盘里寻找，不知从哪里下筷为好。此种行为是典型的缺乏教养的表现，且不尊重他人，极其令人反感。

忌：执箸巡城

6. 迷箸刨坟

这是指手里拿着筷子在菜盘里不住地翻找挑拣，以寻找自己喜欢吃的，就像在掘坟盗墓一般。这种做法也是极其不尊重人的表现，十分失礼。

忌：迷箸刨坟

7. 泪箸遗珠

这是指用筷子往自己盘子里夹菜时，不注意就近的原则，将菜的汤汁流落到其他菜里或桌子上。这种做法被视为严重失礼，同样是不可取的。

忌：泪箸遗珠

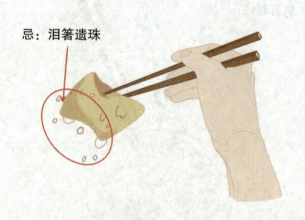

8. 颠倒乾坤

这是说用餐时将筷子颠倒使用，这种做法是十分失礼的，给人以饥不择食、不管不顾的感受，缺乏教养和礼仪。

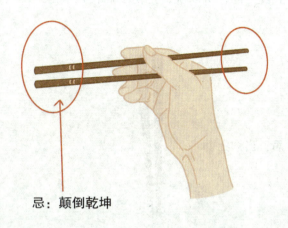

忌：颠倒乾坤

9. 定海神针

在用餐时用一支筷子去插盘子里的菜品，这是粗鲁的表现，也有不尊重同桌人的含义，不可取。

忌：定海神针

10. 当众上香

是指在用餐时，把两根筷子竖直插在饭碗里。这会被人视为大不敬，而且是不吉利的象征。因为按中国的传统为死人上香时才这样做，如果把一副筷子插入饭中，无异于给死人上香一样，所以说，把筷子插在碗里是绝不被接受的。

忌：当众上香

11. 交叉十字

这是指在用餐时将筷子随便交叉放在桌上，这也是不祥和不礼貌的表现。

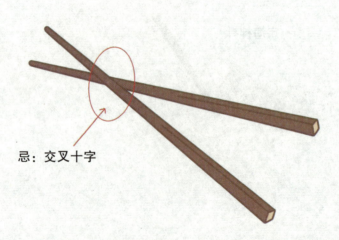

忌：交叉十字

（二）勺子

勺子专用于喝汤和粥等流食，不宜用来食用其他饮食，但席间可以与筷子并用，帮助提取食物。使用过的汤匙凹槽朝上，放在配套的托碟里。喝汤时持汤匙从自己的一方由外向内舀取。

（三）盘子

不要把多种菜肴堆放在盘子里，要稍微把多种菜品区分开。残渣、骨、刺不要吐在地上、桌上，而应轻轻取放在碟的前端。

（四）水杯

水杯主要用来盛放清水、汽水、果汁、可乐等软饮料，不能用来盛酒，也不能倒扣水杯。另外，喝进嘴里的东西不能再吐回水杯。

（五）湿巾

有时也可以是温热手绢，用来在用餐前擦拭双手，用后可以放在桌沿上，方便服务人员在上餐之前收回，不能用湿巾擦脸、脖颈、手臂或嘴巴。

（六）牙签

尽量不要在席间当众剔牙。需要剔牙时用另一只手掩住口部，剔出来的东西，不要随口乱吐。剔牙后，可以把牙签弯折后放入烟灰缸，不要长时间叼着牙签，更不要用来扎取食物。

活学活用

一、判断题

1. 正式宴请的座位有尊卑区别，主人应该为客人安排座次，坐错位置是一种失礼的行为。（　）

正确答案：√

2. 普通中餐家庭聚会，餐桌上的主人位通常坐的不是请客的主人，而是其中辈分最高或年龄最长者，有时候还会考虑在尊长的身边安排他特别喜欢的孙辈。（　）

正确答案：√

3. 中国传统八仙桌的座次讲究对门为上座，两边为偏座，背门为下座。（　）

正确答案：√

4. 用餐时应该小口进食，以食就口，不可将口就食物。（　）

正确答案：√

5. 中餐宴会中朋友、同学、战友等聚会，餐桌上的座次一般是谁请客谁坐主人

位，有时也会把主人位、主宾位让给职位较高或德高望重者。（ ）

正确答案：√

6. 参加中餐晚宴不论男女都需要穿晚礼服。（ ）

正确答案：×

7. 尊重为你服务的人是一个人良好修养的体现。（ ）

正确答案：√

8. 宴会是一种社交活动，宴会的背后不是简单的物质享受，而是一种文化。（ ）

正确答案：√

二、单选题

1. 对席位排列、菜肴数目等都有十分严格的要求和讲究的是（ ）

A. 大型宴会　　　　B. 工作宴请　　　　C. 家宴　　　　D. 便宴

正确答案：A

2. 如果取用的食物太烫，下面哪种做法是正确的？（ ）

A. 用勺子舀来舀去　　　　　　B. 用嘴对着勺子吹

C. 放到碗里等凉了再吃　　　　D. 来回晃动碗里的食物

正确答案：C

3. 中餐宴席中，白酒一般应倒至酒杯的（ ）

A. 三分之一　　　　B. 二分之一　　　　C. 八分以上　　　　D. 倒满

正确答案：C

4. 十个人一桌，一般点几个热菜比较合适？（ ）

A. 7个　　　　B. 10个　　　　C. 15个　　　　D. 18个

正确答案：B

5. 根据中餐基本的座次礼仪，主宾应坐于（ ）

A. 面门居中的位子　　　　　　B. 背门居中的位子

C. 主人的左边　　　　　　　　D. 主人的右边

正确答案：D

礼仪文化

"八仙桌"的由来

八仙桌可以说是结构最简单，用料最经济，也最实用的家具。它结构简单、形态方正，平和又不失大气，给人极强的安定感。如果用八仙桌来宴请客人，可以围坐八人，那为什么它不叫"八人桌"而叫"八仙桌"呢？原因在于它其中包含的一个美丽传说。

据说，铁拐李、张果老、何仙姑等八仙相伴云游天下，路过杭州时，听说画圣吴道子运笔如神，其画千金难求。八仙就商议去看看吴道子究竟神在何处。当时，吴道子正在家中作画，忽见这么多客人来访，而且还是八仙，连忙将他们迎入房内。相谈甚欢间，不知不觉已经暮色降临，吴道子决定挽留八仙用饭，可是却没有一张足够大的桌子用来招待八仙。苦恼间，他灵机一动，马上挥笔画成一桌，经八仙点化后成为实物。此桌因为是为了招待八仙所画，所以名为"八仙桌"。

实战步骤

1. 教师介绍本次实训的内容和模拟实训情景。

2. 教师示范讲解举办宴会的注意事项。

3. 根据模拟活动情景分组，把全班同学每 3 人分成一组。

4. 确定模拟活动情景角色。

　　A. 王小姐——A 公司的职员

　　B. 李先生——A 公司王小姐的上司

　　C. 刘女士——B 公司与王小姐接洽的职员

　　D. 杨先生——A 公司与王小姐共同完成该项宴请任务的职员

5. 任抽一组模拟表演。

6. 其他组指出表演中存在的问题（教师不作任何评论）。

7. 模拟宴请安排礼仪训练。

①宴请形式的选择依据以及具体流程。

●主人方。提前到达，确认座位和菜品，在门口热情迎接，欢迎客人入座并寒暄。点餐、敬酒、买单，并送客人离开。

●客人方。按时到达，礼貌寒暄，按主人安排入座，点餐、敬酒，并适时告辞。

②分组讨论各角色的礼仪。

③模拟场景中的姓名是扮演者本人，单位自拟。

④学生分组进行反复训练。

8. 教师分别对每组进行考核。

9. 观摩的学生分别讨论模拟表演中存在的问题。

10. 教师最后集中点评。

考核评比

表1-12 商务宴请礼仪实操小组考核评分表

组别： 时间：

项目内容	标准	最高分	扣分	得分
准备工作	角色定位及时，模拟出场迅速	5		
	实训过程全组协调良好	5		
基本知识掌握	熟悉商务宴请的流程和角色职责	10		
神态、举止	举止端庄大方	5		
	表情坦然亲切	5		
	眼睛看着对方或大家	5		
	服装得体	5		
	站姿、走姿	5		
情景演练	语言表达流利	10		
	行为准确、恰当、符合情景	15		
观摩讨论	表演认真	5		
	讨论积极	5		
实训报告	按规定时间上交	5		
	字迹清楚、填写规范、内容详尽完整	5		
	实训分析总结正确	5		
	能提出合理化建议和创新见解	5		
合计		100		

考评教师：

PART2 左叉右刀摆放好——西餐宴请

场景设计

随着业务范围越来越广，张琪琪能够接触到的客户也越来越多，这当中也不乏一些外资企业。在与他们的接触过程中，张琪琪渐渐地了解到一些不同于我们国家的商务礼仪细节。比方说，在饮食方面，中西方就存在着许多不同和差异。

相关知识

1 西餐座次

在用西餐时，人们所用的餐桌有圆桌、方桌、长桌等，但最常见、最正规的当属长桌。下面就以长桌为例，简要介绍西餐餐桌上的座次排列方法及规则。

一、排列方法

长桌排位主要有以下两种排法：

1. 男女主人在长桌中央对面而坐。

2. 男女主人分别就座于长桌两端。

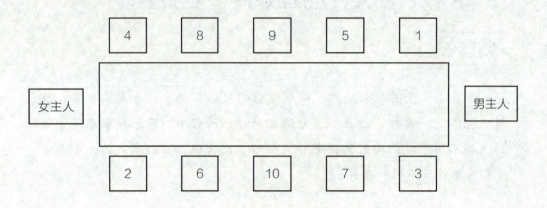

3. 方桌的排位方法和圆桌的排位方法。

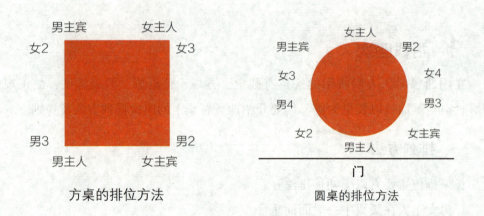

方桌的排位方法   圆桌的排位方法

二、排列规则

1. 面门为上
在西餐桌上，以面对餐厅正门的位子为尊贵客人的位子。

2. 女士优先
在西餐礼仪中，女士处处受到尊重，无论是作为客人还是主人，女士都会被安排在主要位置上。

3. 以右为尊
在安排座位时，男主宾坐在女主人右边，女主宾坐在男主人右边。

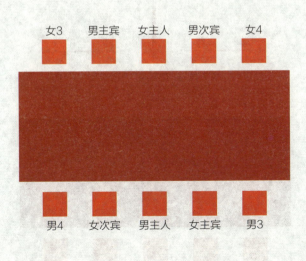

4. 恭敬主宾

主宾往往是主人关注的中心。在安排座位时，男女主宾分别紧靠着女主人和男主人就座。

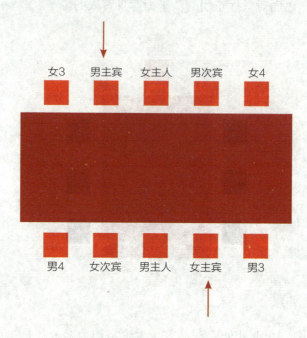

5. 距离定位

在西餐桌上，一般以距离主位远近来确定位次尊卑。距离主位越近，则位次越尊贵，距离主位越远则位次越低。

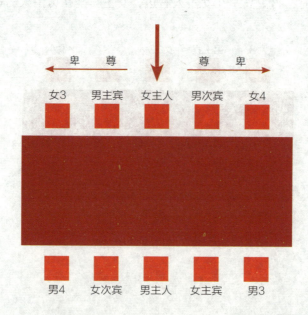

6. 交叉排列

在正式西餐宴会上，位次排列遵守男女交叉，生人与熟人交叉的原则。

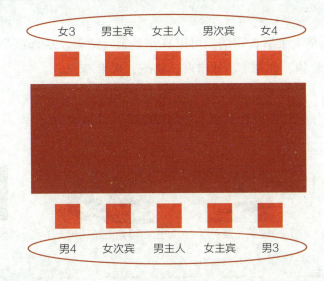

2 西餐菜序

西餐菜单上六大分类：开胃菜、汤、沙拉、海鲜、肉类、点心等。点菜时，应先选定主菜，再根据主菜的类别，例如海鲜、牛排等，搭配不同种类的开胃菜、汤、沙拉等。

1. 头盘

也称为开胃菜，一般有冷盘和热头盘之分，常见的品种有鱼子酱、鹅肝酱、熏鲑鱼、鸡尾酒、奶油鸡酥盒、蜗牛等。

2. 汤

大致可分为清汤、奶油汤、蔬菜汤和冷汤等四类。品种有牛尾清汤、各式奶油汤、海鲜汤、美式蛤蜊汤、意式蔬菜汤、俄式罗宋汤、法式葱头汤。

3. 副菜

通常，水产类菜肴与蛋类、面包类、酥盒菜肴均称为副菜。

4. 主菜

肉、禽类菜肴是主菜。其中最有代表性的是牛肉或牛排，肉类菜肴配用的调味汁主要有西班牙汁、浓烧汁精、蘑菇汁、白尼丝汁等。禽类菜肴的原料取自鸡、鸭；禽类菜肴最多的是鸡，可煮、可炸，主要的调味汁有咖喱汁、奶油汁等。

5. 蔬菜类菜肴

可以安排在肉类菜肴之后，也可以与肉类菜肴同时上桌，蔬菜类菜肴在西餐中称为沙拉。与主菜同时搭配的沙拉，称为生蔬菜沙拉，一般用生菜、番茄、黄瓜、芦笋等制作。还有一类是用鱼、肉、蛋类制作的，一般不加调味汁。

6. 甜品

西餐的甜品是主菜后食用的，可以算作是第六道菜。从真正意义上讲，它包括所有主菜后的食物，如布丁、冰淇淋、奶酪、水果等。

7. 热饮

最正规的热饮是红茶或什么都不加的黑咖啡，可帮助消化。

需要注意的是，在西餐点菜过程中，每一样菜肴都要点一份，而不能多点或漏点，否则就会让人觉得点餐者不懂西餐，贻笑大方。如果不会搭配每一种餐食，最简单的点餐方式是点西餐厅搭配好的套餐，7 道菜按顺序排列一目了然，经济实惠也不容易出错。不同于中餐，要等餐齐了一起用餐，西餐按照上菜顺序，一份一份来吃，上一道菜结束，会由服务生撤下，再上下一道菜，因此不要等上完才吃，上一道用完一道才是正确的用餐顺序。菜肴是每人一份，不与他人共食，也不宜与他人分享或互换食物。

3 西餐餐具使用

一、餐具摆放

一般来说，西餐的餐具包括餐巾、餐盘、餐刀、餐叉、汤匙和酒杯。餐盘一般摆放在座位的正中心，吃盘在上，垫盘在下。餐巾叠放整齐放在盘中。餐盘左边放叉，右边放刀。叉齿朝上，刀刃朝内。汤匙一般摆放在餐刀的右侧，匙心向上。黄油餐刀放在餐盘左上方的黄油盘内，刀刃朝内。甜品匙一般与吃甜品的刀叉一起横放在餐盘正上方。餐刀的右上方为酒杯，一般为一只白酒杯、一只红酒杯、一只水杯，可排成一行，也可排成三角形。喝的酒不同，酒杯也不相同。一般来说，餐前有开胃酒；餐中白肉配白酒，红肉配红酒；餐后有利口酒以助消化。

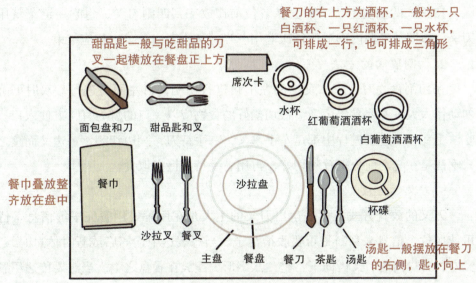

餐盘一般摆放在座位的正中心，吃盘在上，垫盘在下，餐盘左边放叉，右边放刀。叉齿朝上，刀刃朝内。

二、餐巾

1. 一般在点完餐之后再将餐巾打开。当宴席中的女主人铺开餐巾时，表示用餐开始。客人需等主人铺开餐巾后，再拿起餐巾；男士则要在女宾之后拿起餐巾。餐巾应平铺于自己并拢的双腿上，防止掉落的食物弄脏自己的衣物。使用正方形餐巾时，将其折成等腰三角形，并将直角朝向膝盖方向。使用长方形餐巾时，将其对折，并将折口向外平铺。切不可将餐巾塞进衣领。

2. 在用餐期间，若想要与人交谈，可用餐巾先擦一下嘴；女士在进餐之前可用餐巾抹去口红。不要用餐巾擦汗、擦脸，更不要用餐巾擦拭餐具。

3. 中途离席时可将餐巾放在座椅的椅面上，表示尚未用完，此座位有宾客，不可放在椅背上或放在桌上，因为餐巾放在桌子上表示不再用餐，不必继续上菜。

4.餐巾放在桌上，表示用餐结束。但要注意，餐巾应比较随意地放在餐桌上。如果将餐巾叠整齐再放在餐桌上，则有表示对宴席餐饮不满之意。

三、刀叉

右手持刀左手持叉；切东西时左手拿叉按住食物，右手拿刀将其切成小块，每次切下的大小最好以一次入口为宜。

1. 刀叉的取用顺序

在正式的西餐中，一般会在餐位前摆放三到四副刀叉，每吃一道菜就用一副刀叉，按照从外向内的顺序依次取用。当刀叉用完，上菜也相应结束。

2. 切割取食的方法

在切割食物时，应从食物的左下角进行切割，自左而右进行，双肘下沉，切勿动作太大，不要弄出声音。被切割好的食物应以一口的量为宜，方便入口。欧式吃法是在整个进餐过程中都是左手拿叉，右手持刀，一边切割，一边叉而食之。美式吃法是在吃之前先把食物切好，再用右手持叉慢慢取食。

3. 刀叉的摆放

刀叉的放置方式，可表达出刀叉的主人正在用餐或用餐完毕等信息。侍应生可依照这个信息来判断是否要收拾盘子。当想表达中途离席或暂时休息时，刀右、叉左，刀口向内、叉齿向下，呈"八字形"摆放在餐盘之上。当想要传达用餐结束时，刀口向内、叉齿向上，刀右叉左并排纵放，或刀上叉下横放在餐盘里。这样侍应生就可以收走餐具了。另外，在与宴会宾客交谈的过程中，切忌拿着刀叉在空中挥舞。

暂停用餐   用餐完毕

四、汤匙

喝汤时，用大拇指按住匙把，其他手指握着另一边；舀汤时，应由内向外舀汤；盘中汤所剩不多时，不可端起汤盘吮吸，而应用左手将汤盘微微向外倾斜，用匙舀尽。舀汤时不要发出声音，用完汤后将汤匙留在盘中，匙把朝向自己。使用餐匙时，要尽量保持其周身的干净清洁。餐匙除可以饮汤、吃甜品之外，绝对不可直接舀取其他任何主食、菜肴等。使用过的餐匙，切不可再放回原处，也不可将其插入菜肴、主食，或是令其"直立"于甜品、汤盘或红茶杯之中。

活学活用

一、判断题

1. 如果在就餐过程中出汗了，可以用餐巾擦汗。（　）

正确答案：×

2. 使用红酒杯进行碰杯时，应在杯沿部分进行碰撞。（　）

正确答案：×

3. 不管是英式吃法还是美式吃法，在用刀叉切割食物时都要从左侧开始。（　）

正确答案：√

4. 喝咖啡时，可以用咖啡匙来饮咖啡。（　）

正确答案：×

5. 所有的西餐都必须要包含头盘、汤、副菜、主菜、甜点、咖啡或茶六道菜序。（　）

正确答案：×

二、单选题

1. 在西餐宴会上，一般哪一种情况标志着宴会的开始？（　）

A. 女主人将餐巾放在餐桌上

B. 女主人将餐巾铺在腿上

C. 女主人将餐巾放在椅子上

D. 女主人将餐巾放在胸前

正确答案：B

2. 关于西餐礼仪，以下哪一点是正确的？（　）

A. 就餐中，使餐具发出明显的响声

B.吃饭时将双手放在桌子下面

C.需要剔牙时，找服务员要牙签

D.多人一起用餐时，注意等距离交际

正确答案：D

3.如果在用餐过程中需要临时离开，你应该将刀叉在盘子上如何摆放？（　　）

A.叉齿朝上，刀刃朝内，摆出"八"字

B.叉齿朝下，刀刃朝内，摆出"八"字

C.叉齿朝上，刀刃朝外，摆出"八"字

D.叉齿朝下，刀刃朝外，摆出"八"字

正确答案：B

4.关于西餐中刀叉的使用规范，以下哪一点是不正确的？（　　）

A.美式吃法是先将食物全部切成小块，再慢慢享用

B.在使用刀叉时，手臂要尽量夹紧身体

C.刀叉的使用顺序是由外至内

D.一般来说，西餐桌上最里面的一副刀叉是用来吃牛排等肉类的

正确答案：A

5.以下西餐的座次礼仪中哪一点是与中餐不同的？（　　）

A.面门为上　　　　B.距离原则　　　　C.交叉排列　　　　D.以右为尊

正确答案：C

6.下列有关敬酒的顺序正确的是（　　）

①双手举起酒杯或用右手端起酒杯再以左手扶杯底

②起身站立

③面含笑意，注视敬酒对象，表达祝福

A.①②③　　　　　B.②①③　　　　　C.③②①　　　　　D.③①②

正确答案：B

答案解析：敬酒时，应起身站立，用双手举起酒杯，或用右手端起酒杯再以左手扶其杯底，面含笑意，注视敬酒对象，表达祝福。

7.关于西餐中酒水的分类的说法不正确的是（　　）

A.餐前酒　　　　　B.佐餐酒　　　　　C.餐后酒　　　　　D.睡前酒

正确答案：D

答案解析：正式的西餐宴会中，每道菜要配不同的酒水，西餐宴会中的酒水可分为餐前酒、佐餐酒、餐后酒三种。

8.饮用香槟酒时，应该使用什么样式的杯子？（ ）

A.厚玻璃杯 　　　　　　　　B.长柄圆肚酒杯

C.长柄长颈酒杯 　　　　　　D.水晶杯

正确答案：C

答案解析：饮用香槟酒时，使用长柄长颈的杯子。在持杯时，手只能握住杯柄，以免手的温度影响酒的口感。香槟酒最佳饮用温度为7℃，所以在饮用香槟酒前，最好将其置于冷藏室内。饮用威士忌酒时，一般用杯壁、杯底都较厚的玻璃杯或水晶杯，所以答案A、D不正确。饮用白兰地酒可以使用长柄圆肚酒杯，所以答案B不正确。

9.以下有关斟酒说法正确的是（ ）

A.葡萄酒一般斟酒杯的1/4为宜

B.高级宴会常规的斟酒顺序是先主后宾

C.斟酒时应用右手握住酒瓶的上半部分，左手拿口布将酒瓶上的商标面向自己

D.男主人亲自斟酒，必须端起酒杯致谢

正确答案：D

答案解析：若男主人亲自斟酒，必须端起酒杯致谢，有时还需起身站立或欠身点头为礼。葡萄酒一般斟1/3为宜，所以答案A不正确。高级宴会常规的斟酒顺序是先斟主宾位，后斟主人位，然后按顺时针方向依次斟其他客人位，先女士，后男士，所以答案B不正确。斟酒时应用右手握住酒瓶的下半部分，将酒瓶上的商标面向客人，左手拿口布，所以答案C不正确。

10.佐餐酒一般用什么酒？（ ）

A.鸡尾酒和香槟酒 　　　　　B.葡萄酒

C.白兰地 　　　　　　　　　D.威士忌酒

正确答案：B

答案解析：佐餐酒，即正式用餐期间饮用的酒水，西餐中的佐餐酒均为葡萄酒，一般遵循"白肉配白酒，红肉配红酒"的原则，如吃鱼、海鲜、鸡肉的时候搭配白葡萄酒，吃牛羊肉的时候搭配红葡萄酒。

11.下列有关酒菜搭配，说法不正确的是（ ）

A.中餐中酒与菜肴的搭配没有特别的，喝酒"各取所爱"

B.佐餐酒一般遵守"白肉配白酒，红酒配红肉"的原则

C.最常见的餐后酒是利口酒

D.最有名的餐后酒则是有"洋酒之王"美称的香槟酒

正确答案：D

答案解析：中餐中酒与菜肴的搭配没有特别的讲究，喝酒"各取所爱"。佐餐酒，即正式用餐期间饮用的酒水，一般遵循"白肉配白酒，红肉配红酒"的原则。餐后酒，指用餐之后帮助消化的酒，最常见的餐后酒是利口酒。最有名的餐后酒则是有"洋酒之王"美称的白兰地酒，所以答案 D 不正确。

12. 斟酒时，酒杯中倒入多少酒最为合适？以下说法正确的是（ ）

A. 葡萄酒斟满　　　　　　　　B. 白酒斟 1/3 为宜

C. 啤酒斟到泡流出来为宜　　　D. 洋酒斟 1per

正确答案：D

答案解析：斟酒的时候，红酒斟 1/3 为宜；洋酒斟 1per，1per 的标准是放倒酒杯，酒不溢出杯口；白酒九分满；啤酒八分酒两分泡。

13. 下列有关斟酒礼仪说法正确的有（ ）

A. 虽然宴会的规格不同、服务对象不同、民族风俗习惯不同、国籍不同，但斟酒顺序都一致

B. 斟酒时，与客人保持距离适中，身体前倾，将右臂伸出进行斟酒

C. 倒酒时，把握酒瓶的平衡，酒瓶靠着酒杯口，流速适中，流量均衡

D. 侍者斟酒时不需理会

正确答案：B

答案解析：斟酒时应用右手握住酒瓶的下半部分，将酒瓶上的商标面向客人，左手拿口布。由于宴会的规格不同、服务的对象不同、民族风俗习惯不同、国籍不同，斟酒顺序也应灵活多样，所以答案 A 不正确。在倒酒的时候，手腕微倾，把握酒瓶的平衡，酒瓶不要碰到杯口，倒出的酒液流速要适中、流量要均匀，所以答案 C 不正确。侍者斟酒时，勿忘道谢，但不必拿起酒杯，所以答案 D 不正确。

三、思考题

仔细看图并思考，图中人的餐具为什么被收走了呢？

答案：在西餐礼仪中，刀叉的放置方式，可表达出刀叉的主人正在用餐或用

餐完毕等信息。侍应生可依照这个信息来判断是否要收拾盘子。当想表达中途离席或暂时休息时，刀右、叉左，刀口向内、叉齿向下，呈"八字形"摆放在餐盘之上。当想要传达用餐结束时，刀口向内、叉齿向上，刀右叉左并排纵放，或刀上叉下横放在餐盘里。这样侍应生就可以收走餐具了。

实战演练

1. 教师介绍本次实训的内容和模拟实训情景。

2. 教师示范讲解西餐宴请的具体流程，以及每位同学角色的注意事项。

3. 根据模拟活动情景分组，把全班同学 7 人每分成一组。

4. 确定模拟活动情景角色。

A. 张先生——A 公司的经理

B. 王女士——A 公司的主任

C. 刘女士——A 公司的助理

D. 李先生——B 公司的经理

E. 杨女士——B 公司的主任

F. 沈女士——B 公司的助理

G. 赵先生——餐厅服务员

5. 任抽一组模拟表演。

6. 其他组指出表演中存在的问题（教师不作任何评论）。

7. 模拟西餐宴请礼仪训练。

①西餐宴请的具体流程。

●主人方。提前到达，确认座位和菜品，在门口热情迎接，欢迎客人入座并寒暄。点餐、敬酒、买单，并送客人离开。

●客人方。按时到达，礼貌寒暄，按主人安排入座，点餐、敬酒，并适时告辞。

②分组讨论各角色的礼仪。

③模拟场景中的姓名是扮演者本人，单位自拟。

④学生分组进行反复训练。

8. 教师分别对每组进行考核。

9. 观摩的学生分别讨论模拟中存在的问题。

10. 教师最后集中点评。

考核评比

表 1-13 西餐宴请礼仪实操小组考核评分表

组别：   时间：

项目内容	标准	最高分	扣分	得分
准备工作	角色定位及时，模拟出场迅速	5		
	实训过程全组协调良好	5		
基本知识掌握	熟悉西餐宴请的流程和角色职责	10		
神态、举止	举止端庄大方	5		
	表情坦然亲切	5		
	眼睛看着对方或大家	5		
	服装得体	5		
	站姿、走姿	5		
情景演练	语言表达流利	10		
	行为准确、恰当、符合情景	15		
观摩讨论	表演认真	5		
	讨论积极	5		
实训报告	按规定时间上交	5		
	字迹清楚、填写规范、内容详尽完整	5		
	实训分析总结正确	5		
	能提出合理化建议和创新见解	5		
合计		100		

考评教师：

礼仪箴言

不学礼，无以立。——《论语》

PART3 饮品点缀情谊好——宴请饮品

场景设计

俗话说，细节决定成败随着出席越来越多的商务宴请场合，张琪琪也学习到了中国餐桌上的"酒文化"。一顿酒喝得好不好，酒是一方面，酒桌上的一些礼仪也很重要。办公室的老王告诉她，注意一些饮酒礼仪，能帮助其在酒桌上做到游刃有余。

相关知识

1 敬酒礼仪

在中国，自古以来，"酒"就有"长久""长寿"之意，中国酒文化历经数千载而不衰，酒能在许多场合使老友新朋的关系更为融洽。不只在商务宴请之时，每每亲朋往来、逢年过节，人们都要举杯畅饮，用以融洽感情，烘托气氛。那善于饮酒的人呢？不仅指其能够多饮，主要是说其懂得饮酒的礼数和流程。若想要真正做到善于饮酒，就要合乎饮酒礼仪。在中餐宴请中，饮酒需要注意以下问题。

一、酒与菜肴的搭配

酒水的主要功能，是在用餐时促进食欲、融洽感情、烘托气氛。要想使酒水发挥这些作用，就要了解酒菜搭配的原则。唯有如此，酒水与菜肴才会相得益彰。否则，就很有可能会事倍功半，甚至破坏食欲，倒人胃口。通常，正式的中餐宴会饮用白酒与葡萄酒。在每位用餐者面前餐桌桌面的正前方，排列着大小不等的三只杯子，自左而右，它们依次分别是白酒杯、葡萄酒杯、水杯。

白酒与菜肴的搭配是有原则的。一般来说，要注意酒与菜肴味道的搭配，同时冬天宜饮用温热的酒，夏天宜饮用性凉的酒。不同香型的酒，又有不同要求。如清香型白酒的口感是清爽的，所以饮用这种酒时，一般不搭配油腻、味道重的菜肴，而应搭配一些味道清淡的菜肴，比如蔬菜类。浓香型白酒则相反，其香味更浓，入口即有浓浓的香气，所以应搭配味道重一些的菜肴；酱香型白酒的风味是甘美、回味长，所以可以搭配一些味道鲜美、丰富的菜肴。白葡萄酒通常搭配海鲜类菜肴，而红葡萄酒则搭配肉类。在正规的中餐宴会上，一般不搭配啤酒。在便餐或非正式聚会中，人们常饮啤酒。

二、斟酒礼仪

通常，酒水应该在开餐时，再斟入酒杯。中餐中，通常由侍应生为宾客斟酒，在其斟酒时，宾客可以轻声表示感谢，但无需端起酒杯。有时，男主人为了对来宾表达尊重与欢迎之情，也会亲自为宾客斟酒。斟酒时，斟酒者应面带微笑，并按照职位、年龄、主要来宾等顺序依次为客人斟酒，客人一般不主动斟酒。斟酒者应站在被斟客人的右侧，以酒瓶就杯，不要在斟酒时把杯拿起。酒瓶的口不要与酒杯相碰，酒不要斟得太满。当由主人斟酒时，接受者应在酒斟好后端起酒杯致谢，也可以起身站立或欠身点头，或回敬叩指礼。叩指礼，是中国传统的礼仪之一，即在有人斟酒或倒茶时，接受者用右手拇指、食指、中指捏在一起指尖向下，轻叩几次桌子，以表示尊重感谢。主人斟酒时，应当场启封，为全体饮用酒水的客人按顺序斟酒，从宴会中最为尊贵的嘉宾开始，依顺时针顺序斟酒。通常斟满酒杯的二分之一即可。

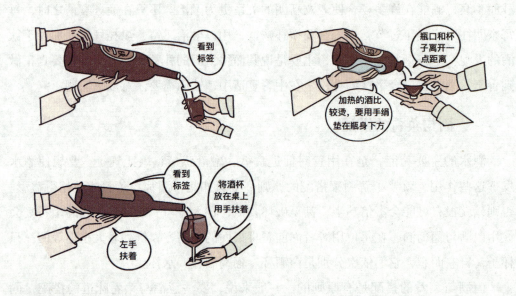

三、敬酒礼仪

敬酒，也称祝酒，在正式宴会中，首先由男主人向来宾提议，为了某种事由而饮酒。正式敬酒一般是在宾主入席后，正式用餐前开始，由主人开第一杯酒，通常要讲一些祝福祝愿的话。在正式宴会中，主人和主宾还会发表较为正式的祝酒词，但内容不宜过长。普通敬酒就是在主人敬酒之后，各个来宾和主人之间或者来宾之间互相敬酒。无论是主人还是来宾，如果是在自己的座位上向集体敬酒，应该站起身来，面含微笑，手拿酒杯，朝向大家。主人提议干杯的时候，所有人都要端起酒杯站起来，互相碰一碰酒杯。敬酒给对方时，应将酒杯杯沿举至与眼睛同高的高度。说完祝酒词或"干杯"之后再喝。喝完后，还要手拿酒杯和对方对视一下。如果对方是尊者，应自觉地在碰杯时将酒杯举得比对方稍低，被敬酒者饮酒时，敬酒者才能饮酒。敬酒时，要避免交叉碰杯的情形出现。若两人距离太远，则不需要碰杯，用酒杯底座轻碰桌子，以"过桥"的方式表示碰杯。如果主人来敬酒，饮完之后，也要主动起身，回敬主人一杯。

四、饮酒礼仪

在饮酒时，不论是主人还是客人都要尊重对方，避免引起宗教、习俗等方面的误会。商务宴会敬酒中，当邀请方积极调动席间气氛时，客人也要积极回应。主动限制饮酒量在自己平日酒量的一半以下，免得醉酒误事。因为生活习惯或健康等原因而不能饮酒，可以下列合乎礼仪的方式，拒绝他人的劝酒。

1. 申明不能饮酒的客观原因；

2. 主动以其他饮料代酒；

3. 委托亲友、部下或晚辈代为饮酒；

4. 可以让斟酒者在自己杯子里斟上一点儿，不喝；

5. 当斟酒者向自己杯子里斟酒时，用手轻触酒杯口边缘，意思是"我不喝酒，谢谢"；

6. 当斟酒工作是由服务员来服务时，可以轻声告诉他"我已经够了"或"不用了，谢谢"。

注意：不要把杯子挪开或者捂住杯口，这样会引人侧目。遵守饮酒礼仪，不强行劝酒，不划拳，不酗酒，不酒后失态。

实战演练

1. 实训前的准备

（1）实训场地的准备：餐饮服务实训室

（2）设备及材料的准备：餐桌、酒杯、酒瓶、餐巾等

2. 实训的具体步骤

（1）教师介绍实训场景并提出实训要求。

（2）实训课前教师介绍实训场景并提出实训要求。

（3）实训角色分配。以小组为单位，具体角色由学生自由商定。

（4）角色扮演。每位同学根据角色需要进行充分准备，分别扮演场景中的角色。

（5）学生以小组为单位进行商务宴请敬酒情景演练和讲解。

（6）各小组依次上台进行展示和讲解。

（7）回答评判组提问。

（8）教师点评，重点让学生掌握要领和细节。

（9）布置任务。

3. 实训评价

表 1-14　敬酒礼仪评价评分表

考评人			被考评人		
考评地点			考评时间		
考核项目	考核内容	分值	小组评分 50%	教师评分 50%	实得分
敬酒礼仪	1. 仪容、仪表	10			
	2. 斟酒礼仪	20			
	3. 敬酒礼仪	20			
	4. 饮酒礼仪	20			
	5. 称谓亲切、自然、准确	5			
	6. 观摩认真	5			
	7. 讨论积极	5			
	8. 实训分析总结正确	10			
	9. 能提出合理化建议和创新见解	5			
	合计	100			

礼仪箴言

敬人者人恒敬之，在世风日下的今天，唯有在酒席间，才能见到这项美德。酒，所以行礼、养性、命欢乐也，过者为患，不可不慎。

2 品茶礼仪

场景设计

有一次，张琪琪跟着部门李经理一起约见了对方公司的赵总，李经理事前特别嘱咐她做一些背景调查，以便对李经理进行一个全面的了解，做到知己知彼。经过调查，张琪琪了解到李经理在工作之余特别喜欢饮茶，对茶文化和茶道也颇有研究。于是，张琪琪又开始迈上了茶艺研究之路。

相关知识

中国茶文化是中国制茶、饮茶的文化。中国是茶的故乡，中国人发现并利用茶，据说始于神农时代，少说也有4700多历史年了。直到现在，汉族还有以茶代礼的风俗。潮州工夫茶作为中国茶文化的古典流派，汇集了中国茶道文化的精粹，作为中国茶道的代表人选国家级非物质文化遗产。日本的煎茶道、中国台湾地区的泡茶道都来源于中国广东潮州的工夫茶。

作为开门七件事（柴米油盐酱醋茶）之一，饮茶在古代中国是非常普遍的。中华茶文化源远流长、博大精深，不仅包含物质文化层面，还包含深厚的精神文明层面。唐代茶圣陆羽的茶经在历史上吹响了中华茶文化的号角。从此茶的精神渗透到宫廷和社会，深入中国的诗词、绘画、书法、宗教、医学。几千年来，中国不但积累了大量关于茶叶种植、生产的物质文化、更积累了丰富的有关茶的精神文化，这就是中国特有的茶文化，属于文化学范畴。

一、茶文化

中国人饮茶，注重一个"品"字。"品茶"不但是鉴别茶的优劣，也带有神思遐想和领略饮茶情趣之意。在百忙之中泡上一壶浓茶，择雅静之处，自斟自饮，可以消除疲劳、涤烦益思、振奋精神，也可以细啜慢饮，达到美的享受，使精神世界升华到高尚的艺术境界。品茶的环境一般由建筑物、园林、摆设、茶具等因素组成。饮茶要求安静、清新、舒适、干净。中国园林世界闻名，山水风景更是不可胜数。利用园林或自然山水，用木头做亭子、凳子，搭设茶室，给人一种诗情画意之感。供人们小憩，不由意趣益然。

中国茶艺在世界享有盛誉，在唐代就传入日本，形成日本茶道。日本的煎茶道、中国台湾地区的泡茶道都来源于中国广东潮州的工夫茶。潮州工夫茶艺是国家级非物质文化遗产，是广东省潮汕地区特有的传统饮茶习俗，是潮汕茶文化和潮汕茶道重要组成部分，是中国茶艺中最具代表性的一种，是融精神、礼仪、沏泡技艺、巡茶艺术、评品质量为一体的完整的茶道形式，既是一种茶艺，也是一种民俗，是"潮人习尚风雅，举措高超"的象征。

潮州工夫茶，在当地十分普遍，均以茶会友。不论是公众场合还是在居民家中，不论是路边村头还是工厂商店，无处不见人们长斟短酌。品茶并不仅为了达到解渴的目的，而且还在品茶中或联络感情，或互通信息，或闲聊消遣，或洽谈贸易，潮州工夫茶蕴含着丰富的文化内容。

潮州工夫茶是中国古老的传统茶文化中最有代表性的茶道，在潮汕当地更是把茶作为待客的最佳礼仪。这不仅是因为茶在许多方面有着养生的作用，更因为自古以来茶就有"待君子，清身心"的意境。喝工夫茶是广东潮汕人一项日常生活中最平常不过的事，饭后或者客人来访、好友相见，都是以一壶茶来相伴。

很多人喜欢这种泡茶和喝茶的艺术，包括外国人人。很多人热心于茶艺，他们不仅喜爱茶的味道，也享受泡茶过程中的乐趣。茶文化非常吸引人，此外还能放松心灵。据说人们在泡茶和喝茶的时候能忘记生活中的所有烦恼。很多人喜欢和别人一起喝茶，不光为分享美茶，还为了体验和别人在一起的安逸心情。

唐代陆羽所著《茶经》系统地总结了唐代以及唐以前茶叶生产。饮用的经验，提出了精行俭德的茶道精神。陆羽和皎然等一批文化人非常重视茶的精神享受和道德规范，讲究饮茶用具、饮茶用水和煮茶艺术，并与儒、道、佛哲学思想交融，而使人们逐渐进入他们的精神领域。一些士大夫和文人雅士在饮茶过程中，还创作了很多茶诗，仅在《全唐诗》中，流传至今的就有百余位诗人的四百余首诗，从而奠定中国茶文化的基础。茶叶，为中国茶坛大放异彩。

二、茶道法则

茶道是一种以茶为媒的生活礼仪，也被认为是修身养性的一种方式，它通过沏茶、赏茶、闻茶、饮茶增进友谊，美心修德，学习礼法，是很有益的一种和美仪式。喝茶能静心、静神，有助于陶冶情操、祛除杂念，这与提倡"清静、恬淡"的东方哲学思想很合拍，也符合佛道儒的"内省修行"思想。茶道精神是茶文化的核心，是茶文化的灵魂。

茶道是通过品茶活动来表现一定的礼节、人品、意境、美学观点和精神思想的一种饮茶艺术。它是茶艺与精神的结合，并通过茶艺表现精神。兴于中国唐代，盛于宋、明代，衰于清代。中国茶道的主要内容讲究五境之美，即茶叶、茶水、火候、茶具、环境，同时配以情绪等条件，以求"味"和"心"的最高享受。被称为美学宗教，以和、敬、清、寂为基本精神的日本茶道，则是继承了唐宋遗风。

茶分六种：红茶、绿茶、黑茶、黄茶、清茶（乌龙茶）和白茶。

茶道要遵循一定的法则。唐代为克服九难，即造、别、器、火、水、炙、末、煮、饮。

古人品茶讲究六境：择茶、选水、候火、配具、环境和品饮者的修养，其一招一式有极严格的要求和相应的规范。

宋代品茶有一条法则，叫作"三点"：新茶、甘泉、洁器为一；天气景色宜人为一；风流儒雅、气味相投的佳客为一。

明代品茶要求更为严格细致，有"十三宜"和"七禁忌"。"十三宜"即：一无事，二佳客，三独坐，四吟诗，五挥翰，六徜徉，七睡起，八宿醒，九清供，十精舍，十一会心，十二赏鉴，十三文僮。"七禁忌"即：一不如法，烹点不得法；二恶具，茶具不清洁；三主客不韵，主人客人举止粗俗；四冠裳苛礼，过于拘束礼仪；五荤肴杂陈，茶贵清，一案荤腥，不能辨味；六忙，没有品茶的工夫；七壁间案头多恶趣，环境布置俗不可耐。

因此，品茶有"一人得神""二人得趣""三人得味"的说法。

三、"凡人茶道"法则

茶道是好东西，按照茶道的要求来饮茶，对我们的身心健康绝对是好处多多。

但是我们老百姓平时并没有多少可能按照茶道之规则来饮茶。我们平时饮茶时可以注意以下这几个方面，列举如下，试作为我们的"凡人茶道"：

1. 水与茶的比例

直接的反映就是茶的浓淡。浓淡合适，我们才能品赏到茶的色和香。同时，适当的浓淡对于茶叶中物质的浸出是有影响的，这不但影响到茶水的色、香，也影响到茶水对人体的作用。浓淡可以科学计测，但是平时没人去理会这一指标，还是要靠自己把握，一般是宜淡不宜浓。大致上说，一般红绿茶，茶与水的重量比为1∶80。常用的白瓷杯，每杯可放茶叶3克；一般的玻璃杯，每杯可投两克。

2. 泡茶的水温

对不同的茶要求用不同的水温，应视不同类茶的级别而定。但是我们经常不注意这一点，总喜欢用很烫的水来冲泡。一般来说，红茶、绿茶、乌龙茶用沸水冲泡还是较好的，可以使茶叶中的有效成分迅速地浸出。某些嫩度很高的绿茶，如龙井茶，应用80℃～85℃的开水冲泡，使茶水绿翠明亮，香气纯正、滋味甘醇。

3. 浸泡的时间长短

一般也就是3到10分钟，不宜久泡。红茶要比普通的茶泡得更短一点。

4. 杯子的用法

红茶一般用玻璃杯，其他常用白瓷杯。

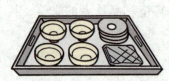

1.托盘中放上茶托，还有已经泡好茶的茶碗，以及抹布。

2.把托盘放在桌子的侧面或者下座的一角。

3.把茶碗放在茶托上，先给客人之后，再按顺序给其他人端上茶。

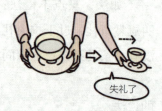

4.默不作声地端上茶的话可能会碰撞到，所以要先打个招呼。

5.如果有点心，先把点心放在左边，再把茶放在右边。

6.桌子如果矮的话，弯腰会给人安定的感觉。

四、茶道美学

找一个舒适、整洁的地方，室内或室外都可以。增加一些美丽的点缀，如简单地布置一些插花、雕像或者是图片。若有流动或沸腾的水声，效果会更好。非常缓慢仔细地泡一杯茶，注意对细节的观察，但要保持完全放松。如果可以的话，使用简单而美观的陶瓷茶具和品质优良的茶叶，不要用塑料水杯（因为它在热水里会释放化学成分）。

实战演练

1. 实训前的准备

（1）实训场地的准备：茶艺实训室

（2）设备及材料的准备：餐桌、酒杯、酒瓶、餐巾等

2. 实训的具体步骤

（1）教师介绍实训场景并提出实训要求

（2）实训课前教师介绍实训场景并提出实训要求。

（3）实训角色分配。以小组为单位，具体角色由学生自由商定。

（4）角色扮演。每位同学根据角色需要进行充分准备，分别扮演场景中的角色。

（5）学生以小组为单位进行茶艺情景演练和讲解。

（6）各小组依次上台进行展示和讲解。

（7）回答评判组提问。

（8）教师点评，重点让学生掌握要领和细节。

（9）布置任务。

3. 实训评价

表1-15 品茶礼仪评价评分表

考评人			被考评人		
考评地点			考评时间		
考核项目	考核内容	分值	小组评分 50%	教师评分 50%	实得分
品茶礼仪	1. 仪容、仪表	10			
	2. 茶道展示	50			
	3. 观摩认真	10			
	4. 讨论积极	10			
	5. 实训分析总结正确	10			
	6. 能提出合理化建议和创新见解	10			
	合计	100			

礼仪箴言

其字或从草，或从木，或草木并。其名一曰茶，二曰槚，三曰蔎，四曰茗，五曰荈。——陆羽《茶经》

3 咖啡礼仪

场景设计

"滴滴香浓，意犹未尽"，人类饮用咖啡已有五百多年的历史了，咖啡早已成为西方人生活的必备品。随着世界经济全球化的发展，与西方人打交道变得越来越平常。与西方人打交道时，经常会有一起喝咖啡的场景，因此咖啡礼仪不可少。

相关知识

商务活动中，在一些比较正式的场合里，喝咖啡对于一些商务人士来说有时候是免不了的，这时就要懂得一些有关喝咖啡的礼仪了，如怎么拿咖啡杯、咖啡匙怎么用、杯碟怎么拿等等。在商务场合中懂得喝咖啡的礼仪，会给对方留下优雅、有品位的印象。

一、喝咖啡的礼仪

在商务活动或其他社交活动中去咖啡厅饮用咖啡，冲好的多是用袖珍型的小杯盛着。一般底下放一只小托盘，杯内放一把小匙。拿杯时，最好用拇指和食指捏住杯把端起，正确的持杯方法是伸出右手、大拇指和食指握住杯耳后，轻轻地端起杯子。错误的方法：用一只大手握住杯身、杯口或者将手穿过杯耳后再握住杯身，都不是正确的做法。

1. 咖啡杯正确持法

给咖啡加糖或冰块是一种常见的饮咖啡习惯。加入糖或冰块后，应用小汤匙沿杯周边将其搅匀，然后将匙放于碟子左边。汤匙放在杯内就喝是不文明的举动，而用匙搅得杯子乱响也是失礼的。有的人喜欢在喝咖啡时吸得吱吱作响，这是粗野的表现。需要取食甜点时，要先将咖啡杯放下，而在饮用咖啡时，也不要拿着甜品品尝。

在饮用咖啡时，应适时地与交往对象进行交谈。但不要乱开玩笑或大声喧哗，更不要与人动手动脚、追追打打，破坏饮用咖啡时的现场氛围。不要在他人饮用咖啡时向其提出问题；自己饮用咖啡后讲话之前，应先用纸巾擦擦嘴，防止弄脏嘴角。

2. 上咖啡礼仪

如果有客人来家，少不了一杯咖啡充充情调。主人上咖啡，一种是在分餐处、操作间先倒好，再连杯带碟端上，小匙置碟中右侧。另一种是把杯、碟、一把匙，咖啡壶、糖和奶精罐放入一大托盘，摆于主人面前，由主人来服务。倒咖啡、加咖啡时，与倒酒、续茶一样，在客人右手边进行，然后从客人右手边端上装奶精、糖的小托盘。

二、喝咖啡注意事项

作为一种商务社交手段，在正式场合喝咖啡尤其要注意饮用的量不宜过多，应注意以下三点：

第一，饮用量的要求。在正式场合饮用咖啡，与其说它是一种饮料，还不如说它是一种休闲或交际的陪衬。所以很多人说喝咖啡是"醉翁之意不在酒，在乎山水之间也"。一般情况下，喝咖啡一杯就可以了，最多不要超过三杯。另外，喝咖啡时一般要饮10分钟左右，并且要分成10口左右品尝，这样才显得自己举止文雅。

第二，咖啡配料的要求。配料的添加因个人的饮用习惯各不相同，所以最好自主添加。当然，如果别人为自己添加，也要表示感谢。

第三，咖啡冷却的要求。刚刚煮好的咖啡太热，可以用咖啡匙在杯中轻轻搅拌使之冷却，或者等待其自然冷却，然后再饮用。用嘴试图去把咖啡吹凉，是很不文雅的动作。

"喝咖啡礼仪"
演示视频

礼仪文化

待客礼之敬茶

客来敬茶是我国千百年来形成的待客常礼。据史书记载，早在东晋时，太傅桓温就"用茶果宴客"，吴兴太守陆纳也"以茶果待客"。其实，客来敬茶就是一种礼俗。客人饮与不饮，无关紧要，最重要的是敬茶的行为表现对客人的尊敬与欢迎。古人通常是在客人入座时，奉上一杯芳香扑鼻的清茶。敬茶时要双手奉上，满面笑容地说："请用茶！"客人也应微微欠身，双手接茶，说："谢谢！"在很多地方还有"敬三道茶"的规矩。第一道茶，客人略略品尝一下。第二道茶期间，茶香进入充分散发状态，主宾的交谈也进入了正题。等到主人为客人斟下第三道茶时，客人就该起身告辞了。因此，在古代达官贵人中，有了"端茶送客"的不成文规矩。即主宾相谈不欢或者主人有结束交谈之意时，就会端起茶杯，主人家的仆人就会意地喊一声"送客"，客人也就不得不离开了。

工作场景五　涉外礼仪大智慧

PART1　涉外交际显内涵——日常礼仪

场景设计

　　有一次，张琪琪为他的外国朋友订做生日蛋糕，并要求附上一份贺卡。蛋糕店的小姐接到订单后，询问张琪琪："张小姐，请问怎么称呼您的朋友，称小姐还是称夫人？"张琪琪也不清楚该朋友是否结婚了，心想，她这么大的年龄了，应该是夫人吧，于是就让蛋糕店小姐写上夫人称呼。蛋糕做好后，小姐把蛋糕送到指定的地方，她敲门后，只见一位女士开门，便有礼貌地询问："您好，请问您是怀特夫人吗？"那女士愣了，不高兴地说："咦，错了！"就把门关上了。蛋糕店小姐糊涂了，打电话询问订蛋糕的张小姐，在确认地址和房间号码后，再次敲开门，说："没错，怀特夫人，这正是您的蛋糕！"谁知这时，这位女士大叫道："告诉你错了！这里只有怀特小姐，没有怀特夫人！""啪"的一声，她把门关上了。

　　大家毕业以后如何能在接待外宾的过程中沉着应对呢？下面就让我们来一起学习正确的涉外交际礼仪吧，相信大家学完就不会犯上面案例中称呼的错误了。

相关知识

1 称呼礼仪

一、涉外交往中的一般称呼礼仪

在涉外交往中，一般对男子均称某某先生，对女子均称某某夫人、女士或小姐，对已婚女子称夫人、女士，未婚女子称小姐，对不了解其婚姻情况的女子也可称作小姐或女士，对地位较高、年龄稍长的已婚女子称夫人，对戴有结婚戒指的可称夫人。这些称呼前均可冠以姓名、职称、头衔等，如"史密特先生""市长先生""上校先生""玛丽小姐""秘书小姐""护士小姐""怀特夫人"等。近年来，女士已逐渐成为对女性最常用的称呼。

在政务交往中，常见的称呼除"先生""小姐""女士"外，还有两种方法：一是称其职务，二是对地位较高者称"阁下"。在称呼职务或"阁下"时，还可加上"先生"这一称呼，其组成顺序为：先职务，次"先生"，最后"阁下"；或职务在先，"先生"在后。如"总理先生阁下""大使阁下"或"市长先生"等。但在美国、德国、墨西哥等国家，没有称"阁下"的习惯。

二、涉外交往中的具体称呼礼仪

1. 对君主制国家人员的称呼

对君主制国家的王公贵族，称呼上应尊重对方习惯，对国王、王后，通常应称"陛下"。对王子、公主、亲王等，应称之为"殿下"。对有封号、爵位者，则应以其封号、爵位相称，如"爵士""勋爵""公爵""大公"等，也可称为"阁下"或"先生"。有时，可在国王、王后、王子、公主、亲王等头衔之前加上姓名相称，如"西哈努克国王""莫尼列公主""拉那烈王子"等。

2. 对军界人士的称呼

对军界人士，可以以其军衔相称，称军衔不称职务是国外对军界人士称呼最通用的做法。具体有四种方法：一是只称军衔，如"将军""上校""下士"；二是军衔之后加上"先生"，如"上尉先生""少校先生"；三是先姓名、后军衔，如"巴顿元帅""巴顿将军"；四是先姓名、次军衔、后"先生"，如"巴顿上校先生""卡尔松下士先生"。

3. 对宗教界人士的称呼

对宗教界人士，一般可称呼其神职。称呼神职时，具体做法有三类：一是仅称神职，如"牧师"；二是称姓名加神职，如"亚当神父"；三是神职加"先生"，如"传教士先生"。

4. 对具体职业人士的称呼

因为教授、法官、律师、医生、博士社会地位较高，颇受尊重，故可直接以此作为称呼。称呼的具体做法，一是直接称"教授""法官""律师""医生""博士"；二是在其前加上姓名，如"巴顿教授"；三是在其后加上"先生"，如"法官先生"；四是在其前加上姓名，在其后加"先生"，如"巴顿博士先生"。

5. 对英美等国家人士的称呼

外国人姓名与我国汉族人姓名大不相同，除文字区别外，姓名的组成、排列顺序都不一样。英国、美国、加拿大、澳大利亚和新西兰等讲英语的国家以及德国、法国和意大利等欧元区国家，人们的姓名一般由两部分构成，通常名字在前，姓氏在后。例如在"理查德·尼克松"这一姓名之中，"理查德"是名字，"尼克松"是姓氏。在英美等国家，女子结婚前一般都有自己的姓名，但在结婚之后，通常姓名由本名和夫姓组成。例如在"玛格丽特·撒切尔"这一姓名中，"玛格丽特"为其本名，"撒切尔"则为夫姓。跟英、美、法、德等国人士交往，一般情况下，切勿直呼名字，称其全称或仅称其姓，大都可行。一般应称其姓氏，并加上"先生""小姐""女士"或"夫人"，如"巴顿先生""富兰克林夫人"。在十分正式的场合，则应称呼其姓名全称，并加上"先生""小姐""女士"或"夫人"，如"约翰·威尔逊先生""玛丽怀特小姐"。

6. 对关系密切人士的称呼

对于关系密切的人士，往往可直接称呼其名，不称其姓，而且可以不论辈分，如"乔治""约翰""玛丽"等等。在家人与亲友之间，还可称呼爱称，例如"芭芭拉""比尔"等，但与人初次交往时，却不可这样称呼。

2 介绍礼仪

一、涉外介绍的原则

介绍的礼节是行为大方得体，介绍的原则是将级别低的介绍给级别高的，将年轻的介绍给年长的，将未婚的介绍给已婚的，将男性介绍给女性，将本国人介绍给外国人。介绍时，除女士和年长者外，一般应起立，但在会谈桌上、宴会桌上可不必起立，被介绍者只要微笑点头示意即可。

二、涉外介绍的种类及注意事项

在涉外交往中，当交往双方不相识时，有必要通过介绍，使其彼此相识。所谓介绍，指的是通过一定的方式使交往双方相互结识，并且各自对对方有一定程度的了解，通常介绍又可分为自我介绍与介绍他人等两种情况。

1. 自我介绍及注意事项

自我介绍，一般指的是主动向他人介绍自己，或是应他人的请求而对自己的情况进行一定程度的介绍，它的特点主要是单向性和不对称性。

在涉外交往中进行自我介绍，通常需要重视以下两个方面的问题。其一，要注意进行自我介绍的具体时间，它又包括两层含义：一是进行自我介绍时，首先要在具体时间上彼此方便，这样才会发挥正常，并且易于对方所倾听；二是进行自我介绍时，一定要把握好所用时间的长度，最好宁短勿长，将一次自我介绍的时间限定在一分钟甚至是半分钟以内。其二，要注意进行自我介绍的主要内容，在不同的场合，所作的自我介绍在内容上理当有一定的差别。在涉外活动中，自我介绍可分为两种：一种是应酬型的自我介绍，其内容仅包括本人姓名这一项内容，它多用于应付泛泛之交；另一种则是公务型的自我介绍，其内容包括本人的姓名、工作单位、所在部门、具体职务等四项内容，因公进行涉外交往时，只宜采用这一类型的自我介绍。

2. 介绍他人及注意事项

介绍他人，通常指的是由某人为彼此素不相识的双方相互介绍、引荐。主要特点是双向性和对称性。在涉外交往中介绍他人时，一般应注意以下四个方面的问题：第一，要注意介绍者的身份，在正式交往中，对介绍者的身份有一定的讲究。在外事访问中，介绍者一般应为东道主一方的礼宾人员；在社交活动里，介绍者通常应当是女主人；在多方参与的正式活动中，可由各方负责人将己方人员一一介绍给其他各方人士。第二，要尊重被介绍者的意愿，介绍者在有意为他人相互引荐时，最好先征求一下被介绍者双方的个人意愿，如果贸然行事，会好心办坏事。第三，要遵守介绍时的先后次序，正规的做法是要先介绍身份较低的一方，然后再介绍身份较高的一方，即先介绍主人，后介绍客人；先介绍职务低者，后介绍职务高者；先介绍男士，后介绍女士；先介绍晚辈，后介绍长辈；先介绍个人，后介绍集体。在接待外国来访者时，若宾主双方皆不止一个，则为双方进行介绍时，要先介绍主人一方，再介绍来宾一方。不过在介绍各方人士时，通常应当由尊而卑，按照其职务的高低，依次而行。第四，要重视介绍时的表达方式。在介绍双方时的主要内容应基本对称，大体相似，切勿只介绍一方而忘记另一方；或者在介绍一方时不厌其详，而在介绍另一方时则过分简单。第五，要重视介绍的方式，在涉外场合与初次见面的人士认识，可由第三者介绍，也可作自我介绍相识。为他人介绍时，要先了解双方是否有结识的愿望，不要贸然行事，无论自我介绍或为他人介绍，做法都要自然。正在交谈的人中，如果有你所熟识的，便可上前打招呼，这位熟人顺便将你介绍给其他客人。在这些场合亦可主动自我介绍，讲清姓名、身份、单位（国家），对方则会随后自行介绍。为他人介绍时，还可说明与自己的关系，便于新结识的人相互了解与信任。介绍具体人时，要有礼貌地以手示意，而不要用手指指点点。

3　宴请礼仪

在宴请外国人时，除了要注意节省开支、量力而行之外，最重要的是要对对方吃什么与不吃什么做到心中有数。

一、不适于宴请外国人的菜肴

虽然说人与人大不相同，口味上难求完全一致，但外国人所不爱吃的东西还是有其规律性的。大体而言，不宜宴请外国人的菜肴主要有下列四类。

1. 触犯个人禁忌的菜肴

不少人在饮食方面都有个人的禁忌，例如，有人不吃鱼，有人不吃蛋，有人不吃葱，有人不吃辣椒等。对此一定要在宴请外宾之前有所了解，免得出力不讨好。在宴请多名外宾时，对每个人的个人禁忌都有所了解，对其中主宾的饮食禁忌，尤其需要一清二楚。

2. 触犯民族禁忌的菜肴

世界上许多民族，都有自己本民族的饮食禁忌。例如，绝大多数外国人都不吃鸡胗、鹅头、鸭掌、鱼头煲、毛血旺、大闸蟹、豆腐乳、龟苓膏。再如，多数美国人不吃羊肉和大蒜，多数俄罗斯人不吃海参、海蜇、墨鱼、木耳，多数英国人不吃狗肉和蛇肉，多数法国人不吃鱼翅和无鳞无鳍的鱼，多数德国人不吃韭菜，多数日本人不吃羊肉和皮蛋等。掌握这种普遍性的饮食禁忌，往往有助于更好地款待外宾。

3. 触犯宗教禁忌的菜肴

在所有的饮食禁忌之中，宗教方面的饮食禁忌最为严格，而且绝对不容许有丝毫违犯。在涉外交往中，对于这一点尤其要高度重视。对于穆斯林忌食猪肉、祭饮酒，印度教徒忌食牛肉，犹太教徒忌食动物蹄筋并讲究"肉乳不同食"等一系列重要的与宗教密切相关的饮食禁忌，千万不可掉以轻心、疏忽大意。

4. 令用餐者有所不便的菜肴

下列五种菜肴，往往令用餐者品尝时多有不便：一是骨头多；二是壳多者；三是刺多者；四是筋多者；五是渣多者。除此之外，核多、籽多的水果，在重要的宴请中通常也不宜安排。

二、适于宴请外国人的菜肴

按照一般规律，可用以宴请外国人的菜肴基本上可以分为下列四类。

1. 具有民族特色的菜肴

一般来讲，在国内进行的涉外宴请，大都是安排外宾吃中餐。在安排中餐菜单时，可酌情选择一些具有中华民族特色的菜肴与主食。诸如春卷、元宵、水饺、锅贴、龙须面、扬州炒饭、北京烤鸭、松鼠鳜鱼、清炒豆芽、糖醋里脊、鱼香肉丝、宫保鸡丁、麻婆豆腐、咕咾肉、酸辣汤等既简单又具有中华民族特色的菜肴，往往最受外国人的欢迎。

2. 具有本地风味儿的菜肴

我国地大物博，在饮食方面讲究的是"南甜、北咸、东辣、西酸"。各地的菜肴往往有着不同的风味。西安的酸汤饺子，成都的龙抄手、辣汤圆，开封的灌汤包子，云南的过桥米线，西双版纳的菠萝饭等，都在国内久负盛名，它们均可用以款待外国友人。

3. 自己比较拿手的菜肴

餐馆有餐馆的特色菜，各家有各家的"看家菜"，在宴请外宾时，若是条件允许，均应以之作为菜单上的主角。不仅如此，当此类菜肴上桌时，主人还需细说其有关的典故，并且郑重其事地向客人们进行推荐。这样的做法，可以更好地向对方表达我方的尊重与敬意。

4. 外宾本人所喜欢的菜肴

有道是"重口难调"，宴请外宾时亦应重视这一点，尽量多安排一些对方爱吃的菜肴。需要强调的是，有的外国人不爱吃中国菜，有的外国人吃多了中国菜，又想吃家乡的菜了。考虑到这一点，在宴请外宾时，在有条件的时候，可在以中国菜为主的同时，上一些对方所钟爱的家乡菜。

在以中餐宴请外国人时，一般选择以筷子就餐的方式。同时亦应充分尊重对方的生活习惯，告诉对方既可以试一试筷子，也完全可以采用自己传统的就餐方式，千万不要非逼着对方使用筷子不可，总之要"悉听尊便"。考虑到这一点，在餐桌上不但要准备筷子，还要同时准备外宾所习惯使用的刀叉或以右手直接就餐前洗手时专用的水盂。

在宴请外宾时，必须明确，不是为了吃而吃，更重要的是要营造一种有利于宾主双方进行进一步交流的气氛。要做到这一点，首先就有必要对宴请现场的环境加以重视。

4 住宿礼仪

一、如何安排外宾住宿

在为外国来宾安排住宿的具体过程中，一是必须充分了解外宾的生活习惯。不同的国家有不同的风俗，每一个人也有自己独特的生活习惯。一般而论，外宾对于个人卫生大都十分重视，对于他们而言，随时可以洗热水澡的浴室，单独使用的干净清洁的卫生间，都是自己的临时居所应具备的基本条件。二是必须慎重选择外宾的住宿地点，通常应当被安排在具备条件的涉外饭店里住宿。三是对外宾的关心、照顾，应以不妨碍对方私生活为准，充分给予对方出入自由的权利。

二、安排外宾住宿的具体方法

根据礼仪规范与国际惯例，在为外国来宾安排住宿的具体过程中，一般应当注意三个方面的问题。

1. 了解外宾的生活习惯

不同国家有不同的风俗，每一个人都有自己独特的生活习惯。为外宾安排住宿时，对于这一方面的问题，务必认真地加以了解。例如，来自西方国家的外宾，是不习惯于与成年的同性共居一室的，他们认为，只有同性恋者通常才会那么做。如果在生活习惯方面考虑不周，或是难以满足外宾基于个人生活习惯所提出的正常要求，往往会使对方对接待方的工作表示不满。

2. 慎选外宾的住宿地点

依照惯例，在国内所接待的外宾，通常应当被安排在条件优越、设施完备的涉外饭店住宿。在一般情况下，因公正式接待的外国来宾，不应被安排到住宿条件较涉外饭店稍逊一筹的旅馆、招待所中住宿，直接请外宾住在自己家中，往往也未必合适。需要安排外宾在涉外饭店里住宿时，有不少问题需要接待方认真对待，除需要照顾外宾的个人生活习惯、尊重其特有的风俗、满足其特殊的要求之外，还应注意为外宾安排住宿所需要的经费预算情况；拟住宿地点的实际接待能力；拟住宿地点的口碑与服务质量；拟住宿地点的周边环境；拟住宿地点的交通条件；拟住宿地点距接待方及有关工作地点的远近。

3. 照顾外宾的生活需要

就为外宾安排住宿而言，在可能的情况下，要对对方的各种生活需要尽可能地予以满足。体贴入微、善解人意等中国人的传统美德，理当在接待人员的身上得以发扬光大。除了要经常了解外宾的生活难题，并及时帮助其解决之外，还可以主动向其介绍一下本地、本饭店的特点，尤其是可以向对方推荐一些有关饮食、娱乐、观光等方面的特色项目。应当注意的是，对外宾的关心、照顾，应以不妨碍对方私生活为准，并应以不限制、不妨碍、不影响对方个人自由为限。

5 赠送礼仪

一、涉外交往赠送礼物的注意事项

互送礼品是一种礼仪的体现，也是一种感情的传递，能使双方之间架起互通的桥梁。在与外国人交往中，送礼是必要的，是联络感情、广交朋友、增进友谊的方式，但是送礼时的热情要适度，有时过分热情反倒适得其反。所以在对外送礼上，主要应该防止这样几个问题：第一，防止过多。第二，防止过于厚重，以免别人不敢轻易接受。第三，防止体积过大，不方便携带。异性之间互送礼物要避免一些敏感的物品，如男士不能给女士送化妆品等太私人的东西，容易引起误会。互送礼物要先和人家打招呼，让对方有所准备，防止措手不及。接受礼物时，西方国家的朋友喜欢当面打开，而且讲几句赞赏的话。在礼品挑选上，要对送礼对象的爱好、兴趣做些简单的调查，因人而异，投其所好。此外，还要注意对方国家的风俗习惯、宗教信仰，了解一下对方基本的忌讳，如信奉伊斯兰教的国家不要送酒、猪皮产品。送花时，西方国家比较忌讳双数，喜欢单数，一般不送单一花种，多样花种会让颜色搭配更加丰富。礼品可体现民族特色，中国人司空见惯的风筝、二胡、笛子、剪纸、筷子、图章、书画、茶叶等备受外国朋友的青睐。

在涉外交往中，交往双方往往会遇上对方以礼相赠的情况，在许多涉外场合，"礼尚往来"是十分必要的。在涉外交往中，赠送外国友人的礼品，意在表达我方对对方的尊敬友好之意。而要争取做到这一点，就不能不遵守有关赠送礼品的礼仪规范。一般而言，赠送礼品的礼仪规范，主要包含礼品的挑选、馈赠的方式、礼品的接受三个方面的内容。

二、礼品的挑选

在馈赠行为中，主角自然非礼品莫属，倘若挑选礼品时不讲章法、敷衍了事，要想使馈赠取得成功肯定是空谈。

（一）指导原则

在挑选赠送给外国友人的礼品时，一般在指导思想上必须恪守以下四项基本原则。

1. 突出礼品的纪念性

在涉外交往中，送礼依然要讲究"礼轻情义重"。有时"江南无所有，聊赠一枝春"，往往更受对方的欢迎。因为在许多国家，都不流行赠送过于贵重的礼品。如果礼品过于贵重，则很可能会让受礼者产生受贿之感，甚至被其法律所明文禁止。

2. 体现礼品的民族性

有人曾说："最有民族特色的东西，往往就是最好的礼物。"向外宾赠送礼品其实也是一样。中国人司空见惯的风筝、笛子、剪纸、筷子、抽纱、织锦、图章、书画、茶叶、唐装、旗袍等，一旦到了外国人手里，往往会备受青睐，甚至身价倍增。

3. 明确礼品的针对性

送礼的针对性，是指挑选礼品应当因人、因事而异。因人而异，在此指的是选择礼品时，务必充分了解受礼人的性格、爱好、修养与品位，尽量使礼品受到受礼人的欢迎。因事而异在此指的则是在不同的情况下，向受礼人所赠送的礼品应当有所不同，例如，在国务活动中，宜向国宾赠送鲜花、艺术品；在出席家宴时，宜向女主人赠送鲜花、土特产和工艺品，或是向主人的孩子赠送糖果、玩具；在探视病人时，则宜向对方赠送鲜花、水果、书刊、CD 等。

4. 重视礼品的差异性

向外国人赠送礼品，是绝对不能有悖于对方的风俗习惯的，涉外人员应当务必将此点视为送礼之时的头等大事，此即涉外礼品的差异性问题。要解决好这一问题，就要对受礼人所在国风俗习惯有所了解，并且在挑选礼品时，主动回避对方有可能存在的下述七个方面的禁忌：一是与礼品品种有关的禁忌；二是与礼品色彩有关的禁忌；三是与礼品图案有关的禁忌；四是与礼品形状有关的禁忌；五是与礼品数目有关的禁忌；六是与礼品包装有关的禁忌；七是与礼品寓意有关的禁忌。这七个方面的禁忌，有时亦称"涉外交往择礼七忌"。

（二）忌送之物

在为外国友人挑选礼品时，除了应当严守以上四项基本原则之外，还应当了解，下列八类物品一般不宜被选作送给外国人的礼品。

1. 一定数额的现金、有价证券

一些国家明确规定，在对外交往中必须拒收现金与有价证券，因为人们普遍认为，接受这类礼品难免有受贿之嫌。

2. 天然珠宝与贵重金属首饰

忌送此类物品，究其原因与第一类物品大体相似。

3. 药品与营养品

在国外，身体健康状况乃属"不可告人"的个人隐私，因此，将药品与营养品赠送给外国人，通常都是不受对方欢迎的。

4. 广告性、宣传性物品

将带有广告词、宣传用语或明显的公司标志的物品送给外国人，往往会适得其反，被对方误解为是在利用对方，或是借机进行商品推销或广告宣传。

5. 易于引起异性误会的物品

在向关系普通的异性送礼时，千万不要弄巧成拙地误送示爱的物品或对对方不恭的物品。

6. 被受礼者所忌讳的物品

在送礼时，若礼品有违受礼者的宗教禁忌、民族禁忌、职业禁忌或个人禁忌，自然也会功亏一篑。

7. 涉及国家机密或商业秘密的物品

若将此类物品随意赠予外国人，不论自己有意还是无意，都有损于国家利益或本单位的利益，而且还有可能触犯法律。

8. 不道德的物品

将不道德的物品送给别人，不但坑人，而且也会害己，因而是绝对应当禁止的。

以上八类不宜送给外国人的物品，亦可称之为"涉外交往八不送"。

三、馈赠的方式

向外籍人士赠送礼品，不仅要重视具体品种的选择，而且一定要注意赠送礼品时的具体方式。

根据礼仪惯例，涉外交往中馈赠的方式具体是指在礼品的包装、送礼的时机、送礼的途径等三个方面必须表现得中规中矩。

（一）重视礼品的包装

以前，中国人送礼往往是只重货色，而不重包装的。不论多么高档的礼品，大都"赤条条来去无牵挂"，或者顶多用报纸一包、硬纸盒一装了事。这种做法，是不符合国际惯例的。

在国际交往中，礼品的包装是礼品的有机组成部分之一。它被视为礼品的外衣，在送礼时绝对不可或缺。否则，就会被视为随意应付受礼人，甚至还会导致礼品自身因此而"贬值"。

有鉴于此，送给外国友人的礼品，一定要事先进行精心的包装，包装时所用一切材料，都要尽量择优而用。与此同时，送给外国人的礼品的外包装，在其色彩、图案、形状乃至缎带结法等方面，都要与尊重受礼人的风俗习惯联系在一起考虑。

（二）把握送礼的时机

依照国际惯例，把握送礼的最佳时机，最重要的是要对具体情况进行具体分析。在涉外交往中，由于宾主双方关系不同，具体所处的时间、地点以及送礼的目的不同，送礼的具体时机自然也不能以不变应万变，不宜千篇一律。

1. 在会见或会谈时，如果准备向主人赠送礼品，一般应当选择在起身告辞之时。

2. 向交往对象道喜、道贺时，如拟向对方赠送礼品，通常应当在双方见面之初相赠。

3. 出席宴会时向主人赠送礼品，可在起身辞行时进行，也可选择餐后吃水果之时。

4. 观看文艺演出时，可酌情为主要演员预备一些礼品，并且在演出结束后登台祝贺时当面赠送。

5. 游览观光时，如果参观单位向自己赠送了礼品，最好当场向对方适当地回赠一些礼品。

6. 为专门的接待人员、工作人员准备的礼品，一般应当在抵达当地后尽早赠送给对方。

7. 作为东道主接待外国来宾时，如欲赠送些礼品，可在来宾向自己赠送礼品之后进行回赠，也可以在外宾临行的前一天，在前往其下榻之处进行探访时相赠。

（三）区分送礼的途径

送礼的途径，此处是指如何将礼品送交受礼者。在涉外交往中，送礼的途径主要被区分为以下两种：其一，当面亲自赠送；其二，委托他人转送。这两种送礼途径，往往适用于不同的情况，有时，它们往往各自还有某些特殊的要求，在一般情况下，送给外国友人的礼品，大都可以由送礼人亲自当面交给受礼者。

有些时候，例如，向外国友人赠送贺礼、喜礼，或者向重要的外籍人士赠送礼品，亦可专程派遣礼宾人员前往转交，或者通过外交渠道转送。

如果有必要，礼品可以在相关的重要活动开始之前被送达受礼者的手中。通常送给外国友人礼品时，尤其是委托他人转送给外国友人礼品时，应附上一枚送礼人的名片，它既可以放在礼品盒之内，也可以放在一枚写有受礼者姓名的信封里，然后再设法将这枚信封固定在礼品的外包装之上，此亦国际惯例。有可能的话，尽量不要采用邮寄或快递的途径向外国友人赠送礼品。

四、礼品的接受

在涉外交往中，接受外国友人赠送的礼品，我方人员大致上有如下四个方面的问题需要注意。

（一）欣然接受

当外国友人向自己赠送礼品时，一般应当大大方方、高高兴兴地接受下来，没有必要跟对方推来推去，或过分地进行客套。在接受受赠的礼品时，应当起身站立、面含笑容，以双手接过礼品，然后与对方握手，并且郑重其事地为此而向对方道谢。在接受礼品时，面无任何表情，用左手去接礼品，或者接受礼品后不向送礼人致以谢意，都是非常失礼的表现。

（二）启封赞赏

在国际社会，特别是在许多西方国家，受礼人在接受礼品时，通常习惯于当着送礼人的面，立即拆启礼品的包装，然后认真地对礼品进行欣赏，并且对礼品适当地赞赏几句，这种中国人以前难以接受的做法，已经逐渐演化为受礼人在接受礼品时所必须讲究的、国际社会通行的一种礼貌。在许多国家，接受礼品之后若不当场启封，或是暂且将礼品放在一旁，都会被视为失礼之至。在涉外交往中接受礼品时，对此务必予以注意。

（三）拒绝有方

一般而言，外国人赠送的以下五类物品不宜接受：（1）违法、违规、违俗、违禁物品；（2）有辱我方国格、人格的物品；（3）可能使双方彼此产生误会的物品；（4）价格过分昂贵的物品；（5）一定数额的现金、有价证券。

如果不能接受外方赠送的礼品，应立即向对方说明原因，并且将礼品当场退还。可能的话，最好不要在外人面前那么做，若对方并无恶意，在退还或拒绝礼品时，还需对对方表示感谢。

（四）事后致谢

在接受外方人员赠送的礼品后，尤其接受了对方所赠送的较为贵重的礼品后，最好在一周之内写信或打电话给送礼人，向对方正式致谢，若礼品是由他人代为转交的，则上述做法更是必不可缺的。

以后有机会再与送礼人相见时，不妨在适当之时，再次当面向对方表示一下自己的谢意；或者告诉对方，他所送给自己的礼品，自己不仅十分喜欢，而且还经常使用，这种令对方感到他的礼品"物有所值"、备受重视的做法，会令对方极其开心。

6 小费礼仪

一、小费礼仪的重要性

目前，在一些国家的服务行业中，小费不但成为服务人员所获得报酬之中固定的一项，而且往往会占服务人员所获报酬的一大部分，所以在出访期间享受国外服务行业的各项服务时，我方人员既要懂得给小费，又要会给小费。在那些寸步不离开小费的国度里，若疏忽了这一点，必将自寻烦恼。

二、付小费的方式

在国外向服务人员给小费的具体金额颇有讲究，它往往既不可以少给，也不必多给，给付的小费金额过少，会被人视为吝啬鬼；给付的小费金额过多，则会被人视为有意炫耀富有。在正常情况下，在国外向服务人员给付小费的具体付费方式有按比例付费和定额付费两种。

1. 按比例付费

在国外，向服务人员给付小费通常都是由消费者依照本人消费总额的一定比例来支付，即所谓按比例付费。就一般情况而论，按比例给付服务人员的小费，通常可占消费者消费总额的 10% ~ 20%，具体而言，在不同场合按比例给付服务人员的小费所占消费者消费总额的具体比例，往往又有所不同。

例如：在酒店住宿时，账单上通常明确地标有需要收取消费者消费总额的 10% ~ 15% 作为小费；在餐馆就餐时，消费者需要按自己消费总额的 5% ~ 20% 付给服务人员小费，付给领班的小费则应为消费总额的 5% 左右；在搭乘出租车时，一般应当按照车费的 15% 给付出租车司机小费；去酒吧时，付给侍者与管理人的小费应各为自己消费总额的 15%；在美容美发时，消费者往往需要按本人消费总额的 10% ~ 20% 给付小费。

2. 按定额付费

在国外，小费还可以按照定额付给服务人员。对于一些特定工作岗位上的服务人员而言，采用此种方式通常会更受欢迎。所以，我方人员在国外时随身携带一定数额的小额现钞，往往是非常必要的。

在一般情况下，鉴于按定额给付小费这一方式之中的"定额"约定俗成，在服务人员与服务对象之间已经达成默契，因此它更加易于操作。不过，在不同国家，由于人们的消费能力有所不同，付给同一工作岗位上服务人员的小费的具体定额往往会有所不同，但是其差距也不会过大。

举例而言：在宾馆住宿时，付给门童的小费应在 1 美元左右，付给客房服务员的小费应为 1 ~ 2 美元；在机场、港口、火车站，请行李员替自己搬运行李时，一般应当按自己所带行李的具体件数给付小费，一件行李大体应当给付 0.5 ~ 1 美元小费，此外，付给存车者的小费应为 1 美元；在观看影剧时，付给节目单发放者与领位员的小费，应为 0.5 ~ 1 美元；在卫生间方便之后，付给保洁人员的小费，则应为 0.5 美元左右。

活学活用

选择题

1. 在涉外交往中，对外国部长以上的高级官员可称为（　　）

A. 陛下　　　　　　　B. 殿下　　　　　　　C. 阁下　　　　　　　D. 先生

答案：C

2. 介绍两人相识的顺序一般是（　　）

A. 先把上级介绍给下级　　　　　　　B. 先把晚辈介绍给长辈

C. 先把客人介绍给家人　　　　　　　D. 先把早到的客人介绍给晚到的客人

答案：B

3. 西方人很重视礼物的包装，并且必须在什么时候打开礼物？（　　）

A. 当面打开礼物　　　　　　　B. 客人走后打开礼物

C. 随时都可以打开　　　　　　　D. 以上都不对

答案：A

4. 在西方国家送人的鲜花通常为（　　）

A. 双数　　　　　B. 数量自定　　　　C. 单数　　　　D. 越多越好

答案：C

5. 参加日本人的婚礼时，有人送了一束白色的百合花，你觉得这种做法（　　）

答案：B

A. 符合礼仪规范，因为白色百合花代表百年好合，爱情纯洁美好

B. 不符合礼仪规范，因为在日本百合花只在丧事时使用

C. 如果换成其他颜色或搭配一些其他类型祝愿类花卉就会更好

6. 接受他人礼品，符合礼仪的做法是（　　）

A. 再三推辞后收下

B. 接受境外客人赠送的礼品时，当面拆启礼品的包装

C. 不当面打开礼品

D. 拒绝收礼品

答案：B

礼仪文化

九九重阳登高礼

农历的九月初九，是我国传统的重阳节。重阳节在发展过程中融合了敬老养老的儒家思想与孝道伦理，融合了道教养生贵生、驱邪求寿的世俗理念，逐渐由最初的天伦祈祀型国家大礼转变为人伦娱乐型的民间佳节，成为一个世俗化的全民传统节日。

重阳节的传说

大多数传统节日都有美丽动人的古老传说，重阳节也同样。

相传，汉代有一位叫费长房的仙人。他收了一位徒弟叫桓景。春去秋来，桓景跟师父已经学习了许多年。突然有一天，费长房将桓景叫到身边，对他说："九月九日你们家将有一场大灾难，如果你带着全家老小，人人用红色的囊袋盛上茱萸，挂在手臂上，登高山饮菊花酒，就能够避祸消灾了。"桓景按照师父所说的，带领全家上山游玩。等到傍晚，他们回家一看，发现家里所有

的鸡、狗、牛、羊等家禽和牲畜全部暴死，这时桓景才明白，这些家禽和牲畜成了他们全家老小的替死鬼。这件事很快流传开来，并且代代相传。每逢九月九日，人们就去登高避邪，相沿成俗，最终演化成为重阳节。

PART2 涉外活动显技巧——接待礼仪

场景设计

张琪琪毕业后进入某市市外办工作，并成为了市外办的一名干事。有一次，领导让她负责与来本市参观访问的某国代表团进行联络，为了表示对对方的敬意，张琪琪决定专程前去对方下榻的饭店拜访。为了避免出现得仓促，她先用电话与对方约好了见面的时间，并且告之自己将停留的时间。随后，她对自己的仪容、仪表进行了修饰，并准备了一些本市的风光明信片作为礼物。

届时，张琪琪如约而至。进门后，她主动向对方问好并与对方握手为礼，随后做了简要的自我介绍，并双手递上自己的名片与礼品。简单寒暄后，她便直奔主题，表明自己的来意，详谈完后握手告辞。

在涉外交往中，接待外国来访者是一项经常性的工作，要做到礼待宾客，具体而言，涉外接待工作是环环相扣、互相影响的。希望大家通过本章节的学习后都能像张琪琪一样，在涉外接待工作中如鱼得水，灵活自如，出色完成接待外宾工作。

相关知识

1 迎送礼仪

在涉外活动中，到机场、车站迎接或送行客人，也是一种礼节。迎接时，须在飞机或火车抵达之前迎候。外宾出机场或车站时，应按照身份高低站成一列，经礼宾工作人员介绍，主动与外宾握手问候，表示欢迎。

为外宾送行时，应在外宾登机或上车之前到达机场或车站，按照身份高低排成一列与外宾握手告别，并表示良好祝愿。在机场送行时，一般说"祝你一路平安"（不说一路顺风）、"欢迎再来"等祝愿；在车站（站台）送行时，要等到火车开动后挥手告别，直至客人走远时方可离去。

对于大多数的日常活动而言，迎送礼仪中最重要的问题是确定迎送规格。那么迎送规格由哪些方面来体现呢？

一、迎送宾客的地点

地点体现着尊敬的程度，一般来说，迎得越远体现的尊敬程度越高，迎得越近体现的尊敬程度越低，具体从远到近可以分为三种情况：

1. 来宾抵达的机场、港口或车站，适合于正式的、重要的迎送活动；

2. 来宾临时下榻的地点，在迎送重要宾客尤其是来自异地的宾客时，可采用此种方法；

3. 主方的办公地点或会谈地点，主要适合迎送本地客人。

二、当事人的级别

东道方迎客人员的级别、资历等越高，规格越高。东道方迎客人员的级别、资历和社会名望是一个重要的规格标志。虽然一般来说交往遵循对等原则，主席对主席，董事长对董事长，校长对校长，但是为了体现对来访者的尊敬，高级别人员出面是体现重视与尊重的一个重要表现，称为"升格接待"。

三、迎送宾线的类型

小型的迎送宾仪式应该包括排迎宾线（送宾线）、铺红地毯、挂横幅、献花、合影等。下面我们专门介绍迎送宾线的排列，迎宾线是迎接贵宾时，为了表示隆重之意，同时便于主客双方相互致意，而由主方人员列队组成的一条欢迎线，送宾线即为欢送贵宾时，主方人员排成的一道送别线。

迎送宾线主要有南飞雁型、领头羊型与平行线型三种，这几种类型主要是根据东道方人员在迎宾线中所占的位置以及人数的不同而相互区别的。

1. 南飞雁型

在这种迎送宾线中，欢迎者队伍呈大雁模式排开，主人居于迎送宾线的中央，我们把这种类似大雁南飞的模式称为南飞雁型。主方其他人员的安排主要依据"以右为贵"的原则，按照职务高低，从主人右侧到左侧顺序依次安排位次。选择这种安排时，主方人员一般为单数且希望刻意突出东道方一号，在迎宾时，主人上前与主宾握手，其余主方人员按职务高低鱼贯上前与主宾相见，在送宾时，一般在主宾上车之前，由主方人员自动排成此列，举手送别。

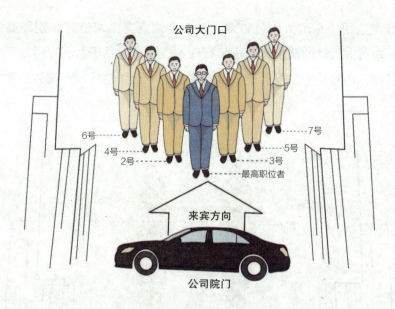

2. 领头羊型

领头羊型是目前在各类场合中使用最广泛的队形。领头羊型迎送宾线中站在最前端的，往往是主方职位最高的人员，给人以头羊领着羊群之感，这种排列方式在政务、商务中用得最多，且不受单双数的限制。

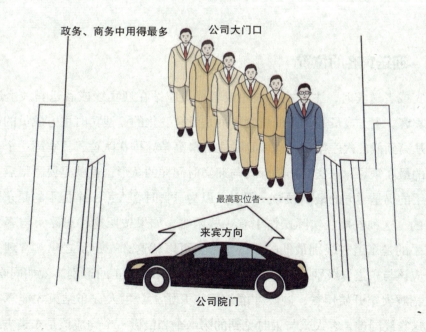

3. 平行线型

平行线型适用于东道方人员较多，且不会刻意突出东道方级别最高的一号人员的情况。东道方人员的队形排列成平行线型，一号位站于右，二号站于左，三号站于一号后面，四号站于二号后面，以此类推，平行线型适合东道方人数为双数的情况。

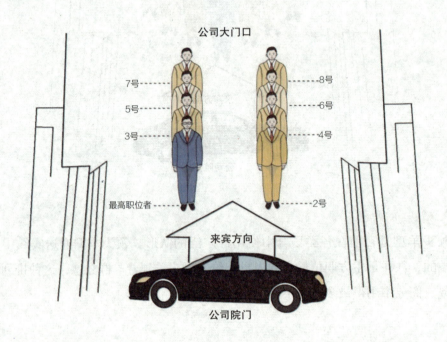

四、迎送宾客的位置

迎宾或者送宾时，主方主要领导或者成员应站在迎宾线或者送宾线上迎接或者送别宾客。主方成员迎送宾的位置排列是没有变化的，迎宾时主方成员的站位遵循职位从高到低的次序排列，也就是说主方最高领导排在队首，贵宾第一个见到的是主方的最高领导，送宾时仍然保持与迎宾时同样的队形，也就是说，最后一个与贵宾握手的仍是主方的最高领导。很多人以为送宾时客人第一个握手的是东道方级别最高的，这种安排在实际操作中有一些困难。如果按照这种思路，与客人最后一个握手的是东道方级别最低的，试想客人可以就这么一走了之吗？常理上是不行的，应该与东道方级别最高的人道别寒暄了才算是真正的道别。就如同吃西餐，女主人招呼大家开始用餐，晚宴才能算真正开始，女主人宣布结束才能算真正结束。迎送宾线同理，客人来与去时见到的第一个和最后一个均应该是东道方级别最高者。

2　陪同礼仪

陪同作为一种礼遇，一要按照"对等原则"视外宾的职务、身份而定陪同人员。二要依据"谁迎送谁陪同"的要求，确定专人陪同外宾的全程活动，不应频繁调换陪同人员。在陪同外宾活动时，应该注意乘车（轿车或出租车）时的规矩：即上车时要请外宾从后面的右车门上车，主人从后面的左车门上车。这样，一是为了外宾上下车方便（距离目的地最近），二是为了外宾安全，如果外宾先上了车，并坐到了主人的位置上，可不必让外宾调换位置。

3　会见礼仪

根据国际惯例，会见时，一般要将主人和主宾的座位安排在面向出口的位置，同时让客方人员坐在主人的右侧。如果有翻译，一般安排坐在主人和主宾的后侧或者各方紧挨本方主人一边的位置。

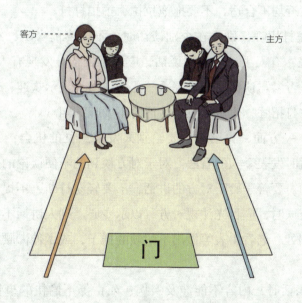

会见是外事礼仪中比较重要的一个内容，它是指有身份、有地位或上级领导（如市长）出面给来宾的一种礼遇，安排会见要注意三点事项：

一是要按照来访外宾的身份、地位和内容来确定由什么样的人出面会见，一定不要过多、过滥；不可"小题大做"，也不应"降格以求"。

二是要事先确定好会见的时间、地点和参加人员。在时间上，一定要比外宾先到，做好事先的有关事宜。当客人到达时，参加会见的人员要按身份或职务站立一排，一一同客人握手致意，表示欢迎。在地点上，要讲究环境和气氛：会见场所要宽敞、明亮、整洁而有特色，桌子（或茶几）上应摆放鲜花，甚至可摆放国旗（对官方人员）。在参加人员上，要遵循对等原则。这里的对等指人员的身份、职务、专业的对等，也指外方与我方人数上的对等，外宾6人以下的，我方参加人员对等；6人以上的，我方人员可少于对方。会见时，可以上茶水、饮料或水果。

三是赠送纪念品。会见时，外国人特别是日本、韩国等有赠送礼品或纪念品的习惯，以表示对会见人的答谢。所以我方也要做好事先准备，否则将处于被动。赠送或回赠礼品时，要在会见完毕，客人即将离开时，由主要会见人即身份或职务最高的人来赠送，会见结束后，宾主应合影留念。

4 会谈礼仪

涉外交往中，在与对方谈话时表情要自然，语言和气亲切，表达得体。谈话时可适当做些手势，但动作不要过大，更不要手舞足蹈，用手指点人。谈话时的距离要适中，太远太近均不合适，不要拖拖拉拉、拍拍打打。

参加会谈要先打招呼，别人在个别谈话时，不要凑前旁听；有事需与某人谈话，可待别人谈完；有人主动与自己说话，应乐于交谈；发现有人欲与自己谈话，可主动询问；第三者参与谈话，应以握手、点头或微笑表示欢迎；若谈话中有急事需离开，应向对方打招呼，表示歉意。谈话时不要唾沫四溅。

在交际场合，一方面，自己讲话要给别人发表意见的机会；另一方面，在别人讲话时，也应适时发表个人的看法。对于对方谈到的不便谈论的问题，不应轻易表态，可转移话题。要善于聆听对方的讲话，不要轻易打断，不提与谈话内容无关的问题。在相互交谈时，应目光注视对方，以示专心。别人讲话不要左顾右盼、心不在焉，或注视别处、老看手表等做出不耐烦的样子，或做伸懒腰、玩东西等漫不经心的动作。

涉外交往在谈话时，内容不能涉及疾病、死亡等不愉快的事情，也不要提起一些荒诞离奇、耸人听闻、淫秽的话题。不应径直询问对方的履历、工资收入、家庭财产等私人生活方面的问题。对方不愿回答的问题不应究根寻底，对方反感的问题应表示歉意或立即转移话题。在谈话中一定不要批评长辈、身份高的人，不要议论当事国的内政，不要耻笑讽刺对方或他人，不要随便议论宗教问题。

谈话现场超过三人时，应不时地与在场的所有人攀谈几句。不要只与一两个人说话，不理会在场的其他人，也不要与个别人只谈两个人知道的事而冷落第三者，如所谈问题不便让旁人知道，则应另找场合。

一般不询问妇女的年龄、婚否，不径直询问对方履历、工资收入、家庭财产、衣饰价格等私人生活方面的问题。与妇女谈话，不说妇女长得胖、身体壮、保养得好等语题。

谈话中要使用礼貌语言，如：你好、请、谢谢、对不起、打扰了、再见、好吗等。在中国，人们相见习惯说"你吃饭了吗？""你到哪里去？"等，有些国家不用这些话，甚至习惯上认为这样说不礼貌。在西方，一般见面时先说"早安""晚安""你好""身体好吗？""最近如何？""一切都顺利吗？""好久不见了，你好吗？""夫人（丈夫）好吗？""孩子们都好吗？""最近休假去了吗？"对新结识的人，常问"你这是第一次来中国吗？""到中国来多久了？""这是你在国外第一次任职吗？""你喜欢这里的气候吗？""你喜欢我们的城市吗？"分别时常说"很高兴与你相识，希望再有见面的机会""再见，祝你周末愉快！""晚安，请向朋友们致意""请代问全家好！"等。

在社交场合，还可谈论涉及天气、新闻、工作、业务等事情。在社交场合中谈话，一般不过多纠缠，不高声辩论，更不能恶语伤人，出言不逊，即便争吵起来，也不要斥责，不讥讽辱骂，最后还要握手而别。

5　参观旅游礼仪

安排好外宾来访时的参观（观光）、旅游活动，是涉外工作中最常见的一种礼仪。最重要的是，要根据外宾的情况（如代表团的性质、来访内容、人员层次等），选择好参观的项目或内容，（外宾确实感兴趣）安排好参观的路线和时间。

在选择参观项目时，应该考虑到：

1. 能与代表团业务或来访内容相一致、相配合；

2. 安排最能体现本地经济（产业）实力或特色、最有典型意义的企事业单位，如经济技术开发区等；

3. 根据来访者的职业、兴趣、爱好与愿望，安排相应的参观单位，如教育工作者应安排参观学校，科学家可安排参观科研单位等；

4. 对于某些女性外宾，可安排到社会福利、文化艺术、妇幼保健等单位参观。

6 签约礼仪

签订合同是涉外合作的一个法律起点，签约是一种重要的形式与仪式。那么在签约时该如何排位次呢？签约时不论是坐位还是站位依然遵循国际惯例，请客方坐在右边，主方坐在左边，左右的判定是以当事人为准。

签约时台上并非永远只坐两人，也有坐三人的情况。比如中国某公司与另外一个国家的公司签合同，但另一个国家的公司由两个单位组成，也就是说签约台上将有三方代表，这种位次的排列如何解决呢？对于这个问题，首先要看签约是双边还是多边，显然这是一个双边的签约。因此，在排位次时应该将签约台一分为二，左边由东道方中国的签约代表就座，右边由另外一个国家的代表就座。依据主左客右的方式，客方两个单位的代表坐在右边，再将签约桌的右边一分为二，至于谁坐在靠近东道方的位置，则要看两个单位谁更重要或者说谁更尊贵。

　　在双方签署重要的协议、协定、议定以及联合公报、联合声明或重要合作项目合同书等时，往往要举行签字仪式，由双方代表分别签字，然后交换文本。参加签字仪式的人员，包括双方参加谈判的人员及其他必要的人员。为了表示对所签协议、合同等的重视，往往还请更高身份或更多的人员出席。

　　在签字仪式前要做好准备工作。特别是所签文本必须在仪式前准备妥当，包括文本的定稿、翻译、印刷、校对、装订、盖章等，都要确保无误；同时还要准备好签字时用的国旗、文具（签字笔）等。

　　签字仪式的现场布置。我国的一般做法是在签字厅内设一签字桌（长方桌），桌面覆以深色（深绿色为好）台呢，桌后放两把椅子，为双方签字人座位，主左客右，座前摆的是双方保存的文本，文本前面放置签字文具，桌子中间摆一旗架，悬挂双方国旗，参加仪式的其他人员，按身份顺序排列于各自签字人员的座位之后，双方助签人员分别站立在各自签字人员的外侧。

活学活用

选择题

1. 迎送宾线主要有南飞雁型、＿＿型与平行线型三种。

A. 领头羊　　　　B. 领头牛　　　　C. 相交线　　　　D. 北飞雁

答案：A

2. 签约时不论是坐位还是站位依然遵循国际惯例，请客方坐在＿＿边，主方坐在＿＿边，左右的判定是以当事人为准。

A. 左　　　　　B. 右　　　　　C. 前　　　　　D. 后

答案：B　　A

礼仪文化

合家团圆中秋祭月礼

　　中秋节是一个历史悠久的节日，在农耕社会庆中秋是很重要的，因而有许多丰富多彩的活动，其中也包含着丰富的文化内涵。在今天则更多寄托了人们期盼团圆幸福，对生活无限热爱和对美好生活的向往。

中秋节时的"兔儿爷"

我国古人过中秋节时，祭月是主要活动，家家户户都要在庭院里摆一张八仙桌，上面摆放供品，其中有一种毛豆枝是专为"兔儿爷"准备的。"兔儿爷"是对玉兔的敬称，之所以为"兔儿爷"准备供品，其中还有一段传说：

有一年，北京城里发生了瘟疫，看到百姓痛苦的情形，嫦娥心里很难过，就派身边的玉兔去为百姓治病。玉兔变身为一个少女，挨家挨户地治好了很多人，人们送很多东西给她以表示感谢，但玉兔什么也不要，只是向别人借衣服穿。所以，她有时候打扮成个卖油的，有时候又像个算命先生……为了能给更多的人治病，玉兔就骑上马、鹿或狮子、老虎等，走遍了京城内外。瘟疫消除后，玉兔就回月宫去了。人们为了酬谢她给人间带来的吉祥和幸福，就用泥塑造了千姿百态的玉兔形象，每到农历八月十五那一天，家家都要供奉她，并亲切地称她为"兔儿爷""兔奶奶"。

"签约礼仪"
演示视频

PART3　涉外礼仪其他篇——综合礼仪

场景设计

　　张琪琪是一名在德国留学的学生，一次，她参加宴会，发现自助餐中有她要吃的鱼块，便取了不少，美美地享用起来。吃着吃着，旁边的人全部端着盘子走开了，并用异样的眼光看着她，张琪琪感到莫名其妙，不知道自己哪里不对，但她还是吃着鱼，终于将盘中的鱼块吃完，桌上留下了一小堆鱼骨和鱼刺。这次宴会后，张琪琪觉得一些德国朋友似乎对她冷淡不少，却没有发现其中的原因。第一学年学习结束后，她去拜访德国教授，教授请她在家中用餐，餐桌上有香脆的炸鱼，让她不禁想起在中国老家母亲也是这样炸鱼给她吃，很是感动。她和教授一家一边喝着酒，一边吃着鱼，相谈甚欢，但吃着吃着，教授和家人全都看着她，最后，教授的妻子站起身来，脸上有些不快地走开了，张琪琪不明白发生了什么，仍坚持把自己盘中的鱼吃完了。用完餐，教授看看她，再看着张琪琪吐在桌上的一小堆鱼刺，用十分生气的语气对她说："张琪琪，你太不文雅了，希望你在德国多学一点礼仪。"

　　在学习涉外礼仪过程中，除了掌握国际社会通行的交往惯例外，还要了解不同国家的具体礼仪规范和习俗禁忌。俗话说，知己知彼，方能百战不殆。了解并通晓不同国家的习俗礼仪，才能在涉外活动中受到外宾的欢迎。

相关知识

1　距离礼仪

　　在涉外交往中，有一项内容是最容易被忽视的，那就是人际交往的空间距离礼仪。每个人在与人交往时都需要一个让自己感到舒适的空间距离，这个距离是个人身体的延伸，仿佛个人随身携带的大气泡，我们把这个大气泡称为安全距离。卡耐基曾经说过这样一句话："每个人都有一个属于自己的'空间气泡'，这个气泡的大小和形状会随着环境的变化而变化。"

一旦交往对象闯入个人的气泡内，身体就会产生压迫感。可以想象双方交往时，如果一个人的身体有不适感、紧张感、压迫感，交往的效果就不会好。如果双方并不熟识，一方采取较近的交流距离，另一方是很难启齿提出"请离我远一点""我可以离您远一点"或者"我们保持远一点的距离好吗"这样的要求的。同样，如果双方交流时一方保持的距离过远，另一方则会产生不受欢迎的疏离感，认为自己遭到冷遇，这种不适感受也无法说出口。所以，在涉外交往中我们可能已经侵犯了对方或得罪了对方，自己还全然不知，这必然会影响交往的效果。

实际上，个人空间距离与人的关系息息相关，空间距离与亲密度成反比，与陌生度成正比。换句话说，双方的关系越亲密空间距离越近，双方的关系越陌生空间距离越远（当然是在一个有限的范围内）。很明显，不同的距离体现着不同的含义。那么，按照国际礼仪规范，不同的关系之间究竟应该保持怎样的距离呢？

不同关系的人之间交流时到底应该采用什么样的距离？其大致标准是什么？显然，不同国家不同文化的标准是不一样的。西方对空间距离研究较早的是美国哈佛大学的人类学家爱德华·霍尔，他提出了人际交流四种距离。霍尔教授经过系统的研究发现，美国、英国和加拿大的白人，新西兰和澳大利亚的中产阶级的空间距离圈大致相似，他按照距离与人的亲密关系划分了四个距离圈。

美国人类学家爱德华·霍尔提出的人际交流四种距离

父母与孩子，配偶、情侣间的距离 0~0.45m　朋友、同学、同事之间的距离 0.45~1.2m　1.2~2.1m办公室同事相处的距离，2.1~3.6m陌生人的距离 1.2~3.6m　公共场所人们保持的距离 大于3.6m

亲密距离　个人距离　社交距离　公共距离

亲密距离（Intimatedistance）：介于 0 ~ 0.45m，以亲密感情为基础的双方主动靠近。这种距离基本是父母与孩子、配偶、情侣之间保持的距离。

个人距离（Personaldistance）：介于 0.45 ~ 1.2m，是友谊聚会、鸡尾酒会、生日派对以及办公室等场合人们彼此保持的距离，发生在朋友、同学、同事之间。彼此关系越近距离越近，关系越生疏距离越远。

社交距离（Socialdistance）：介于 1.2 ~ 3.6m。这种距离还可以进一步细化，分成 1.2 ~ 2.1m 的办公室同事相处的距离，以及 2.1 ~ 3.6m 陌生人的距离。总体来说，这是一种"事本主义"的关系，即以"事"为中心，公事公办的一种关系。如果是陌生人距离，交往的人们彼此之间不一定熟识，一般也不需要知道对方的姓名，比如到商店买东西、去邮局寄包裹、到医院去看病、到银行取钱、到酒店住宿等，同时也是高级政治官员的会谈和较正式的谈判的距离。

公共距离（Publicdistance）：介于 3.6 ~ 7.5m 或更远，表示公共关系。一般是参加较大型的活动，如中大型教室的教师授课、公共演讲、各类球赛或者是在较宽阔的公共场所人们保持的距离。

绝大部分的商业、公务、学术等，就涉外交往而言，一般都是在个人和社交两个距离范围内进行的。这四种距离划分与人的关系息息相关，人与人交往，有什么样的关系就保持什么样的空间距离，已经成为人的一种本能需要与社会规范，并且被固定和延续下来。正因为如此，涉外交往应该遵循的距离原则是"根据关系决定距离"。

2 宗教礼仪

各国独特的风俗习惯和礼仪形成的原因是多方面的：有历史地理原因、民族文化影响，有生活习惯差异，但作用比较大的是宗教信仰的影响。

一、伊斯兰教礼仪

1.中东信奉伊斯兰教的国家，穆斯林都视未放血的动物为禁品，禁食猪肉、狗肉、猫肉、动物的血和内脏，一般也禁食马肉、驴肉等大型动物和猛禽的肉。多数阿拉伯人不喜欢吃海鲜、螃蟹等食物，也不食无鳞鱼。接待来访穆斯林客人一定要安排清真席，特别要注意冷盘中不要出现猪肉，以及他们不吃的其他一些食物。古兰经规定，穆斯林在正式场合严禁饮用含酒精的一切饮料，但在公共场合各国对酒的忌讳程度是不同的。有的国家在餐桌上可以摆酒杯，酒杯里可以放矿泉水、橘子汁等饮料代替酒。有的国家自己不喝烈酒，有的连啤酒也不喝。这些国家对酒的忌讳程度是不一样的，我们在接待不同国家的客人时要具体了解清楚。对完全不喝酒的人如果有讲话安排时，是不能祝酒的，在这些国家的招待会上如果讨要啤酒喝，是非常无知和无礼的。

2. 信奉伊斯兰教的国家每年有斋月，斋月是按回历推算的。在斋月日落之后、日出之前不能吃喝，所以来访、出访时都要尽量避开这个时期。虔诚的穆斯林每天都要面对圣城麦加方向做礼拜，不要新鲜好奇、看热闹或笑话人家，要注意避开他们朝拜的方向。伊斯兰国家规定星期五为休息日，一般要到清真寺做礼拜，而且进入清真寺要脱鞋，不能安排参观伊斯兰教以外的寺庙，不用食指指人和物。

3. 穆斯林一般都认为左手是脏的，忌讳用左手给人传递物品，特别是食物。在穆斯林家里做客，他们有时用右手抓一些肉、米饭分给大家，这时不要拒绝，不能表现出不愿意接受、为难的样子。在穆斯林国家，对方递茶的时候，要用右手接，而不能用双手接。有些伊斯兰国家，如伊朗、沙特，妇女外出时必须要穿恰兜，这是能将头部及全身罩住的黑色长袍。但是现在一些年轻的姑娘穿 mantong，这是一种类似风雨衣的宽松袍子，相对恰兜比较方便。对于外国妇女虽然不强制一定要穿恰兜或 mantong，但一定要戴黑色头巾，这个头巾一般都为黑色、白色、咖啡色，要把所有头发包起来。如果穿连衣裙，必须要长袖、素色的，不能紧身，露出线条；穿裙子，必须要穿深色的长筒袜，如果是浅色的，不能透明。另外，女士不能与男士握手，如果说一时忘了把手伸出来，那么就势把手变成致意的一种姿势。不要把脚架起，露出鞋底对着他人，这是对人的大不敬。礼品不能有动物的图像，更不能送女人图片图像。

二、印度教礼仪

信奉印度教的教徒视奉牛为神，牛在大街小巷行走，人和车辆一定要避让。在印度，很多尼泊尔人不吃牛肉，而且也忌讳用牛皮制成的皮鞋、皮带。在尼泊尔黄牛被视为国兽，颈后带驼峰的牛被视为神牛，受到尼泊尔人，特别是印度教徒的尊重。尼泊尔的法律规定，神牛和黄母牛受到法律保护，一律不得宰杀。

三、佛教礼仪

在信奉佛教的国家里，如缅甸、泰国等东南亚一带，人们非常敬重僧侣。僧侣乘车、坐船，人们都要起立、让位。家家户户都要奉斋，黎明时准备好饭菜，等待僧侣的光临。男子一生至少要剃度一次，当过和尚才算成人，连王储也不例外。

僧侣和虔诚的佛教徒一般是素食者，另外他们非常注重头部，忌讳别人提着物品从头部掠过。长辈在座，晚辈不能高于他们的头部，所以他们总是把姿势压得很低。小孩子头部也不能随便抚摸，除了佛和僧长，或是父母能摸小孩的头，算是祝福，别人摸了就视为不吉利、会生病的。在泰国，泰国人还比较忌讳跷二郎腿，把脚底冲着他人。睡觉时头不能朝西，因为日落西方象征死亡。

四、基督教礼仪

西方信奉基督教国家的人们忌讳 "13" 这个数字，因为基督耶稣最后的晚餐是和 12 个门徒一起共进的，这第 13 个人就是弟子犹大，他为了贪图 30 块银币出卖了耶稣，致使耶稣在星期五被钉在十字架上，所以 13 被视为凶数，为不幸的象征。如果是 13 号同时又是星期五，那就更不吉利了，所以这一天一般不宴请，也不参加活动。有的地方的门牌号、旅馆号、楼层、宴会的桌号都要避开 "13" 这个数字，一桌人吃饭，也尽量不要安排 13 个人。

对数字还有一些其他的忌讳，比如日本人忌讳 "4" 字，因为 "4" 字与 "死" 的读音相近，意味着倒霉与不幸。在日常生活中，礼品不要送 "4" 件，剧场不用四号，这和宗教没有关系，这是受语言文化的影响而形成的。

3 习俗礼仪

一、世界各地国家习俗礼仪注意事项

（一）颜色的忌讳

一般来说，白色代表纯洁，红色代表热情，黑色代表庄重、肃穆，黄色代表和谐、温暖，绿色代表生命、大自然，蓝色代表宁静、吉祥。但是不同的国家有不同的讲究和忌讳：比如中国农村，结婚时新娘子喜欢穿红色的衣服，丧葬时子孙都要穿白色的孝服。可是在很多国家，特别是西方，结婚时新娘穿白色的婚纱，丧葬时要穿黑色的服装。比利时人忌讳蓝色，认为遇到不幸时才穿蓝色的衣服。巴西人认为棕黄色为凶丧之色，认为人死好比黄叶从树上落下来。乌拉圭人忌讳青色，认为青色预示着黑暗的前夕。埃及人忌讳黄色，以黄色为不幸和丧葬之色。埃塞俄比亚人出门做客时不能穿浅黄色的衣服，这样的衣服只有在哀悼死者时才能穿。马来西亚也忌讳黄色。土耳其人在布置房间时忌讳用茄花色，他们认为茄花色代表凶兆。此外，对于颜色各国可能还有其他一些不同的忌讳，日本人不喜欢绿色，阿拉伯人忌讳黄色。

（二）花卉的忌讳

花为各国人们所喜爱，在迎接宾客时是不可缺少的，比如机场要献花，房间要摆花，宴会的桌子上也要插花。在日常的对外交往中，也常以花为礼物，表达祝贺、祝福、爱慕、慰问等不同的方式。在不同的国家，不同的花和花色也是有讲究和忌讳的：比如在法国，黄色的花是不忠诚的象征，是不吉利的。我们国家很喜欢菊花，但是很多国家像法国、意大利，使用黄菊花来悼念死者，不能随便摆放。日本人忌讳荷花，认为它是死亡和不幸的象征，但是泰国人却喜欢荷花。

（三）手势的忌讳

关于手势，同一手势、动作，在不同的国家表示不同的意义，比如这个手势，拇指和食指合成一个圈，其余三根手指向上立起，这在美国表示 OK，但在巴西，这是不文明的手势。在我们国家，对某一件事、某一个人表示赞赏，我们会竖起大拇指，真棒！但是在伊朗，这个手势是对人的一种侮辱，不能随便用。在我国一般摇头表示不赞同，但在尼泊尔正相反，摇头表示很高兴、很赞同，他一晃脑袋就知道他很高兴。

总之，世界很大，风俗习惯也是繁多的，要想跟不同的人打交道，就要了解他们，才能很好地与其打交道。

二、世界各地主要国家习俗禁忌

（一）日本

日本人多以行鞠躬礼作为见面时相互问候的表达方式，日本的传统文化氛围极其浓厚，大多数日本人信奉神道教和大乘佛教，所以日本人的禁忌习俗非常多，几乎在所有的场合都会遇到形形色色的忌讳。在社交场合，日本人认为高声说话、定睛凝视他人、手插在衣袋里及用手指指人等都是对人的不恭敬。交换名片时，要注意不要从裤子后兜掏出名片，也不能将别人的名片装入后兜，他们认为这是极不尊重人的举动。寄信时，邮票不能倒贴，因为倒贴邮票暗示着断交。另外，他们非常忌讳 3 个人一起合影，认为中间的人被左右两人夹着是不祥的预兆。

日本人对 4、9、13、42、44 等数字非常避讳，因为 4、9 的谐音是"死"和"苦""42"的日语发音与日语中动词"死"的发音是一样的，所以医院、饭店一般没有 4、42 号病床或房间。日本人通常认为 13 包含凶险之意，许多宾馆没有 13 楼或 13 号房间，羽田机场就没有 13 号停机坪。

日本人对颜色比较敏感，忌讳绿色（不祥）、紫色（悲伤），相反，他们喜欢红色（喜庆）和黄色（阳光）。他们对礼品包装纸的颜色也很讲究，不会用白色或色彩明亮的，也不用红色，大多用花色纸包装礼品。此外，关于日本的禁忌习俗还有很多，如日本人忌谈私人问题，忌谈人的生理缺陷，在婚礼场合不能说离、破等不吉祥的话语等。在大楼落成时，不能说倒、塌等话语，商店开业时不能说火、闭、败之类的话语等。这些忌讳很像我国传统文化里的一些思想，在什么场合就要说什么话，不能有犯忌的言辞出现。

（二）韩国

作为一个非常重视礼仪的民族，韩国人在拥有众多礼节的同时也有不少忌讳。如在社交场合，站着交谈时不能把手背在身后，忌讳用手指指人，打喷嚏前要先表示歉意，剔牙要用手或餐巾遮住嘴，男子不能问女子的年龄和婚姻状况，女子笑时必须掩嘴等。受"右尊左卑"的传统观念影响，韩国人认为用左手交接物品是不礼貌的行为，所以他们一般会用右手来交接物品。如果对方是长辈，则要用双手交接物品，以表示对长辈的尊重。韩国人比较喜欢单数，忌讳双数，大部分人喜欢用诸如3、7这样的数字作为他们的幸运数字。他们非常不喜欢含有"4"的数字，在韩语中"4"与"死"同音，所以在韩国类似电梯等公共场所里都用"F"来代表"4"。韩国菜的特点是：高蛋白、多蔬菜、喜清淡、喜凉辣、忌油腻。

（三）新加坡

新加坡主要由华人、马来人、印度人和欧亚混血人等四大族群组成，在新加坡，由于印度人、马来人的缘故，人们非常忌讳用左手传递物品或食物，而用食指指人、用拳头击掌心或把拇指插入食指和中指之间，更是被视为极端无礼的动作。在社交场合，新加坡人很少会公开表露幽默感，因此在不太了解别人之前，最好不要在别人面前开玩笑。他们还非常忌讳在公共场合议论政治得失、种族摩擦、宗教是非和配偶情况。此外，新加坡人对色彩想象力很强，他们偏爱红色、绿色和蓝色，认为紫色、黑色代表不吉利。同时，他们非常喜欢红双喜、大象、蝙蝠等图案，认为这些图案预示着吉利。大多数人认为乌龟是一种不祥动物，给人以色情和污辱的印象。新加坡人认为4、6、7、13、37和69是消极数字，最讨厌的数字是7，平时都会避免这个数字。值得注意的是，新加坡人对"恭喜发财"之类的语言非常反感，认为这是在教唆他人去发"不义之财"或"为富不仁"，对其说"恭喜发财"会被当作是对他们的侮辱和嘲骂。

新加坡政府还规定在商业上不得使用如来佛的形态和侧面像，更不能使用宗教词句和象征性标志。新加坡对嬉皮型男性管制也相当严格，留长发、蓄胡须、穿牛仔装、脚穿拖鞋的人，往往会被禁止入境。

（四）泰国

泰国的许多习俗禁忌都有着非常浓厚的佛教色彩，有 90% 以上的民众信奉佛教。例如泰国人非常重视头，认为头颅是智慧、灵魂之所在，是神圣不可侵犯的，凡是触碰泰国人（尤其是孩子）头部的行为，均被视为是对其极大的侮辱；在睡觉时泰国人绝对不会将头部朝向西方，因日落西方象征死亡；脚在泰国被认为是低下的，所以泰国人非常忌讳把脚伸到别人面前，或把东西踢给别人，用脚踢门更会受到人们的指责。此外，泰国人认为夜间开窗会让恶神闯入屋内，所以他们一般会在黄昏时就将窗户关闭。

泰国人在社交场合的禁忌也很多，例如不能左手相握或挥左手致意，否则会被认为是对别人的轻蔑；不能互相拍打肩背，哪怕是亲热的举止也会引起反感；就座时不能跷腿，更不能把鞋底对着别人，否则会引来严厉的斥责；妇女在就座时双腿要并拢，否则会被认为缺乏教养；签字时不能用红笔签，因为红笔是用于书写死人名讳的等。

应邀到泰国家庭做客时，更应避免犯忌。例如不能踩踏主人家的门槛；进屋前应先脱鞋；不要坐男主人的固定座位；不能拒绝主人所敬茶水、食品、水果；不要用左手吃饭或交接物品等。

（五）沙特阿拉伯

沙特阿拉伯人同别人相见时，一般首先都会互问对方："您好！"随后他们还会同对方握手，并且接着问候对方："身体好！"他们的主食有面饼、面包、面条等。在肉类方面，大多以牛肉、羊肉、鸡肉为主。在他们的心目中，甜一些、辣一点的东西最好吃，羊眼乃是席上之珍、美味之最。他们不喜欢吃猪肉以及带有猪鬃的饰品，用餐之时，沙特阿拉伯人一般席地而坐，并习惯以右手取用食物。有些时候，他们也会设置用餐专用的桌椅，只不过绝对禁止用脚蹬踩。时间观念上习惯延后、迟到，平时都穿拖鞋，男子穿长袍，以白色为主，头上缠薄纱头巾，妇女全身被长黑袍和面纱遮盖起来，出门时必须戴面纱。

沙特阿拉伯人对于绿色与蓝色十分喜爱，他们认为，绿色代表生命，蓝色象征着希望，二者都是吉祥之色。他们最喜欢的宠物是隼。在与沙特阿拉伯人进行交际应酬时，务必记住下列五点注意事项：

（1）不宜提倡娱乐。沙特阿拉伯人认为，娱乐令人堕落，所以切莫与其谈论休闲、娱乐或是邀其参加舞会、去夜总会玩乐。

（2）宜回避以色列。沙特阿拉伯与以色列两国矛盾重重，因此切莫对以色列加以好评，或是将与以色列有关的十字形、六角星图案送给沙特阿拉伯人。

（3）禁止偶像崇拜。依照伊斯兰教教规，沙特阿拉伯禁止偶像崇拜，因此，那里的人不看电影，不喜欢拍照、录像，并且对雕塑、洋娃娃等礼品十分忌讳。

（4）男女授受不亲。在公共场合，沙特阿拉伯人主张"男女授受不亲"，因此，不论坐车、乘电梯还是上银行，男女往往都是各自分开的。

（5）不下国际象棋。沙特阿拉伯人是不下国际象棋的，因为他们认定，那种玩法对国王有失恭敬。

在与沙特阿拉伯人交谈时，切莫提及王室状况、对美关系、中东政治、宗教矛盾、女权运动、石油政策以及堕胎等问题，尤其是不要涉及王位继承、穆斯林国家的内部矛盾与伊斯兰教不同教派之间的冲突。过去沙特阿拉伯禁止本国妇女驾驶汽车，直至 2017 年 9 月，该国才对此开禁。在向沙特阿拉伯人赠送礼品时，忌送酒类、雕塑、公仔、猪皮与猪毛制品、美女照和带有熊猫图案的东西。切记不要夸奖沙特阿拉伯人的某件东西，那样做，往往会被视为向其索取。

（六）美国

美国人喜欢白色，认为白色是纯洁的象征；偏爱黄色，认为它是和谐的象征；喜欢蓝色和红色，认为它们是吉祥如意的象征。他们喜欢白猫，认为白猫可以给人带来运气。同时，美国人忌讳黑色，认为黑色是肃穆的象征，是丧葬用的色彩。

美国人对握手时目视其他地方的做法很反感，认为这是傲慢和不礼貌的表现。他们忌讳别人冲他们伸舌头，认为在别人面前伸出舌头是一种既不雅观又不礼貌的行为，给人以庸俗、下流的感觉。他们讨厌蝙蝠，认为它是吸血鬼和凶神的象征。他们还忌讳数字"13"和"星期五"等，认为这些数字和日期都是厄运和灾难的象征。

与美国人交往有三大忌：一是忌有人问他的年龄，二是忌问他买东西的价钱，三是忌在见面时说"你长胖了"。因为年龄和买东西的价钱都属于个人的私事，他们不喜欢别人过问和干涉。在美国，人们讲究身体之间的距离，与他人距离过近会带来一种侵略感。他们忌讳同性人结伴跳舞，因为在他们眼里，异性结伴跳舞是天经地义的，同性结伴跳舞必有不轨之嫌，甚至可能会是"同性恋者"。

（七）加拿大

加拿大人大多数信奉新教和罗马天主教，少数人信奉犹太教和东正教。他们忌讳数字"13"和"星期五"，认为"13"是厄运的数字，"星期五"是灾难的象征。他们忌讳白色的百合花，认为它会给人带来死亡的气息，并习惯用它来悼念死人。他们不喜欢外来人把他们的国家和美国进行比较，尤其是拿美国的优越方面与他们相比，更是他们不能接受的。

在与加拿大人交谈时，不要随便打断别人讲话，当别人说话时也不能插嘴，不要任意补充对方的话，也不要与对方强词夺理。在交谈的过程中也要避免一些敏感的话题，比如性与宗教、英裔加拿大人与法裔加拿大人之间的矛盾、魁北克省要求独立的问题等。

（八）墨西哥

在墨西哥，如果想送花给人，那么首先要记住：黄花暗示死亡，红花表示诅咒，紫色是不祥之色，白花则可驱邪。所以，墨西哥人喜欢白色的花，黄色和红色的花不可以送人。在墨西哥市区，很难见到男女并排在街上走，因为他们的习俗是男子跟随在妻子后面。在舞会上，通常只能是女人邀请男人，而不能相反。神在墨西哥人民心中的力量是强大的，在墨西哥，每个镇的中心必定是教堂，并且教堂也一定是最高最宏伟的建筑。

墨西哥人非常喜欢骷髅图案，他们不认为骷髅是不祥之物，不仅用骷髅糖作祭品，还常用其馈赠情侣或朋友等，许多商店都出售一种用糖制成的骷髅头。墨西哥人非常喜欢仙人掌，认为它给人们带来了幸福与美好，并尊其为国花。他们视雄鹰为英雄的化身，是勇敢、美好的象征，并尊其为"国鸟"。墨西哥人忌讳数字"13"和"星期五"，认为这是不吉利的。

（九）澳大利亚

澳大利亚人崇尚人道主义和博爱精神。在社会生活中，他们乐于保护弱者，除了保护老人、妇女、孩子、弱小种族之外，他们还讲究保护私生子的合法地位，甚至将保护动物看作是自己的天职。澳大利亚的基督教徒有周日做礼拜的习惯，所以一定不要在周日与其约会，这是非常不尊重对方的举动。在数字方面，受基督教的影响，澳大利亚人对"13""星期五"普遍感到反感。另外，澳大利亚人对兔子特别忌讳，认为兔子是一种不吉利的动物，人们看到它都会感到倒霉。

澳大利亚具有"原始文明与现代文明并存""东方与西方联姻"的文化特色，是一个多元文化的国家，绝大多数居民有信仰。澳大利亚的宗教信仰可分为两大类：一类是土著人信仰的原始图腾崇拜和法术；另一类是海外移民带来的各种宗教，包括基督教、犹太教、伊斯兰教和佛教等，只有12%左右的人不信仰任何宗教。

（十）英国

不要凭直觉推测某位英国朋友所受过的教育、家庭背景或者种族划分，你做出的任何一种推测都有可能是对这个人的侮辱。切忌不要模仿英国人的口音，如果这样做，你会被人视为无礼和愚蠢。英国人认为数字"13"和"星期五"是不吉利的，尤其"13"与"星期五"相遇时更加忌讳，这些数字与日期一般被视为"厄运"和"凶兆"；在点烟的时候，不论用火柴还是打火机，切忌一火点3支烟；给英国女士送鲜花宜送单数，不要送双数和13枝，她们喜欢蔷薇花，忌讳送百合花、菊花，百合花和菊花被视为是死亡的象征。英国人忌讳有人打碎玻璃，认为打破玻璃就预示着家中要死人或起码要有7年的不幸；不喜欢大象、孔雀、猫头鹰，忌讳黑猫；最反感墨绿色，认为墨绿色会给人带来懊丧；忌用人像作为商品的装潢。他们忌讳用"厕所"一词。而常代之以其他词语，如称女厕所为Ladies' Room，称男厕所为Men's Room。

（十一）法国

法国人把对老年妇女称作"老太太"视为一种污辱。他们忌讳别人打听他们的政治倾向、工资待遇以及个人私事。法国人大多喜欢蓝色、白色、红色，忌讳黄色、墨绿色，忌用黑桃图案，商标上忌用菊花。他们视孔雀为祸鸟，认为大象、仙鹤是蠢汉和淫妇的象征。晚上10时过后，勿打电话给他人。法国人认为"13"和"星期五"都是不吉利的，甚至是大祸临头的一种预兆。他们不住13号房间，不在13日这天外出旅行，不坐13号座位，更不准13个人共进晚餐。

在法国，忌讳男人向女人赠送香水，否则，就有过分亲热或有"不轨企图"之嫌。法国本土出产的奢侈品，如香槟酒、白兰地、香水、糖栗等等，是理想的礼品，但不宜赠送刀、剑、刀叉、餐具之类，否则，意味着双方会割断关系。法国人探亲访友、拜访或参加晚宴的前夕应约赴会时，习惯送鲜花给主人，但切记不要送菊花，因为在法国（或其他法语区），菊花代表哀伤，只有在葬礼上才送菊花。其他黄色的花象征夫妻间的不忠贞，也不能送。送花要送单数，但不能是13枝。另外，忌摆牡丹花及纸花，忌送核桃、杜鹃花、水仙、金盏花。在法国，康乃馨被视为不祥的花朵。

（十二）德国

德国是一个具有悠久的饮食文化的国家，对食品的制作及就餐程序十分讲究。德国人口味较重，偏油腻，讲究食物的含热量和经济实惠。他们爱吃冷菜和偏甜偏酸的菜肴，不爱吃过辣过咸的菜肴。德国人爱吃肉食，最爱吃猪肉，其次才能轮到牛肉。以猪肉制成的各种香肠，令德国人百吃不厌。以地名命名的"黑森林火腿"，切得像纸一样薄，味道奇香无比。通常，德国人不太吃羊肉。除肝脏之外，其他动物内脏也不为其接受。除北部地区的少数居民之外，德国人大都不爱吃鱼、虾。即使吃鱼的人，在吃鱼时也不准讲话，这是德国的一种独特民俗。德国人烹饪时，一般都会先行剔除骨头、鱼刺。如果用餐时吃到骨头和刺，他们也不会吐出来，而是嚼碎了吞下去。他们认为在餐桌上不从口腔中吐东西是一种礼仪。啤酒是德国的标志，是每餐必备的饮料，男女老幼皆是如此。他们常以啤酒来解渴，在睡觉前，也喜欢喝点啤酒来帮助睡眠。

德国人招待客人讲究节约、简单，饭菜仅够主客吃饱、营养足够就可以了，这是德国特有的饮食文化和礼仪。德国人宴请宾客时，取出葡萄酒瓶的木塞后，先往自己的酒杯倒一小口酒，然后再把客人的酒杯斟满。德国人在用餐时，有以下几条特殊的规矩：吃鱼用的刀叉不得用来吃肉或奶酪；若同时饮用啤酒与葡萄酒，宜先饮啤酒，后饮葡萄酒，否则被视为有损健康；食盘中不宜堆积过多的食物；不得用餐巾扇风；忌吃核桃。

德国通行西方礼仪，在数字、色彩等方面的好恶与英、法大体相似，德国人忌讳数字"13"和"星期五"，认为13是厄运的数字。如果"13"与"星期五"在同一日，就更为不吉利。忌讳4人交叉握手，认为这是不礼貌的做法。他们忌送蔷薇、百合花，认为这些花是用来悼念亡者的。在颜色方面，他们对红色以及掺有红色或红黑色相间的颜色都不感兴趣。

德国人十分忌讳纳粹党党徽的图案、服饰和其他商品包装上忌用纳粹标识。德国人讨厌菊花、蔷薇、蝙蝠图案，还认为核桃是不祥之物。向德国人赠送礼品时，不宜选择刀、剑、剪刀、餐刀和餐叉。以白色、褐色、黑色的包装纸和彩带包装捆绑礼品也是不允许的。送女士一枝花一般也不合适。德国人忌讳4人交叉式谈话，忌讳在公共场合窃窃私语。德国人不喜欢他人过问自己的年龄、工资、信仰、婚姻状况等私事。遇到别人生病，除伤风感冒或外伤等常见的病外，不能问及病因及病情，否则会有好窥视别人秘密之嫌。按照德国的习俗，生日不得提前祝贺。访友时，要事先约定。在他人的办公室或家中，非经邀请或同意，不要自行参观，更不能随意翻动桌上的书籍或室内的物品。

（十三）俄罗斯

俄罗斯人有右吉左凶的观念，心情不好可能是起床时左脚先着地的原因；遇见熟人不能伸出左手去握手问好；穿衣时，俄罗斯人必定先穿右袖，先穿左袖是不吉利的；右颊长痣是吉痣，左颊长痣是凶痣。俄罗斯人至今还有向左肩后吐3次唾沫消灾的习俗等。俄罗斯人最偏爱数字7，认为它是成功、美满的预兆。对于数字"13"和"星期五"，他们则十分忌讳。忌讳黑色（象征死亡），喜爱红色。俄罗斯人非常崇拜盐和马（能驱邪），视蜘蛛为吉祥的象征。讨厌兔子、黑猫玩具或图案，视之为不祥。送花时忌送菊花、杜鹃花、石竹花和黄色的花。交谈时不打听个人私事。回避国内政治、经济、民族、宗教、独联体国家关系等话题。在俄罗斯，不能送他人尖利的东西，如刀、别针等物，如果一定要送，则应讨回一枚硬币，或用要送的尖东西扎对方一下。忌送别人手帕，因为送手帕预示着分离；两人用同一手帕擦汗，预示终会分离。忌让姑娘对着桌角坐，坐在这地方预示姑娘 3 年嫁不出去。俄罗斯人在正式场合中，也采用"先生""小姐"之类的称呼，忌用"太太"一词，这会引起对方的不快。

（十四）埃及

埃及人一般喜欢绿色和白色，讨厌黑色和蓝色。他们认为绿色是"吉祥之色"，白色是"快乐之色"，黑色和蓝色则被认为是不祥之色。例如，埃及人把表示美好的一天称为"白色的一天"，而不幸的一天则被称为"黑色或蓝色的一天"。又如，对真诚坦率的人称为"白心"，对充满仇恨、奸诈的人则称为"黑心"。

在待人接物上，埃及人始终坚持左右手内外有别的原则。他们认为右手是尊贵之手，左手是肮脏之手。凡是对外的事情，如递送东西给他人或者接受别人递过来的东西时，他们必须用右手，即使右手正忙碌着。为此，在同埃及人打交道时，要严格遵守他们这一原则。

在埃及办事情不给小费是行不通的；男士不能主动找女士攀谈；不要称道埃及人家中的物品，否则会被人理解为索要此物；不要与埃及人讨论宗教纠纷、政党政治及男女关系等话题。另外，埃及人忌讳"针"。埃及人喜欢数字 5 和 7，在他们看来，5 会带来吉祥，7 意味着完美。那么在同埃及人进行日常交往约见或者商务约谈时，就可以选择含有 5 或 7 这样的日期。而对信奉基督教的科普特人而言，13 和 666 是最晦气的数字。

埃及的国教是伊斯兰教，当地大多数居民信奉伊斯兰教，与其交往时，要注意其宗教禁忌习俗。埃及人非常重视伊斯兰教的"斋月"。斋月里，每天凌晨人们就开始把斋活动，戒绝饮食，诵读《古兰经》，面向麦加方位祷告，停止一切娱乐活动，而一到夜晚就热闹起来，吃美味丰富的食物。在埃及，进清真寺时务必要穿拖鞋。

信仰伊斯兰教的妇女除面部和手以外，身体的其他部位都应该遮蔽起来，穿着的服饰也不能显出身材曲线。为此，妇女要用宽而大的方巾将头发、脖子包住，下身穿长裙，上身穿长袖，服饰的线条要流畅，穿着要宽松舒适，绝不能束腰。相比之下，男士的装束则比较自由，和常人一样。在埃及，有星星图案的包装纸极不受欢迎。

（十五）南非

南非人特别忌讳外人对其祖先在言谈举止上表现出失敬。在一些黑人部族里，妇女的地位十分低下，被视为神圣宝地的一些地方，如火堆、牲口棚等地方，禁止妇女接近。和南非黑人交谈时，还需要注意：不要为白人评功摆好；不要非议黑人的古老习俗；在一些部族中，生男孩并不令人欣喜，所以不要表示祝贺；不要评论不同黑人部落间的党派关系及其矛盾。南非崇尚宗教信仰自由，居民大多信仰基督教，少部分人信奉传统宗教、印度教和伊斯兰教。南非的基督教信徒约占人口的80%，当地有很多官方和非官方的基督教教会组织。南非的非洲人信奉传统宗教，没有文字的教义，以家族文化、部族传统习俗、宗教礼仪和忌讳等为其信徒生活的一部分，如崇拜先知、信奉祖先等。南非具有多种族，当地印度人大多信奉印度教，南非信仰伊斯兰教的人数约有400万，而且增长速度很快。南非人也信仰其他宗教，如犹太人多信仰犹太教、亚洲裔人也有信仰佛教的，但人数不多。在与南非人交往时，应提前了解其宗教信仰，在交往过程中给予其充分的尊重，以促进友好往来的进行。信仰基督教的南非人，忌讳"13""666"和"星期五"，特别忌讳与13日为同一天的星期五。信仰印度教者不吃牛肉，信仰伊斯兰教者不吃猪肉。而南非的黑人，特别是乡村里的黑人，多数信仰本部族传承下来的原始宗教。很多地方，羊被视为宠物，人们对双角卷起的羚羊尤为喜欢。

活学活用

一、选择题

1. 日本人多以行（ ）作为见面时相互问候的表达方式。

A. 点头礼　　　　B. 鞠躬礼　　　　C. 握手礼　　　　D. 拥抱礼

答案：B

2. 下列不属于韩国饮食特点的是（ ）

A. 多蔬菜　　　　B. 喜清淡　　　　C. 喜油腻　　　　D. 味觉以凉辣为主

答案：C

3. 下列不属于新加坡的主要民族构成的是（ ）

A. 汉族　　　　B. 马来族　　　　C. 印度裔　　　　D. 伊斯兰裔

答案：D

4. 泰国有90%以上的民众信奉（ ）

A. 佛教　　　　B. 基督教　　　　C. 伊斯兰教　　　　D. 天主教

答案：A

5.德国首都是（　　）

A.都柏林　　　　　B.柏林　　　　　C.汉堡　　　　　D.慕尼黑

答案：B

6.在俄罗斯，（　　）是不能用来称呼女性的。

A.小姐　　　　　　B.女士　　　　　C.医生　　　　　D.太太

答案：D

7.埃及首都是（　　），国教是（　　）。

A.开罗　伊斯兰教　　　　　　　　B.亚历山大　伊斯兰教

C.开罗　基督教　　　　　　　　　D.亚历山大　基督教

答案：A

二、课堂实战

1.看一看。

内容：商务交往中的涉外礼仪

2.比一比。

第一步：分组。由老师提出分组依据，全班同学分为人数大致相等的小组。

第二步：讨论。老师为各组随机拟定介绍涉外礼仪的具体板块，小组成员根据视频和教材内容进行讨论和资料收集。

第三步：展示。开展班内涉外交往礼节展示会，比一比，哪组同学介绍得详细、具体、准确且有条理。

"习俗礼仪"
演示视频

礼仪文化

浪漫温馨七夕节

七夕是最具浪漫色彩的传统节日，也是一个以女性为主角的传统节日。节日中种种趣味盎然的礼俗，体现了人们追求幸福生活的朴素情感，也给我国的民间节日增添了丰富多样的色彩。

为何"七月初七"能够成为节日？

农历七月初七是"七夕节"，这个节日的起源虽然与传说有关，但民俗专家也认为它与古人对数字的认识有很重要的关系。

在中国古代，尤其是秦汉以前，类似一月初一、二月初二、三月初三、五月初五、七月初七、九月初九等"重日"，大都被认为是天地交感、天人相通的日子。因此，人们会在这样的日子里多做祈福、祭祀或纪念活动，以求幸福、安康，七月初七作为节日应该与此相关。

"七月初七"作为节日，可能还与古人对时间的崇拜有关。在古代，人们把日、月与水、火、木、金、土五大行星合称为"七曜"。"七"在民间表现为时间的阶段性，在计算时间时往往以"七七"为终结，如以"七曜"计算现在的"星期"。"七"还和"吉"谐音，所以，"七七"又有双吉含义，人们也认为它是"良日"。

实战演练

1. 实训前的准备

实训场地：礼仪实训室

实训道具：男士长白袍、斗篷、头巾、头箍、拖鞋等；女士长黑袍、面纱、头纱等

食物道具：面包、米饭、牛肉、羊肉、鸡肉、水果、烙饼等

2. 实训步骤

（1）课前教师介绍实训场景并提出实训要求。

（2）实训角色分配。以小组为单位，具体角色由学生自由商定。

（3）角色扮演。每位同学根据角色需要进行充分准备，分别扮演场景中的角色。

（4）学生以小组为单位进行涉外礼仪情景模拟训练。

（5）各小组依次上台进行涉外礼仪情景模拟和讲解。

（6）回答评判组提问。

（7）教师点评，重点让学生掌握要领和细节。

（8）布置任务。每组选2名男生和2名女生参加涉外礼仪情景模拟比赛，从流畅度和准确率等方面考核。比赛时间为下次课程的前五分钟。

3. 实训评价

表1-16 涉外见面、餐饮、赠送、告别、习俗禁忌等综合礼仪评价评分表

考评人			被考评人		
考评地点			考评时间		
考核项目	考核内容	分值	小组评分50%	教师评分50%	实得分
涉外见面、餐饮、赠送、告别、习俗禁忌等综合礼仪	1. 涉外衣着规范	15			
	2. 见面礼仪正确	30			
	3. 餐饮食物选择	5			
	4. 赠送礼物时机、手势	10			
	5. 告别礼仪规范	10			
	6. 创意呈现、整体流畅度	10			
涉外见面、餐饮、赠送、告别、习俗禁忌等综合礼仪	7. 整体形象	5			
	8. 现场答辩	10			
	9. 小组主持人的表现	5			
	合计	100			

礼仪箴言

1. 非礼勿视，非礼勿听，非礼勿言，非礼勿动。——《论语》

2. 让者，礼之实也。——朱熹

3. 礼尚往来。往而不来，非礼也；来而不往，亦非礼也。——《礼记》

4. 君子博学于文，约之以礼，亦可以弗畔矣夫。——《论语》

5. 人无礼则不生，事无礼则不成，国家无礼则不宁。——荀子

6. 人有礼则安，无礼则危。——《礼记》

7. 将不可骄，骄则失礼，失礼则人离，人离则众叛。——诸葛亮

8. 凡人之所以贵于禽兽者，以有礼也。——《晏子春秋》

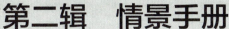

第二辑　情景手册

情景手册一　教师服务礼仪

"师者，所以传道授业解惑也。"教师是知识的传播者，文明的建设者，是人类灵魂的工程师。从古至今，人们始终都在赞美教师，歌颂教师。因为教师就像蜡烛，燃烧自己，照亮别人；教师就是园丁，精耕细作，培育桃李；教师就如春蚕，无私奉献，温暖人间。教师榜样的力量，是教育对象成才的保证。教师礼仪，是教师在从事教育、教学活动，履行职务时所遵守的行为规范与行为模式，所表现的道德情操与文明修养。

1 实训目的和要求

通过实训，明确教师礼仪的职业道德规范、待人接物礼仪和沟通礼仪的基本内涵、特征的知识内容。经过反复训练，规范教师人员的教师行为，让教师人员明白应该怎样做、不应该怎样做，提升个人教师礼仪素养。

2 场景设计

冯老师是一位高中的政治老师，在学校工作努力，为人勤俭节约，学校领导对他抱有很大期望。可是，据笔者高中三年所知，该老师在学生中很不得人心，很多学生都不喜欢他甚至常有学生到校长处要求更换教师。他存在哪些问题呢？

冯老师平时穿衣随便，不修边幅，头发常常注腻腻，衣服经常一个学期一套穿出头，脸上也是常常油光满面。如果有一天，冯老师穿戴整齐，学生的注意力都聚集在当天将有什么大事发生上而不能静心读书。他还喜欢吃大蒜之类有刺激性气味儿的食物，和学生讲话经常"带味儿"。上课时，冯老师习惯性倾斜地靠在讲台上，等等。

冯老师个人办公空间杂乱无章，桌面物品摆放无序。私人物品与办公物品没有分好类别。

3 基本知识

一、教师的仪容礼仪

仪容主要表现为人的容貌。它由发型、面容以及所有未被服饰遮掩而暴露在外的肌肤所构成。人们常说的仪容美，其基本要素是貌美、发美与肌肤美，主要要求是整洁干净。美好的仪容一定能让人感觉到其五官构成彼此和谐并富于表情；发质发型使其英俊潇洒、容光焕发；肌肤健美使其充满生命的活力，给人以健康自然、鲜明和谐、富有个性的深刻印象。

俗话说："爱美之心，人皆有之。"好的仪容会令人赏心悦目，能够获得良好的第一印象。作为一名教师，你的面貌可以透射出你的精神状态，甚至是你的工作状态。

1. 仪容的自然美

仪容自然美是指仪容的先天条件好，天生丽质。尽管以相貌取人不合情理，但很多"白领丽人"如"清水出芙蓉，天然去雕饰"，生就美好的仪容相貌。这样的先天丽质，在与人交往时，其仪容相貌令人赏心悦目、感觉愉快。因此，职业人要善于保养自己先天美好的仪容，让自己光彩照人。

自然美是仪容美的最高境界，它使人看起来真实而生动，而不是一张呆板生硬的面具。

2. 端正庄重

教师的仪容应当端庄。要求仪容端庄，就是要求在修饰、整理仪容时，要使之端正、庄重、斯文、雅气，而不允许把仪容搞得花哨、轻浮、怪异、荒诞。要是教师的仪容五花八门、花枝招展，那么社会公众一定会有看法，会不以为然。

应予指出的是，教师在整理、修饰仪容时，对于端庄这项基本要求应当首先予以重视。

3. 整洁干净

干净、卫生、整洁，是仪容的起码要求。讲究个人卫生，经常洗手，常剪指甲，早晚刷牙。坚持洗澡，经常洗头、洗脸，保持耳、鼻和眼角、嘴角的清洁卫生。坚持定时剃须，修剪鼻毛、耳毛，女士遮掩或剃去腋毛，教师保持卫生整洁的仪容形象应当也是基本的要求之一。

4. 简约朴实

这是从公务活动的职业需要出发所提出的要求。所谓简约，就是仪容修饰要做到简洁、明快、朴素、实用，不搞烦琐哲学，不需要过分雕琢，一切以简朴自然为出发点。例如发型，男性不留长发，不梳小辫子，不剃光头；女性不搞新奇怪异的发型。简约是工作性质所决定的，仪容简约，体现教师传统、庄重的风格，显出敬业和朴实的作风。

5. 得体自然

仪容修饰从根本上说，与职业特点相适应，与个人条件相吻合，这就是得体。由于教师的形象代表所在单位组织的形象，对仪容有严格的要求。

无论男女，仪容修饰都应做到得体，如此才会显得自然大方。

二、教师着装的基本规范

得体的穿着，不仅可以使人显得更加美丽，还可以体现出一个现代文明人良好的修养和独到的品位。作为一名教师，需要掌握着装的一些基本规范。

1. 与时间相协调

与时间相协调，即着装要考虑时代的变化、四季的变化和一天中不同时间段的变化，冬天选择保暖的冬装，夏天选择轻薄的夏装。工作着装以庄重大方为原则。如果安排有社交活动或公关活动，则应以典雅端庄为基本着装格调。

不同时段的着装规则对女士尤其重要。男士有一套质地上乘的深色西装或中山装足以包打天下，女士的着装则要适合季节气候特点，保持与潮流大势同步。

2. 与地点相适应

与地点相适应，即服饰、打扮要与场所、地点、环境相适应，在不同的地点，着装的款式也应有所不同，即特定的环境应配以与之相适应、相协调的服饰，以获得视觉与心理上的和谐感。

教师在工作单位，服饰应当做到正规、干净、整洁、文明。如把运动衣、牛仔服、拖鞋穿进办公室和社交场合，都是与环境不相符的。

三、教师的举止礼仪

举止，是指人们的仪姿、仪态、神色、表情和动作。它以小见大地体现着一个人的思想和感情，通过它可以见微知著地洞察每个人的喜、怒、哀、乐。因此，人的举止一向被作为人类的"第二语言"，在人际交往中备受瞩目。作为一名教师，无论在日常工作中还是在人际交往中，都要使自己的举止得体，以高素质的举止展现自己良好的礼仪形象。

苏联教育家马卡连柯曾经说过："一个高等师范学校，应从其他方面培养我们的教师，如怎样站、怎样坐、怎样从桌子旁边站起来，这一切对教师来说都是很有必要的。如果没有这些技巧，他就不能成为一名好教师。"可见，教育家是何等重视教师的一举一动。行为举止是心灵的外衣。它不仅反映一个人的外表，也反映一个人的品格、精神和气质。教师的举止礼仪在教学活动和社会交往中具有重要的意义。

1. 人的举止行为寓意丰富，变化无穷。同一种姿势在不同的时间、场合会有不同的意义。这种种变化都代表着寓意各异的信号，向人们传递着不同的信息。然而举止行为的变化，最终还是由人的心态变化所导致的，任何一种举止行为都毫无掩饰地反映了人当时的某种心理状态和一个人的内在素养。可以说，举止行为是人内心活动的一面镜子。从一个人在日常生活中的所作所为，就可以推知他道德如何，有无教养。在生活中处处故作姿态、装腔作势是没有必要的，是令人讨厌的。生活中，优雅大方的举止行为应该成为我们每个人努力追求的目标。

2.作为教师，他们的举止一方面展现个人健康的身体、健康的心理和健全的人格，反映个人的修养水平、受教育程度和可信任程度。另一方面反映着学校的形象，增进社会对学校的信任和支持，为学校创造快速发展的社会环境。

3.作为教师，优美的举止，不仅可以给人们带来审美快感，创造和谐、高雅的气氛，而且还可以调解人际关系，特别是调解师生关系，增进师生之间的友谊，达到教书育人的目的。

4 实训步骤

1.教师进行教师服务礼仪知识的讲解。

2.学生进行分组，8～10人一组（本课程各模块实训均可以此分组为准），每小组确定一名主持人（组长）。

3.分组讨论，从教师礼仪的角度看，冯老师没有博得学生的喜欢，主要有哪些原因，他将如何改进。

4.各组选派一名代表进行组间交流。

5.回答评判组提问（各组派一名代表组成评判组）。

6.老师进行总结，实训结束。

5 学生天地

1.想一想，在过去的学习生活中遇到的老师，有哪些不符合教师礼仪规范的地方？

2.说一说，在众多的教师中，哪位给你留下了最深刻的印象，为什么？

3.做一做，请大家设计一个情景剧，从不同方面来展现教师服务礼仪。

6 效果评价

教师服务礼仪实训基础的效果评价见表 2-1。

表 2-1 教师服务礼仪实训基础评价评分表

考评人		被考评人			
考评地点		考评时间			
考核项目	考核内容	分值	小组评分 50%	教师评分 50%	实得分
教师服务 礼仪	1. 熟知教师着装的基本规范				
教师服务 礼仪	2. 能理解教师仪容规范要求				
	3. 能运用教师行为举止规范进行教师演示				
合计					

情景手册二　医务服务礼仪

随着医疗行业科学技术的不断进步，医疗模式也随之而发展。医疗工作已从传统的"以疾病为中心"的功能模式，发展到现在"以患者健康为中心"的整体护理模式的新思维。

这就要求广大医务工作者有高超医术的同时，还要有高尚的医德医风和人性化的服务意识。

医务人员规范专业的操作、稳健的步伐、亲切的微笑、关切的语言，能够稳定患者的不安心态，能够引导患者积极配合医务人员的医疗工作。这对于恢复患者的身心健康将产生积极的影响。所以，规范医务人员的行为，加强礼仪修养，提高人员素质，塑造良好形象，已成为日常医疗工作中的一个重要环节。那么，倡导医务礼仪，规范和整合服务行为，也就成为提升医院形象和提高服务水平的一项重要内容。

1　实训目的和要求

通过实训，加强医务服务意识，掌握医务形象塑造的技巧和医务办公礼仪等相关技能，经过反复训练，提升个医务人员的整体素养和与患者的交往能力。

2　场景设计

"还没到点，出去等""怕痛，别到医院来"……昨日，公明医院启动文明用语活动，如果该院医护人员多次对患者说出上述不文明用语，将依规受到惩处。公明医院有关负责人介绍，目前医院除了存在"看病难、看病贵"的问题，医护人员的服务态度不好也是导致医患关系紧张的原因之一。

为此，该院近日编印了文明用语小册子《用心去说每一句话，感动身边每一个人》，规定了医务人员的基本文明用语、常用文明用语和避免使用的不文明用语，将册子印发至全院每一个工作人员。该院将把基本用语和常用用语的具体规定，制作成76块有机玻璃宣传挂图，悬挂于各科室、诊室和各社康中心、医疗服务站的显眼位置，方便患者和市民监督。

该院有关负责人表示，已要求全院工作人员在医疗服务过程中，务必使用文明用语，严禁使用不文明用语。医院将组织专门小组在病友及其家属中进行调查，多次使用不文明用语的个人将会受到惩处。

医务服务礼仪

3 基本知识

一、医务服务意识

医务礼仪是指医务人员在医疗工作中，用以维护个人和医院形象，对患者、患者家属以及同事应表现出的理解和尊重，在工作场合应遵循的文明规范、准则和惯例，也就是医务人员在工作场所使用的行为规范和沟通艺术。

1. 医务道德的基本规范和内容

（1）救死扶伤，实行社会主义的人道主义，时刻为患者着想，千方百计为患者解除病痛；

（2）尊重患者的人格与权利，对待患者，不分民族、性别、职业、地位、经济状况等，一视同仁；

（3）文明礼貌服务，举止端庄，语言文明，态度和蔼，同情、关心和体贴患者；

（4）互学互尊，团结协作，互敬互爱，共同进步。

（5）严谨求实，奋发进取，钻研医术，精益求精，不断更新知识，提高医疗技术水平。

（6）廉洁奉公，自觉遵纪守法，不以"医"谋私；

（7）为患者保守秘密，实行保护性医疗，不泄露患者的隐私与秘密。

2. 服务患者、奉献社会

医务人员的工作，关系着人民的生命，医务人员要自觉学习医疗技术，提高业务水平，热爱本职工作。热爱本职工作是防病治病、救死扶伤的前提，也是对每位医务人员的基本要求。

爱因斯坦说过："热爱是最好的老师。"崇高的使命要求医务人员热爱本职工作，同时还要有认真负责、一丝不苟、胆大谨慎、尽职尽责工作态度。

二、医务形象塑造

1. 着装的基本要求

（1）医务人员在岗期间，必须按规定统一着岗位服装，常规佩戴工作卡。

（2）衣帽整洁，做到无油渍、药渍、污垢、异味。

（3）衣扣齐全，不敞衣露怀，内衣不外露、不挽袖卷裤，不得将内衣领外翻盖过工作服领口，或将围巾暴露于衣领外。女士裙长不超出工作服，不穿艳色裤袜，不裸露腿、脚，宜穿同肤色裤袜；男士夏季不穿短裤。

（4）在岗期间不穿拖鞋（手术室及特殊检查科室除外）、高跟鞋、响底鞋，护士统一穿工作鞋。

（5）头发清洁，梳理到耳后；长发向上盘起或用发网网起，头发前不遮眉，后不过肩，侧不掩耳。无菌操作、保护隔离时用圆帽，原则是"一丝不露"；不露发际，前不遮眉，后不外露，缝封在后，边缘平整。护士统一戴护士帽，帽前檐离发际4～5厘米，用发夹在帽后方固定，帽翼两侧禁用夹，以保持两翼外展的形象。

（6）不穿工作服去食堂就餐、外出办事、逛商店等。

（7）行政后勤人员着装要体现职业特点，端庄大方，整洁得体，不着背心、短裤、拖鞋、超短裙。男士发不压耳，不留胡须，女士不用浓妆、有色指甲油、夸张的饰品。

（8）工作卡要注明姓名，职务、职称及所在科室，可戴在左上胸或第二扣眼处，不能翻戴或插在衣兜里。

2. 仪容的基本要求

（1）男士：精神饱满，整齐清洁，充满活力。

①注意面部的清洁，养成勤洗脸、勤剃须的习惯。脸、颈部保持清洁，胡子刮干净。男性毛孔较粗油脂分泌较多，要注意脸部洁净。

②头发清洁与有型。经常清洗，保持干净，梳理整齐。

③养成良好的卫生习惯，勤洗澡、勤换衣，做到身上无烟味、无酒味、无汗酸味。保持口腔清洁无异味，上班前不喝酒，不吃大葱、大蒜等有刺激性气味的食物。

④注意手的干净，保持指甲清洁，不留长指甲；在岗期间不可以掏耳、剔牙、挖鼻、脱鞋等不雅的小动作。

（2）女士：稳重、贤淑、典雅、端庄。

①注意面部皮肤的修饰与保养，保持皮肤的洁净、润泽并富有弹性，即使是容貌不佳，也可以此弥补五官的不足。

②掌握基本的面部美容化妆知识，医护人员化妆应以淡妆上岗为原则。清水出芙蓉，天然去雕饰。

③头发的护理，要清洁无屑，梳理整齐，发型与脸型、服装搭配应和谐。不要将头发染成其他颜色。

④保持手和指甲清洁，不留长指甲，不能涂有色指甲油。

⑤整体清洁整齐，端庄大方，避免过浓异味，例如粉香、香水。

三、医务工作中的礼节和道德

1. 不在工作时间处理私人事情。

2. 不因家庭和个人，动用公共财物。

3. 不良情绪不带到办公室。

4. 不把粗俗的话带到办公室。

5. 不要不打招呼突然闯到别人的办公室。打断别人的谈话，是不礼貌的。

6. 诊疗结束告别时，可点头致意，最好不说"再见""欢迎下次光临"。

7. 由于疏忽或失误，影响了患者的利益，或发现自己的言行有损于组织形象，要及时说"对不起"，以求得谅解。

8. 对过激、失态、非礼（理）的病人，言辞不要针锋相对，火上浇油。要冷静理智，既义正词严，又内刚外柔、内方外圆。

9. 工作中不接打私人电话，手机一律开至"振动"档。

在医疗工作中，医务礼仪可以有效地润滑和和谐医患之间的关系，可以增进医患双方的相互理解和信任，能够有效地促进医疗工作的顺利进行。有句话说："患者永远是对的。"显得有些绝对，但是，它倡导的是一种思想，一种以患者的需求为目的的服务思想，而非具体的某人某事。

4 实训步骤

1. 教师进行医务服务礼仪知识的讲解。

2. 学生进行分组，8～10人一组（本课程各模块实训均可以此分组为准），每小组确定一名主持人（组长）。

3. 分组讨论，从医务礼仪的角度看，案例中有哪些不妥之处，并说明理由。

4. 各组选派一名代表进行组间交流。

5. 回答评判组提问（各组派一名代表组成评判组）。

6. 老师进行总结，实训结束。

5 学生天地

阅读下列几则案例，请你说说它们反映的礼仪道理。

1. 某医疗器械厂与美国客商达成了引进大输液管生产线的协议，第二天就要签字了。可是，当该厂厂长陪同外商参观车间的时候，向墙角吐了一口痰然后用鞋底去擦。这一幕让外商彻夜难眠，他让翻译给那位厂长送去一封信："恕我直言，一个厂长的卫生习惯可以反映一个工厂的管理素质。况且，我们今后要生产的是用来治病的输液皮管。贵国有句谚语：人命关天！请原谅我的不辞而别……"已基本谈成的项目，就这样"吹"了。（选自《文汇报》）

2. 某公司员工选择定点医院，求助于李老师帮忙指点。李老师说："有一个小窍门，就是先去医院随便转转。一家医院是不是值得病人信任，不用看病，一转就能有答案。"朋友不以为然："别说那么悬，不看病怎么知道？"李老师回答："闻香能识美人，观风气也能识医院啊。门诊工作是否井井有条；医生、护士的着装、举止、言论是否规范；从小事上都能表现出来。如果医生打电话聊天，护士大声喧哗，医务人员操作时随随便便，这样的医院从管理到医生素质便值得怀疑，这种医院最好别选。"

6 效果评价

医务服务礼仪实训的效果评价见表 2-2。

表 2-2　医务服务礼仪实训评价评分表

考评人		被考评人			
考评地点		考评时间			
考核项目	考核内容	分值	小组评分 50%	教师评分 50%	实得分
医务服务礼仪实训	1. 具备医务服务意识				
	2. 掌握医务形象的塑造				
	3. 掌握医务工作中的礼节和道德				
	4. 能够妥善处理医患关系				
	合计				

情景手册三　银行服务礼仪

　　银行服务礼仪是指银行工作人员必须具备的服务意识、职业素质、服务心态等基本条件。不论是银行大堂经理、银行柜员还是银行内部的其他员工，首先必须具备强烈的服务意识，出于对客户的友好，在服务中时刻注重自身的仪容、仪表、仪态和语言、动作等的规范。柜员和大堂经理是银行网点重要的两个岗位。柜面服务和大堂服务是银行网点工作人员接触客户最频繁、最直接的服务环节。良好的形象礼仪、语言礼仪和工作过程礼仪能够切实提供规范高效的客户服务，提高客户满意度，得到更多的、稳定的客户，最终使银行获得更大的收益。

1　实训目的和要求

　　通过实训，明确规范的银行礼仪知识，学会银行服务礼仪与技巧，提升银行全体员工职业化塑造，应用营销的思维做银行客户服务，完善银行服务人员应具备的特质，全面塑造银行礼仪形象，树立银行优质服务品牌。

2　场景设计

　　一个忙碌的下午，盛京银行大堂经理小张看见一个满头大汗、匆匆而来的老大爷，老大爷一进来就对小张喊道："哎，小伙子，小伙子！"

　　小张（大堂）快速迎上前："大爷您好，别着急，慢点走，请问您要需办理什么业务？"

　　老大爷（客户）："快点，我要转账，10 万！"

　　小张（大堂）："请问您是否开通过我行的手机银行？我协助您在手机银行上操作吧，不仅实时到账还能免手续费。"

　　老大爷（客户）："不了，不了，我要去柜台办。"

　　小张（大堂）："请问是您本人的银行卡吧？带身份证了吗？"

　　老大爷（客户）："带了，带了，都带了。"

　　小张（大堂）："好的，我马上帮您取号。"

当大厅里传来"请 A1008 号到 1 号窗口"的叫号声时,老大爷迅速前往柜台。

银行服务礼仪

柜员:"先生您好,请坐,请问您需要办理什么业务?"

老大爷(客户):"转账 10 万,快一点。"

柜员:"好的,请出示您的银行卡和身份证。"

老大爷(客户):"快点,快点。"

柜员一边操作一边询问:"正在给您办理。怎么这么着急呀?请问收款方您认识吗?"

老大爷(客户):"急啊,我女儿被车撞了,医院打电话说得交 10 万押金才能救人。"

心生疑虑的柜员问道:"10 万押金?是医院给您打的电话吗?"

老大爷(客户)把写有账户的字条递给了柜员,说道:"是啊,你看,说得转到张三这个人在建行的账户上。"

柜员双手接字条一看是个人账号,觉得有诈骗的嫌疑:"先生您好,这是个人账户呀。一般医院要求交押金不会这么大金额，就算要交也是转到单位账户上，不会是个人账户。您可能是遇上诈骗分子了。"

老大爷（客户）一点也不相信柜员的话："人家医院说的信息都是对的，哪会有假。你赶紧办业务吧，耽误了事情我投诉你！"

这时，小张留意到柜台情况，接了一杯水送给老先生。

小张（大堂）："大爷您好，我们先喝口水。理解您的着急，但这么大金额还是再核实一下的好。请问您接到电话后和女儿联系过吗？"

老大爷（客户）："当然啊，我第一时间就给她打电话了，可能被抢救呢，手机打不通呀。"

柜员："要不您再打一次？如果还是无法接通，我们协助您拨打110进行核实。10万呢，可不能轻易给别人。"

老大爷（客户）："哎呀，你们银行真是麻烦。"

当老人再次给女儿打电话的时候，电话接通了。

女儿："爸。"

老大爷（客户）："女儿啊，你在医院还好吗？"

女儿："我在教室上课呢，咋了？"

老大爷（客户）："那我刚打你手机怎么一直打不通。"

女儿："我还奇怪呢，刚才手机突然没信号了，弄了半天才好。"

老大爷（客户）："那就好，那就好。那你上课吧，挂了。"

小张（大堂）："联系上了是吧？放心了吧。"

老大爷（客户）："对啊，居然真的是诈骗分子，差点就被骗了。"

柜员："您以后认准一点，凡是自称公检法、医院等，通知'家属'出事要汇款的都是骗子。遇事不要慌张，不要给陌生账户汇款，需多打几次电话进行核实。"

老大爷（客户）："好，我记住了！今天差点就损失了10万，多亏有你们拦着。"

柜员："请问还需要办理其他业务吗？"

老大爷（客户）："没有啦，谢谢！"

柜员："不客气。请您为我的服务进行评价。"

柜员："请您携带好随身物品，请慢走，再见。"

大堂经理小张将老大爷送至门口。

老大爷（客户）："今天真是太谢谢你们了，有业务一定来你们这儿办，让我的朋友也来你们这里存钱。"

3 基本知识

一、银行服务形象礼仪

1. 仪容礼仪

（1）发型，应符合职场形象礼仪规范的要求，保持头发清洁、不染发。女性长发盘起，刘海碎发用卡子别好，佩戴统一头饰。男性留短发，不剃光头。

（2）面容，应面容洁净，口腔无怪异味。女性宜淡妆，不使用味道过浓的化妆品。男性每日剃须，不留胡须。

（3）手部，应保持洁净，不留长指甲，不使用彩色指甲油。除婚戒和手表，不佩戴其他饰物。

2. 仪表礼仪

统一着银行发放的同一季节的职业工装，并按规定正确穿着，保持工装平整干净，佩戴工号牌。男士工号牌戴在西装或衬衣的左胸兜口正上方，女士工号牌戴在左胸锁骨下一掌高度处。整洁统一，体现职业规范。

二、银行服务语言礼仪

与客户交谈中使用礼貌用语和尊称，要注意语意、语音和语调。不讲粗话、脏话、无理的，讽刺的话。伤害客户感情，损害客户人格，埋怨责怪客户，损害信誉形象，有碍服务工作和影响服务效果的话都不要讲。从客户进入到银行到离开，工作人员要做到以下五点：

1. 来有"迎"声

例如："您好，欢迎光临。"

"您好，请问您需要办理什么业务？"

2. 问有"答"声

例如："好的，请稍等，我马上为您办理。"

"请您到自助机器办理。"

3. 助有"谢"声

例如："感谢您的支持。"

"谢谢您的理解！"

4. 误有"歉"声

例如："对不起，我需要离开一会儿，请您稍等。"

"对不起，请您到1号窗口办理。"

5. 走有"送"声

例如："您的业务已办理完毕，请对我的服务进行评价，再见。"

"再见，祝您生活愉快！"

三、银行服务工作流程礼仪

1. 柜员服务工作流程礼仪

（1）客户来到柜台，柜台服务人员应面带微笑注视客户，主动问候客户"您好"，并请客户坐下。

（2）客户递交过来存折、现金、证件等物品时，服务人员需及时接过。

（3）服务人员需迅速按照客户需求办理相应业务，做到热情、耐心。

（4）客户办理业务的过程中，服务人员如果需要称呼客户时，应使用"某某先生／小姐（或女士）"这种个性化的称呼，给客户以亲切感。

（5）客户办理业务过程中，服务人员如果需要暂时离开座位，应主动告知客户，并说："对不起，我需要离开一会儿，请您稍等"。回来后，服务人员需要向客户人员致歉，说："对不起，让您久等了。"

（6）如果客户办理比较大额的取款业务，服务人员需主动为客户提供信封。

（7）客户离开柜台时，服务人员应礼貌地与客户道别，说："再见，欢迎下次光临。"

2. 大堂服务工作流程礼仪

（1）营业起始，大堂经理应与网点负责人一起分别在网点内大门两侧以标准的站姿站好，面带微笑迎接第一批客户。

（2）客户进入网点时，要主动上前问候致意，根据业务情况，快速、准确地识别和疏导客户到相应的业务区办理，鼓励并帮助客户选用自助设备办理业务。

（3）指导客户填写有关凭证；对老、弱、病、残、孕、幼等客户给予特殊关心，提供服务便利；指引客户在休息区等候，安抚等候客户情绪，提醒客户注意大屏幕叫号，并协助其完成柜台业务。

（4）随时巡视、维护网点大厅的环境卫生；及时补充、整理业务单据和宣传资料，发现设备故障时，应及时修理并做好对客户的解释工作。客流量过大时，维护好网点秩序，引导客户使用非队管理系统，在没有排队管理系统的网点，要做好柜面"一米线"的维护工作。协助网点负责人做好各项协调工作，关注柜面动态，及时发现、提醒和纠正柜员的不规范服务行为。

（5）客户离开网点时，大堂经理要礼貌送客，规范使用道别语："谢谢您的光临，很高兴为您服务""请慢走，再见"。对需要照顾的客户及优质客户更要送到网点大门外，可行 15° 欠身礼。

4 实训步骤

1. 教师进行银行礼仪知识的讲解。

2. 学生进行分组，8～10人一组（本课程各模块实训均可以此分组为准），每小组确定一名主持人（组长）。

3. 分组实践，分角色扮演大堂经理、柜员和老人。请从银行服务礼仪的角度看，同学们做的是否正确，并说明理由。

4. 各组选派一名代表进行组间交流。

5. 回答评判组提问（各组派一名代表组成评判组）。

6. 老师进行总结，实训结束。

5 学生天地

1. 想一想你去过的银行，有哪些不符合银行礼仪规范的地方？

2. 说一说，在众多的银行中，哪一家银行给你留下了最深刻的印象，为什么？

3. 做一做，请大家设计一个情景剧，从不同方面展现银行服务礼仪。

6 效果评价

银行礼仪实训基础的效果评价见表2-3。

表2-3 银行礼仪实训基础评价评分表

考评人		被考评人			
考评地点		考评时间			
考核项目	考核内容	分值	小组评分 50%	教师评分 50%	实得分
银行服务礼仪	1. 能说出银行服务礼仪中形象礼仪注意事项				
	2. 能说出银行服务礼仪中语言注意事项				
	3. 熟悉柜员服务工作流程礼仪				
	4. 熟悉大堂经理工作流程礼仪				
	合计				

情景手册四　营销服务礼仪

营销礼仪是指营销人员在营销活动中，用以维护企业或个人形象，对交往对象表示尊重与友好的行为规范。营销礼仪是个人仪容、姿态、言谈举止、待人接物等方面的具体规定，反映了营销人员的个人道德品质、内在素质、文化素养、精神风貌。良好的营销礼仪可以表达出对客户的尊重、友善和真诚等感情，赢得客户信任，最终达到互惠的目的。

1　实训目的和要求

通过实训，明确营销礼仪的职业道德规范、待人接物礼仪和沟通礼仪的基本内涵、特征的知识内容。经过反复训练，规范营销人员的营销行为，让营销人员明白应该怎样做，不应该怎样做，提升个人营销礼仪素养和营销活动交往能力。

2　场景设计

小白是个热情开朗的理工男，在一家儿童玩具企业做业务员。星期一的晚上，小白与森达公司业务部刘经理约好周二下午4点钟看公司新设计的样品。周二中午就下起了蒙蒙细雨，小白从公司出来已经3点了，雨越下越大，当出租车到达森达公司楼下时已经4点了。小白一路奔跑，登上六楼，脸上的雨水未及擦一下，便直接走进了业务部刘经理的办公室，正在处理业务的刘经理被吓了一跳。

"对不起，雨太大了，我迟到了，这是我们企业设计的新产品，请您过目。"小白说。刘经理停下手中的工作，接过产品，随口赞道："好精致啊！"并请小白坐下，倒上一杯茶递给他，然后拿起玩具车仔细钻研起来。

小白看到刘经理对新产品如此感兴趣，如释重负，便往沙发上一靠，跷起二郎腿，一边吸烟一边安闲地环视着刘经理的办公室。

当刘经理问他电源开关为什么装在顶部而不是底部的时候，小白习惯性地用手抓了抓耳朵，搔了搔头皮，开始解答。虽然作了较详尽的解释，刘经理还是有点半信半疑。当谈到价格时，刘经理强调："我们订购的量比较大，这个价格比我们预算高出较多，18块钱可以吗？"

小白回答："我们经理说了，20 块钱是最低价格，一分也不能再降了。"

营销服务礼仪

刘经理沉默了半天没开口。

小白将一个装有现金的信封放到刘经理的桌子上，又强调他们经理说 20 块钱是最低价。

刘经理严厉地看了他一眼，让秘书请他出去。

3 基本知识

一、营销人员职业道德

职业道德是所有从业人员在职业活动中应该遵循的行为守则，涵盖了从业人员与服务对象、职业与职工、职业与职业之间的关系。职业道德是人格的一面镜子，是事业成功的保证。营销人员职业道德主要内容有：通晓业务，优质服务；平等互惠，诚信无欺；当好参谋，指导消费；公私分明，廉洁奉公。营销人员在工作过程中应积极履行职业道德规范，让职业道德变成稳定而持久的道德品质。

二、营销的待人接物礼仪

1. 形象专业，礼节到位

作为营销人员，首先要做的事是让自己给客户留下一个可信赖的印象，因此塑造专业的形象尤为重要。营销人员上岗前，需遵照本书工作场景一中职场形象的规范要求，自查仪容仪表，做到仪容端庄、精神饱满、仪表整洁规范，充分展现所处的特殊场所营销人员职场形象，进而赢得客户的好感。

良好的仪容仪表形象已经给客户留下美好的第一印象，规范到位的待人礼节更能展示营销人员的专业素质，加深客户对自己的信赖。表情礼以及本书中工作场景二和工作场景三中的接待礼、通话礼、握手礼、介绍礼、名片礼、敬茶礼、出行礼等都是营销人员应认真学习并掌握的基本礼仪规范。

2. 待物尊重，细节制胜

营销人员不仅待人要有礼仪规范，对物也要有礼仪规范。个人办公空间应整洁卫生，桌面物品摆放有序。私人物品与办公物品分好类别，力求工作空间井井有条，业务操作有效规范。精益求精，用细节赢得客户。

三、营销的沟通礼仪

（一）识别客户，有效沟通

1. 沟通的起点——仔细观察，初步分类

通过观察客户的表象特征，来初步了解客户的个人需求，划分客户种类。客户的年龄、性别、着装等自然特征透露着职业、教育程度、社会阶层等方面的特征，这些特征的差异决定了客户个人需求的差异，从而决定了客户购买产品的品种差异和数量差异。观察是寻找营销机会、适时介入和了解客户需求的营销起点。

2. 沟通的过程——认真倾听，适时提问

在与客户沟通过程中，针对不同类型和不同性格类型客户要注意细节。要细致揣摩客户的每一个眼神、每一个表情、每一个不经意的动作，这些肢体语言都是客户心理状况的反映，可以从中发掘客户有意或无意流露出的对营销有利的信息。一个优秀的营销人员一定要善于把握，并适时地交替使用封闭式或开放式提问的技巧给予询问回应，一方面表达对客户的尊重和重视，另一方面有助于正确理解客户所要表达的意思。

3. 沟通的结果——了解客户，准确定位

通过观察、倾听和提问了解客户的基本信息后，初步识别出普通客户、中端客户、潜在优质客户，根据客户类型，对产品作出解释和陈述，要站在客户的角度运用顾问式营销技巧，描绘客户利益，发掘客户的需求。

（二）水到渠成，顺理成章

营销沟通不是强行兜售，更不是蒙骗欺诈，营销的结果应该是买卖双方互赢

互利，水到渠成，顺理成章。要做到这一点，营销人员要熟知自己销售领域的各类产品，能够向客户推荐介绍适合购买者的产品。从内心意识到是为客户服务，真诚引导客户购买真正需要的产品。在恰当时刻运用心理学技巧，促成订单的达成。

4 实训步骤

1. 教师进行销售礼仪知识的讲解。

2. 学生进行分组，8~10人一组（本课程各模块实训均可以此分组为准），每小组确定一名主持人（组长）。

3. 分组讨论，从销售礼仪的角度看，小白没有谈成项目，主要有哪些原因，他应该如何改进。

4. 各组选派一名代表进行组间交流。

5. 回答评判组提问（各组派一名代表组成评判组）。

6. 老师进行总结，实训结束。

5 学生天地

1. 请你说说什么是职业道德，生活中你遇到了哪些不遵守职业道德的事情？

2. 情境模拟。

（1）即将步入婚姻殿堂的小王和小丽打算购买一套婚房，他们来到售楼处，得到了销售员小张的热情招待，买到了符合心意的房子。

（2）模拟要求：

①选出4人，分别饰演客户小王和小丽，销售员小张。

②客户进门，小张进行接待。

③小张了解小王和小丽的基本情况。

④小张介绍楼盘、楼层和面积。

⑤小张根据小王和小丽的实际情况和心理预期推荐房源。

⑥成功签订合同，购买房子。

3. 请收集一下可识别的成交信号，例如顾客的表情、语言等，用表格的方式列出。

4. 请设计一个案例，将一盏灯卖给一个盲人。

6 效果评价

商营销服务礼仪实训基础的效果评价见表 2-4。

表 2-4　营销服务礼仪实训基础评价评分表

考评人		被考评人			
考评地点		考评时间			
考核项目	考核内容	分值	小组评分 50%	教师评分 50%	实得分
营销服务礼仪	1. 熟知营销人员职业道德的内容				
	2. 能理解待人接物礼仪并进行营销				
	3. 能使用沟通礼仪进行营销				
	合计				

情景手册五　物业服务礼仪

礼貌是人与人之间在交往过程中，相互表示敬重和友好的行为规范，体现了时代的风尚与人们的道德品质。物业管理行业属于服务业第三产业，为人服务是其生产活动的主要形式。因此在与人打交道、为客户搞好服务中，讲究礼貌、礼节，对于搞好日常物业服务工作和物业管理工作具有重大意义。

1　实训目的和要求

通过实训，明确物业礼仪的基本内涵、特征的知识内容。经过反复训练，规范物业服务人员的行为，让物业人员明白应该怎样做，不应该怎样做，提升个人物业礼仪素养和物业服务能力。

2　场景设计

某小区于 2004 年 5 月入伙，业主陈先生办完入伙手续后出差 3 个多月，9 月份陈先生办理装修手续时，发现水表走了 60 多立方米，而电表仍然是 0 度数，于是向管理处提出投诉，认为这期间只有家人来看房两三次，基本没有用水，要求管理处免收这些水费。由于小区供水属于变频加压，之前也有业主反映过水压不稳和水表空转的问题。如果是你接待这位业主，你会如何处理？

物业服务礼仪

3 基本知识

一、物业服务基本礼仪

1. 鞠躬礼仪

鞠躬是表达敬意的最好肢体语言之一，在客户进门时，起身适度的鞠躬迎接让客户有备受尊重感，而过度的鞠躬让人感觉走形式和别扭。我们国内通行的三阶段鞠躬礼包括15度、30度和45度的鞠躬行礼。15度的鞠躬行礼指打招呼，表示轻微寒暄。30度鞠躬行礼是敬礼，表示一般寒暄；45度的鞠躬行礼是最高规格的敬礼，表达深切的敬意。

2. 微笑礼仪

笑是世界的共通语言，就算语言不通，一个微笑就足以带给彼此一种会心的感觉。所以，笑是服务人员最好的语言工具，在有些情况下甚至不需要一言一行，只要一个笑容就可以打动客户。

3. 问候礼仪

所有的服务行业都要使用服务用语。所谓的服务用语就是重点表现出服务意识的语言，比如"有没有需要我服务的？""有没有需要我效劳的？"这样的问候语既生动又得体，需要每个服务人员牢记于心、表现于口。切忌不要使用类似"找谁？""有事吗？"这样的问候语，它会把你的客户通通吓跑。

4. 引导礼仪

银行服务人员在引导客户的时候要注意引导的手势。男性引导人员的正确手势：当客户进来的时候，你只需要行个礼，鞠个躬，当你的手伸出的时候，眼睛要随着手动，手的位置在哪里，眼睛就跟着去哪里。

女性服务人员在做指引时，手要从腰边顺上来，视线随之过去，很明确地告诉访客正确的方位；当开始走动时，手就要放下来，否则会碰到其他过路的人；等到必须转弯的时候，需要再次打个手势，告诉访客"对不起，我们这边要右转"。

5. 询问客户受理业务

双手接过客户递交的现金、凭证、票据，以适宜的音量复述客户所办的业务。审核现金是否相符，要素是否齐全，填写是否正确。在和客户交流的时候，一定要注视客户眼睛，并尽量传达你的真诚、友善、专注。对于特殊的客户，比如老人、儿童、残疾人等，更要表现出我们的耐心与爱心，不怕麻烦用尊重的神情予以回应。

二、物业服务前台接待礼仪

1. 发现客人时，前台接待人员应起身、微微鞠躬，面带微笑注视对方。

2. 当客人走进前台时，接待人员微笑示意，手指并拢指引方向，引导客户落座。

3. 与客人沟通时眼睛要看着对方，面带微笑，耐心倾听客人来意，根据客人需求予以安排。

4. 对客人的咨询，应细心倾听后再做解答。解答问题要有耐心，不能准确解答时应表示歉意。

5. 填写文件时，右手（五指并拢）引导客户规范填写。

6. 离开时，微笑示意，15度鞠躬，微笑送行，并使用规范用语。

三、物业楼宇巡查礼仪

1. 业户见面礼仪

遇到业户要主动与其打招呼，业户如有不便时，要主动上前提供帮助。

2. 主动服务礼仪

（1）房屋巡查：发现房门上有可疑广告时，要主动帮业主排查原因，并提醒业主。

（2）环境管理：主动监督维护物业管理区域的环境卫生，保持小区的干净整洁。

3. 同事关系礼仪

看到同事，主动交流，对同事的工作成果给予高度肯定，营造和谐的同事关系，也是客服礼仪的重要内容之一。

4　实训步骤

1. 教师进行物业礼仪知识的讲解。

2. 学生进行分组，8～10人一组（本课程各模块实训均可以此分组为准），每小组确定一名主持人（组长）。

3. 分组讨论，从物业礼仪的角度看，面对业主陈先生的问题应该如何去做，主要有哪些解决办法？

4. 各组选派一名代表进行组间交流。

5. 回答评判组提问（各组派一名代表组成评判组）。

6. 老师进行总结，实训结束。

5　学生天地

1. 请你说说什么是物业前台接待礼仪，日常生活中你遇到过哪些物业问题？服务人员做得是否规范？

2. 情景模拟。

（1）小王的车位被别人占用，他到物业管理中心，得到了物业员小帅的热情招待。

（2）模拟要求：

①选出 2 人，分别饰演客户小王和物业员小帅。

②客户进门，小帅进行接待。

③小帅了解小王的基本情况。

④小帅对时间进行记录。

⑤小帅根据小王的实际状况和心理预期，进行业主间的沟通和问题解决。

⑥成功解决车位问题，并得到好评。

3. 做一做，请大家设计一个情景剧，从不同方面来展现物业服务礼仪。

6 效果评价

物业服务礼仪实训基础的效果评价见表 2-5。

表 2-5　物业服务礼仪实训基础评价评分表

考评人		被考评人			
考评地点		考评时间			
考核项目	考核内容	分值	小组评分 50%	教师评分 50%	实得分
物业服务礼仪	1. 熟知物业服务基本礼仪的内容				
	2. 能理解物业服务前台接待礼仪				
	3. 能使用物业楼宇巡查礼仪				
	合计				

情景手册六　家政服务礼仪

随着经济社会发展，生活水平的提高，家政员是一个全新的职业。家政员在过去被称为"保姆""用人"，当今社会从事这项工作的人，素质高、交际能力强，有良好的职业道德观。我们首先掌握家政服务员的基本素质，熟悉家政服务的基本交际能力。

1 实训目的和要求

通过实训，明确家政服务的内容，掌握对家政服务人员礼仪的要求，了解家政服务人员的工作禁忌和注意事项等。经过反复训练，提升家政服务人员的礼仪素养和工作交往能力。

2 场景设计

记得第一次进雇主家，心里紧张又担心，虽然培训时的成绩还不错，真正走入别人家庭，心里还是七上八下的。当时只有一个念头，用自己的爱心，把雇主家当作自己的家。客户是地道的南方人，而我是一个山西农村人，生活习惯与雇主有很大差异。雇主吃不惯我做的饭菜，每次做饭老人都搬把凳子坐在厨房门口给我指导。在用户的指导下，我的厨艺大有提高，有时雇主在饭桌上开玩笑说："大姐可以与大厨媲美了。"现在每年回家过节，家里来亲戚，我都能做一大桌子菜来招待，亲戚朋友赞不绝口，我听了心里美滋滋的。

我认为，要真正做好这份工作，一定要按雇主的意愿行事，主观意识不能太强，要尽快熟悉了解雇主的生活习惯，饮食口味，爱好起居，作息时间，生活用品的摆放等。我们不但要摆正自己的位置，更要注意礼节，雇主的吩咐和交代的事要记清，不能不懂装懂，做事有条有理，不丢三落四，时刻注意安全问题。对老人和孩子做到无微不至的关怀和照顾。做家务时开动脑筋，眼里有活，发挥自己的智慧，不断提高家政技能。时刻保持着良好的心态，只有爱岗敬业，把雇主的事当自己的事，才能真正地把家政工作做的让你服务的对象满意。

家政服务礼仪

3 基本知识

一、家政服务的内容

家政服务内容：家庭服务、家庭护理、家宴服务、母婴护理、幼儿托管、孝心服务、导游导购、宠物托管、公司保洁、维修服务、家庭保洁、园艺服务、配送服务、汽车保洁等。

1.一般家务：制作家庭便餐、家居保洁、衣物洗涤、园艺等，以器物的服务为主。

2.看护婴幼儿：对婴幼儿的照料、看管。

3.护理老年人：照料、陪护老年人。

4.照顾病人：在家庭或医院照料、看护病人。

5.护理产妇与新生儿：护理产妇与新生儿，亦称月嫂。

二、家政服务人员的道德修养

家政服务员道德修养，家政服务员要处理好与家政职业的关系，要做到爱岗敬业、诚实守信，要有奉献精神。如果个人有缺点和不足，不要掩盖，要做到表里如一，让人信赖。热情为用户服务，把用户当成自家人。

1.真诚待人

自信是精神风貌的重要表现，也是对自己的尊重和肯定。自信使人开朗，乐观使人积极性更高。

2.与用户交往

同用户发生矛盾时，能主动检查自己，不推卸责任。在任何时候，不喧宾夺主。用户家人谈话、看电视要主动回避，给主人私人空间。不要进入主人卧室，不该说的话不说，不该做的事不做，不打听主人的私事。

3.注意安全

对用户的贵重物品不看、不拿，不要因为一时贪心丢失人格，害人害己。在生活中要一身正气。严禁与男性同居一室。不与不相关的人乱拉关系，不要夜不归宿。自己的人身安全及合法权益受到侵害时，要及时报警，不要自己处理。工作中一定要谨慎，做到不懂就要问，要诚实、有正义感，不贪心，让自己成为雇主希望和欣赏的家政员。

4.要有文明得体的仪表举止

仪表举止对是一个人的穿着打扮、精神面貌的评价一个人的仪表举止会影响其与周围人的交往。如果一个人言不由衷，虚情假意，只能给人一种不可靠的印象，人们就不愿意与之交往。行为举止是指一个人的坐、站行为的姿态，这些动作能反映一个人的精神面貌。

5.要制定理性的生活目标和有正确评价自己的能力

心理健康的家政员，能正确衡量自己，根据自己的条件制定目标，不要过高评价自己，以为自己比别人强。或者要别人迁就和奉承自己，要么就感到委屈，心情不好，满腹牢骚。一个有自信的人才能取得别人的信赖。

6.要克服思乡想家的情绪

人出门在外，难免会思乡想家，这样会影响工作和生活，只有努力工作，才能冲淡乡愁。在工作中自己找乐，不胡思乱想，避免产生想家的思愁。

7.要具有从经验中学习的能力

一个人的知识和技能，并不是先天遗传的，只有不断地学习、参加培训，虚心求教、勤于思考、充实自己，才能达到预期的目标。

三、家政服务人员的礼仪要求

家政服务人员礼仪，是家政服务人员在工作中与客户互相交往形成的以风俗习惯传下来的，常见的礼貌用语，仪容仪表、言谈举止等，如"早上好""欢迎您""对不起"。

1.仪容仪表礼仪

仪容仪表是一个人精神面貌的外在表现，注重仪容仪表既是对别人的尊重，也能给自己带来好心情。仪容指一个人的长相和气质，仪表指一个人的服饰打扮。个人的内在修养，通过言谈举止反映出来。做事态度要诚恳亲切，说话要和气沉稳。端庄优美的坐姿，会给人文雅、自然、大方的美感。站立是一种静态的美，直立站好，挺胸收腹，不能左右晃动。不能做小动作。握手是一种沟通思想、交流感情、增进友谊的重要方式，与客人和朋友握手时，目光注视对方，微笑致意，不可左顾右盼，心不在焉。握手时间不超过3分钟，而且必须站立握手，表示对他人的尊重和礼貌。

2.接打电话礼仪

在雇主家里，不要打私人电话，如果有特殊情况需要打电话时，首先说明，被允许再打，长话短说，不能超过3分钟。

3. 用餐礼仪

用餐前整理仪容和装束，要整洁大方。当雇主祝酒时，停止用餐，注意倾听。饮酒不要过量，可以敬酒，不要硬劝强灌。

4. 递接物品礼仪

在接物时要用双手，身体前倾一步用双手接准，同时表示谢意。

四、家政服务人员的交际能力和人际关系

1. 谈话技巧

交流才能了解对方：注意视线的位置，视线是有吸引力的，在谈话中一定要看着对方的眼睛，这样对方才知道你在认真听他讲话。有的人越是想认真地说，越是变得笨嘴拙舌，找不到自己要说的话。所谓善于社交的人，实际就是善听的人。

2. 与人相处的技巧

长者各方面的经验往往是从多年实践中积累的，这是从书本中学不到的。要想丰富自己的知识，应虚心主动向长辈请教学习，要讲究礼貌，掌握分寸，与长辈相处多交流，探讨一些工作、学习、生活等方面感兴趣的话题。切不可听到与自己不同的意见、看法就不高兴，以为别人不尊重自己。更不要把自己的看法意见强加于人，要平等相待，多关心体贴他人。

3. 寻求帮助的技巧

求人帮忙时要注意时机，态度诚恳，不要吞吞吐吐，要给对方留下值得信任的印象。在交谈时，注意方式和原则，不给对方制造难题，也不会让自己难堪。注意互相帮助，自己有困难可以求助别人。别人有困难自己也要主动帮助，不可"有事有人，无事无人"，否则将失去别人的帮助。不管别人能否帮助你解决问题，都要表示感谢，不要认为别人帮助你是天经地义的事，否则容易伤害别人的感情。

4. 道歉的技巧

家政工作，往往出现一些失误，这不要紧，要主动道歉，勇于承认自己的错误，不要找借口推卸责任，知错就改，勇于承担错误和责任，以争取谅解。

5. 招待客人的技巧

在市场经济不断发展的今天，招待客人是有教养、有知识、文明礼貌的体现，不仅会受到客人的喜欢，也会有更多的朋友。

6. 与邻居相处的技巧

俗话说，远亲不如近邻。邻居有困难要主动帮忙.与邻居打交道不要斤斤计较，遇事要冷静、忍让，做事不要妨碍别人。

7.外出做客的技巧

有的时候，家政人员需要陪同主人或者替主人出门办事或做客，先要有所安排，做好准备工作。穿着要得体，打扮不要艳丽、太阔气，不要给人以比富的感觉。到达后一定要先敲门表示召唤，得到允许再进入。对方让座时要坐在旁边或下方，不要坐上方。要根据具体情况来决定是否带礼物，如果需要，就给孩子和老人带些实用喜欢的东西。对方送来饮料和茶水时，要双手去接，同时要说"谢谢"。时间安排也要恰当，不要太长，在吃饭之前要告辞，记住在客人家不要吸烟。有些人对抽烟有反感，尤其是女士和小孩，做客要有礼貌、文雅，谈笑自然。

五、家政人员的法律常识

家政人员必须遵守国家的有关法律法规。公民在法律面前一律平等，不分民族、性别、职业和家庭出身，公民有人身自由权、家政人员一定要洁身自爱，不要与男主人单独相处，对用户的不正当要求，要严词拒绝，勇于用法律保护自己的合法权益。在生活中，要有好的生活习惯，处好与雇主的关系。无论在任何情况下都要牢记，遵守法纪是我们的责任与义务。

4 实训步骤

1.教师进行家政服务礼仪知识的讲解。

2.学生进行分组，8～10人一组（本课程各模块实训均可以此分组为准），每小组确定一名主持人（组长）。

3.分组讨论，从家政服务礼仪的角度看，场景设计模块的案例有哪些可取的经验，并说明理由。

4.各组选派一名代表进行组间交流。

5.回答评判组提问（各组派一名代表组成评判组）。

6.老师进行总结，实训结束。

5 学生天地

1.简述家庭服务人员的职业守则。

2.阅读下列案例，请你说说它们反映的礼仪道理。

市民刘某通过朋友找了一位家政服务员，并签了一年合同。两个月后，刘某看家政服务员怎么都不顺眼，没提前通知便将家政服务员辞退。家政服务员要求刘某赔偿违约金遭拒绝，拿着合同将刘某告上法庭。法院判决刘某根据双方的合同约定赔偿家政服务员违约金 2000 元。

法官点评：此案中刘某没有提前告知就辞退家政服务员的行为属单方面终止合同，根据双方合同约定，需赔付对方违约金或当月双倍工资。同样，如有家政服务员中途毁约，则由家政服务员或派遣家政服务员的家政公司赔偿违约金。

法官提醒：雇用家政服务员最好通过正规的家政公司，既便于了解家政服务员的健康状况、服务水平等，更能与家政公司签订完备的合同，一旦出现纠纷，可以向家政公司提出适当赔偿以维护自己的权益。

6 效果评价

家政服务礼仪实训的效果评价见表 2-6。

表 2-6 家政服务礼仪实训评价评分表

考评人		被考评人			
考评地点		考评时间			
考核项目	考核内容	分值	小组评分 50%	教师评分 50%	实得分
家政服务礼仪实训	1. 对家政服务内容的掌握				
	2. 能理解家政服务人员的道德修养要求				
	3. 掌握对家政服务人员的礼仪要求				
	4. 掌握家政服务人员的法律常识				
	合计				

情景手册七　酒店服务礼仪

　　酒店礼仪是职业礼仪的一种，是指在酒店服务工作中形成的，并得到共同认可的礼节和仪式。它的主要体现是礼貌服务，宾客至上。目的是使客人有宾至如归的感觉，从而更好地树立个人和酒店的形象。

　　酒店礼仪主要表现在全心全意为客人服务，尊重关心客人，宾客至上，讲究接待服务的方法和艺术，符合本国国情、民族文化和当代道德。尊重别国风俗习惯和宗教仪式，尊重妇女，从而使客人满意，认可酒店的服务，赢得更多的回头客。

1　实训目的和要求

　　通过实训，明确酒店礼仪的职业道德规范、待人接物礼仪和沟通礼仪的基本内涵、特征的知识内容。经过反复训练，规范酒店人员的酒店行为，让酒店人员明白应该怎样做、不应该怎样做，提升个人酒店礼仪素养和酒店活动交往能力。

2　场景设计

　　一天，某会务组经办人员张先生检查会议室的布置情况。会议室原有座位 46 个，而会议人数为 60 人。张先生发现会议室增加了椅子，却未增加茶几，但服务员解释道："一是会议室太小，茶几恐怕放不下，不是没有那么多茶几。"事后张先生找到客房部经理才解决了茶几问题。张先生安排代表们进行娱乐活动，到楼层询问服务员小赵："请问石人山风景区怎么走？"小赵抱歉地笑了笑说："对不起，先生，我不知道。"张先生扫兴地摇了摇头。

酒店服务礼仪

3 基本知识

一、酒店人员基本礼仪

1. 个人卫生

服务中，坚持做到岗前洗澡，岗位服装干净、整洁，头发整洁、无头屑，发型大方、简单。厨师要戴工作帽。饮食区不许吸烟，不许嚼口香糖，不得在食品服务区梳理头发，修剪指甲。不要面对食品咳嗽或对着花打喷嚏，来不及躲避时，应用卫生纸捂口，用后立即扔掉。不能在洗碗池里洗手。应用香皂、肥皂、热水或流动水洗手。要备用专用擦手巾。员工就餐后，必须洗手，才可上岗。

2. 礼貌用语

要做到来有迎声、去有送声，恰当得体地称呼每一个客人，得到帮助有谢声，干扰别人有道歉声，麻烦别人有敬语声。

3. 仪容仪表

着装整齐，颜色明快光鲜。男服务人员着西装系领带；女服务员着西装裙及肉色丝袜，穿皮鞋；迎宾小姐一般身穿中式旗袍，斜挎欢迎缓带，着淡妆，不可戴饰物。

4. 举止行为

面带微笑，举止端庄，落落大方，注意正确的身体姿态，如站姿、走姿等，给人以精神饱满、亲切友好、积极向上的印象。

二、酒店服务礼仪中电话的使用

1. 接听

（1）接听电话动作要迅速，不得让电话铃响超过三声。

（2）表明自己的单位或岗位名称（先英文后中文）。

（3）问候对方。不得用"喂，喂，喂……"等方式喊话。

2. 对方要找的人不在

（1）告诉客人要找的人暂时不在；告诉其要找的人在何处，帮助客人转拨电话。

（2）或者与对方约定准确的时间，请其再打电话。留下对方的号码，待要找的客人回来时打给对方。也可以为对方留言。

3. 拨打电话

（1）组织好讲话的内容，把有关资料放在电话的旁边。

（2）问候对方。

（3）表明自己的身份、岗位。

（4）确认客人的身份后转入正题。

4. 终止电话

（1）与客人确认清楚通话内容后，使用结束语。

（2）如知道对方姓名，应在称呼前加姓；不知对方姓名时，应说"先生 / 小姐，再见！"

（3）必须等对方先挂断之后再按"rip"键切断电话，不可"砰"的一声猛然挂断。

5. 如有客人到台岗，需要拨打房间电话

（1）应询问房间客人姓名等资料。如果是会议客人或公司定房，应询问清楚相关的会议或公司资料，核对无误后方可为客人拨打。

（2）同时还应询问清楚台岗客人的身份。"您好，这里是礼宾部。×× 先生 / 小姐想与您通话，您看是否方便？"拨打电话后应由前台人员询问房间客人是否愿意接听。在得到房间客人确认后，方可将电话双手递交台岗客人使用。

（3）如房间客人不同意接听，应告知台岗客人："先生，客人现在不方便接听电话。不好意思。"

（4）如台岗客人有异议，应礼貌告知原因："这是出于酒店对客人隐私保护的要求。"

三、酒店前台接待十大礼仪标准

1. 工作有序
前台接待是面向客人的第一个环节和最后一个服务环节，工作要有序，讲究效率，做到办理第一位，询问第二位，再招呼客人第三位，并说："对不起，请稍候。"如果登记时人很多，开房时一定要保持冷静，有条不紊，做好解释，提高效率，必要时要增加人数，以免让客人等得太久。

2. 态度和蔼
接待客人态度要和蔼，语气轻柔，注视客人，口齿清楚。

3. 热情快捷
许多酒店前台工作人员的接待工作非常繁忙、多变，来到前台的客人形形色色、各有需求。因此，前台接待工作总要保持热心快捷、热情好客、文雅礼貌，这将有助于影响客人决定在酒店内下榻和停留的时间。如果前台员工对客人冷淡或粗鲁，那将疏远客人，以致使客人不满或提前离开酒店。

4. 姿势良好
前台员工一般是必立服务，凌晨1点以后才可坐下。如有客人来，必须站立，姿势要好，不吸烟，不失态，不东倒西歪。

5. 精神集中
工作时要全神贯注，不出差错。客人的姓名必须搞清楚，将客人的名字搞错或读错是一种失礼行为，不能一边为客人服务一边接电话。在岗位上，不能只与一位熟悉的客人谈话过久。不要同时办理几件事，以免精神不集中出现差错。

6. 学会观察
酒店内人来人往，名人、娱乐活动家、政治家都是经常光顾酒店的客人，总服务台的员工要学会观察，记录客人个人资料以备用。

7. 对待客人一视同仁

对待客人要一视同仁，对重要的客人可以不露声色巧妙地给予照顾，让他感到与众不同，有一种优越感，及被重视、被尊重感。其实，每一位客人都盼望和期待着自己能受到一种私人或者可以说是一种个别的单独接待。

8. 完成一切承诺

要完成对客人的一切承诺，若办不成的事，要直接真诚地相告，表示自己没有办法，同时最好介绍客人到能满足其要求的其他地方。

9. 处理好客人的投诉

接到一些刚入住的客人的投诉，要及时处理。例如，客人抱怨某项服务或设备维修问题，首先要道歉，然后感谢客人反映此事并表示这些问题将予以上报并得以纠正。具体的做法是：以记录在投诉簿上或是向经理报告的形式上报，以便酒店能够采取必要的行动解决问题，防止此类问题再次发生。如客人对酒店或设备维修仍不满意，请求上司的帮助，尽量避免客人不满而归。

10. 随机应变

总服务台员工应随机应变，善于处事。客人住在酒店里，经常会出现一些意想不到的事情，如夜里突然发病，甚至死亡，或订不到机票等，他们都会求助于总台员工。因此，总台员工要具备应变能力，随时准备应付各种意外，充分运用自己的智慧，得体地处理，做到临乱不慌、临危不惊、处事有方。

4 实训步骤

1. 教师进行酒店礼仪知识的讲解。

2. 学生进行分组，8～10人一组（本课程各模块实训均可以此分组为准），每小组确定一名主持人（组长）。

3. 分组讨论，从酒店礼仪的角度看，服务员小赵有哪些不妥之处，他将如何处理和后续改进。

4. 各组选派一名代表进行组间交流。

5. 回答评判组的提问（各组派一名代表组成评判组）。

6. 老师进行总结，实训结束。

5 学生天地

1.想一想，在过去的生活中遇到的酒店服务人员，有哪些不符合酒店礼仪规范的地方？

2.说一说，在众多的酒店服务人员中，哪位给你留下了最深刻的印象，为什么？

3.做一做，请大家设计一个情景剧，从不同方面展现酒店服务礼仪。

6 效果评价

酒店服务礼仪实训基础的效果评价见表2-7。

表2-7　酒店服务礼仪实训基础评价评分表

考评人		被考评人			
考评地点		考评时间			
考核项目	考核内容	分值	小组评分 50%	教师评分 50%	实得分
酒店服务礼仪	1.熟知酒店人员基本礼仪的内容				
	2.能理解酒店待人接物礼仪				
	3.能使用电话沟通礼仪进行酒店服务				
	合计				

情景手册八　乘务职业礼仪

空乘职业服务礼仪是一种行为规范，是指空姐在飞机上的服务工作中应遵守的行为规范。它具体是指空姐在客舱服务中的各服务环节，从在客舱迎接旅客登飞机、与旅客进行沟通，到飞机飞行中的供餐、送饮料，为特殊旅客提供特殊服务等都有一整套空姐的行为规范。学习航空礼仪的意义在于：

（1）有助于提高空姐的个人素质；

（2）有助于对旅客的尊重；

（3）有助于提高航空公司的服务质量和服务水平；

（4）有助于塑造航空公司的整体形象；

（5）有助于提高企业的经济效益和社会效益。

1 实训目的和要求

通过实训，明确乘务职业礼仪的行为规范，掌握乘务人员在各个服务环节的服务礼仪以及与旅客的沟通技巧等。经过反复训练，提升乘务人员的礼仪素养和交往能力。

2 场景设计

场景一

FU6632 航班,旅客投诉头等舱乘务员服务态度恶劣,主要表现为:发餐时同另一名乘务员抱怨:"我再也不飞××航班了,往后领导排了也不飞。×××的旅客又能吃又能喝,还不停上厕所。"带有地方歧视意味的言语让周围旅客感到不适。在过站期间,四号乘务员告知带领小孩排队上厕所的旅客:"反正排队也上不了厕所,乐意排就排。"旅客认为该乘务员服务用语不规范、不礼貌。

乘务职业礼仪 场景一

场景二

在 FU6663 南通—南昌航班上，旅客发现乘务员在收拾旅客餐食时服务态度强硬，并使用不文明用语抱怨；在飞行颠簸过程中，旅客也清晰听到该名乘务员使用不文明用语，故该旅客在飞机落地后通过服务督察热线投诉该名乘务员。

乘务职业礼仪 场景二

场景三

旅客乘坐我司 FU6577 福州—济南航班，投诉乘务员。该旅客称，其带孩子上飞机的时候看到其他旅客往前走，她也就往前走，之后空乘直接拿走了旅客的登机牌，招呼都不打一声，还推旅客胳膊，旅客愣住了没动，空乘又再次推了其胳膊。旅客称这种行为非常不礼貌，且作为服务行业，这种现象被人看到印象就非常不好，所以进行投诉。

乘务职业礼仪 场景三

场景四

李女士乘坐我司 FU6563 福州—长沙的航班。后致电热线,表示今天第一次乘坐我司航班,乘坐的整个过程中,我们客舱上的空乘人员整个服务过程给人感觉都不好,全程没有微笑,并在提示旅客系安全带、打开窗门等时没有对旅客说声谢谢或抱歉。旅客称整个飞行过程中空乘人员工作散漫,坐姿也不好看。同时表示我司服务质量有待提高。

乘务职业礼仪 场景四

3 基本知识

一、空乘礼仪对民航事业的影响

（一）空乘礼仪对空乘人员心理素质和形体的影响

1. 空乘礼仪锻炼心理素质

空乘人员要面对世界各地、各行各业，拥有不同习惯、文化背景、宗教信仰的人群，面对不同的人群要以不同的礼仪来对待。这就要求空乘人员不仅要有广博的礼仪知识，还要有乐观、负责、豁达宽容、言行一致、乐于交往的品质，建立并保持和谐的人际关系，个人行为同组织行为和公众利益能协调一致，在复杂变化的工作环境中保持良好的心理状态。这样，空乘人员在学习礼仪的时候，会自觉地去锻炼各种必备的心理素质。

2. 空乘礼仪促进形体美

现代空乘礼仪要求空乘人员要有标准的站姿、走姿、坐姿。长期的这种礼仪训练有利于改善人的 O 型腿、弓背等缺陷，使学生的行为、形体、体能和适应能力达到从事空中工作的要求，符合人体美的标准，为未来空乘事业发展打下良好的基础。

（二）空乘礼仪对职业素养的影响

1. 空乘礼仪启迪学生对美的情感意识

空乘礼仪是在仪表美、仪态美等方面培养学生的职业素养和职业形象。学生在学习过程中感受并体验了美的内涵，认识到美的道德情操与美的仪表仪态对自己未来职业的影响，丰富了学生的审美内容，增强了自己对审美观念和审美体验的要求，实现学生内心美与形体美的统一。

2. 空乘礼仪能锻炼学生的职业意志

空乘专业是一种目的性很强的职业性教育，其目的是为航空运输和航空服务培养所需要的应用型人才。空乘专业学生走向服务第一线工作时，会遇到各种困难，甚至危险。礼仪教育，可以增强空乘专业学生尊重、宽容、理解、真诚、镇定、坚强等人格素质，使其在碰到困难和危险、遇到紧急情况或某些特殊时刻，能正确、及时地解决突发事件，从而对自己的职业充满信心。

3. 空乘礼仪培养有利于形成团队合作意识

礼仪教学的目的就是教会学员学会尊重，学会合作，懂得如何和别人愉快地交往。这是对空乘人员的基本要求，同时在合作中不仅要求学会与乘客合作，还要学会与同事之间的合作。这种团队意识在工作中特别重要。在飞行中会遇到各种意想不到的情况，不仅要求空乘人员具备良好的心理素质，还需要团队间默契的配合，这是化解危机的关键所在。

4. 空乘礼仪促进了学生身体素质的增强

空乘礼仪要求乘务专业的学生要具有良好的精神状态，标准的站姿、走姿、坐姿。这不仅要求学生加强形体美的锻炼，还要求学生加强体能等方面的锻炼，增强身体素质。

（三）空乘礼仪对空乘职业技能的影响

1. 空乘礼仪的学习有利于培养学生的专业能力

在很多人看来空中乘务人员的形体美很重要，似乎礼仪只是一种陪衬，作用不大，这种看法是错误的。任何一门工作都不是单一劳动，都处在一个复杂的工作环境之中。作为现代空乘人员，不仅要有一张漂亮的脸蛋和极具亲和力的笑容，还要掌握丰富的适合飞行服务工作的知识与相关技能，以达到"内在美"和"外在美"的统一。社会关系的掌握，人际关系的处理，困难与矛盾的解决，都与礼仪形体教育有直接的关系。空中乘务特殊的工作场合和工作性质，决定了服务人员的职业形象特点，即端庄、优雅、整洁等。内练自己的静态和动态的礼仪修养，外练优美形体，以优美的仪态、甜美的微笑、端庄的举止树立自己在旅客心目中良好的形象，引导旅客对个人的尊重，有一个轻松、舒适、愉快的旅行心情，并自觉接受服务员传递出的所有信息和指令。由此可以看出，礼仪养成对空乘类学生专业技术能力的培养有直接的作用。

2. 空乘礼仪的学习有利于发展学生各个方面的能力

空乘服务不只是为乘客端茶倒水，还需具备非常渊博的知识。在具体工作中，空乘人员要了解飞机的机型、设备和危急情况的紧急处理、特殊旅客的待遇、服务程序等，还要了解每次出行的天气状况，所经地区的城市、山川、河流、地形、地貌和乘客的风俗习惯、宗教信仰等，以便与乘客加强沟通协调。

二、乘务人员所需具备的职业道德

1. 首先要热爱自己的工作，对空姐工作的热爱不是一时的

当自己理想中美好的空姐生活被现实辛苦的工作打破后，还能一如既往地，主动热情、周到、有礼貌、认真负责、勤勤恳恳、任劳任怨地做好工作。

2. 有较强的服务意识

在激烈的市场竞争中，服务质量的高低决定了企业是否能够生存，市场竞争

的核心实际上是服务的竞争。民航企业最关心的是旅客和货主，要想在市场竞争中赢得旅客，就必须增强服务意识。服务意识是经过训练逐渐形成的。意识是一种思想，是一种自觉的行动，是不能用规则来保持的，它必须融化在每个空姐的人生观里，成为一种自觉的思想。

3. 有吃苦耐劳的精神

在人们的眼中是在空中，空乘飞来飞去的令人羡慕的职业。但在实际工作中，空乘人员却承担了人们所想不到的辛苦，飞远程航线时差的不同，飞国内航线各种旅客的不同，工作中遇到的困难和特殊情况随时都会发生。没有吃苦耐劳的精神，就承受不了工作的压力，做不好服务工作。

4. 热情开朗的性格

空姐的工作是一项与人直接打交道的工作，每天在飞机上要接触上千名旅客，所以随时需要与旅客进行沟通，所以没有开朗的性格就无法胜任此项工作。

5. 刻苦学习业务知识

作为一名空姐，在飞机上不仅仅是端茶倒水，而且需要掌握许多知识。比如，我们的航班今天是飞往美国，那么空姐首先要掌握中国和美国的国家概况，人文地理、政治、经济，航线飞越哪些国家、城市、河流、山脉以及名胜古迹等，还要掌握飞机的设备，紧急情况的处置，飞行中的服务工作程序以及服务技巧和服务理念，不但要有漂亮的外在美，更要具备丰富的内在美。

三、乘务礼仪的基本要求

1. 微笑

微笑，在人与人之间，它是一种表达方式，表示愉悦、欢乐、幸福或乐趣。它的感染力很强，你对别人微笑，别人自然也会报以微笑。所以，在服务过程中，微笑就成了一项必备要素。

练习方法：

（1）情绪诱导法。

在心里想一些开心的事情，利用愉悦的情绪，诱导出自己最自然的微笑。

（2）面对镜子练习微笑。

试着对镜子说"E（依）——"，然后轻轻浅笑减弱"E（依）——"的程度，使微笑自然、亲和。

注意事项：

微笑要生动，其考验的是与眼睛、语言以及身体的结合。

微笑的技巧要求：眼到、心到、口到、神到、情到，恰到好处。

2. 站姿

好的站姿，不只是为了美观而已，对于健康也是非常重要的。站姿是人的一种本能，是一个人站立的姿势，它是人们平时所采用的一种静态的身体造型，同时又是其他动态的身体造型的基础和起点，最易表现人的姿势特征。站立姿势是每个人全部仪态的核心。如果站姿不够标准，其他姿势便根本谈不上优美。而每天进行站姿练习是礼仪训练的必要需求。

站姿要领（由上至下）：头正、梗颈、挺胸（肩膀与耳郭平齐）、收腹、立腰、夹臀、并膝、小V（两脚跟并拢、脚尖微微分开）。

练习方法：

（1）九点靠墙站。

后脑、双肩、臀、小腿、脚跟、背部，九点紧靠墙面，并由下往上逐步确认姿势要领。

女士：脚跟并拢，脚尖分开一拳（45°～60°），双膝并拢，夹书。

男士：脚跟并拢，脚尖分开，双膝并拢，夹书。

站立时要感觉整个身体向上延伸，手可以从腰部穿过，双眼平视前方，脸部肌肉自然放松。

（2）头顶书行走。

书放在头顶上行走，不要让它掉下来。要很自然地挺直脖子，收紧下巴，挺胸挺腰。

注：所有礼仪姿态的动作，都必须在站姿标准的情况下才能完成。（女生练习时穿高跟鞋效果更佳。）

3. 坐姿

正确的坐姿：坐于凳子三分之二处，需要时时保持上半身挺直的姿势，也就是颈、胸、腰都要保持平直。眼睛平视前方，左右大腿大致平行，膝弯曲大致呈直角，双脚平放于地面，双手轻放于膝关节向后5厘米处。

女士坐姿：

（1）正襟危坐式（标准式）。

（2）双腿斜放式（侧点式）：脚尖朝45°方向伸出。

（3）架腿式（侧挂式）。

男士坐姿：

（1）正襟危坐式（标准式）。

（2）架腿式（重叠式）。

注：女生练习时穿高跟鞋效果更佳。

4. 蹲姿

基本蹲姿：

（1）下蹲时，应自然、得体、大方，不遮遮掩掩。

（2）下蹲时，双腿合力支撑身体，避免滑倒。

（3）下蹲时，上身保持平直，使头、胸、膝关节在一个角度上，以便蹲姿优美。

不可取蹲姿：

（1）切勿突然下蹲，不要离人太近。

（2）不可弯腰撅臀，不要平行下蹲。

（3）方位不能失当，注意衣领、裙子。

4 实训步骤

1. 教师进行乘务职业礼仪知识的讲解。

2. 学生进行分组，8～10人一组（本课程各模块实训均可以此分组为准），每小组确定一名主持人（组长）。

3. 分组讨论，从乘务礼仪的角度看，案例中有哪些不妥之处，并说明理由。

4. 各组选派一名代表进行组间交流。

5. 回答评判组提问（各组派代表组成评判组）。

6. 老师进行总结，实训结束。

5 学生天地

1. 舒心的问候是空乘职业所需的要求，当空乘在服务时怎样做到舒心地问候呢？

2. 假设下星期你就要参加一次某航空公司的空乘面试，你将在外形上做哪些准备？

3. 案例分析。

2017 年 7 月 5 日 MU5144 太原飞往上海的航班，由于航空公司的原因原定于 20：40 起飞的航班延误至 0 点以后才起飞。原本带有不满情绪的乘客在登机时，看到迎客的两位乘务员有说有笑且在调侃旅客，随后立即写下一张投诉卡。

如果你是该乘务员，怎样做能避免这样的投诉呢？

6 效果评价

乘务职业礼仪实训的效果评价见表 2-8。

表 2-8 乘务职业礼仪实训评价评分表

考评人		被考评人			
考评地点		考评时间			
考核项目	考核内容	分值	小组评分 50%	教师评分 50%	实得分
乘务职业礼仪实训	1. 能理解乘务礼仪对民航事业的影响				
	2. 能理解乘务人员所需具备的职业道德				
	3. 能掌握乘务礼仪的基本要求				
	4. 能主动学习乘务礼仪所需了解的相关文化				
	合计